Füllberg-Stolberg, Görling (Hg.) · Amerika – Das andere Gesicht Europas?

Transatlantik, Afrika · Lateinamerika

Herausgegeben von Claus Füllberg-Stolberg,
Liselotte Glage, Reinhold Görling,
Axel Harneit-Sievers, Leo Kreutzer
und Volker Wünderich

Band 1

Amerika –
Das andere Gesicht Europas?

Beiträge einer interdisziplinären
Vortragsreihe an der Universität Hannover

Claus Füllberg-Stolberg
Reinhold Görling (Hg.)

Centaurus Verlag & Media UG 1996

Die Deutsche Bibliothek – CIP-Einheitsaufnahme

Amerika – das andere Gesicht Europas :
Beiträge einer interdisziplinären Vortragsreihe
an der Universität Hannover /
Claus Füllberg-Stolberg ; Reinhold Görling. –
Pfaffenweiler : Centaurus-Verl.-Ges., 1996
  (Transatlantik ; 1)
  ISBN 978-3-8255-0035-1   ISBN 978-3-86226-283-0 (eBook)
  DOI 10.1007/978-3-86226-283-0
NE: Füllberg-Stolberg, Claus [Hrsg.]; Universität <Hannover> ; GT

ISSN 0944-5809

Alle Rechte, insbesondere das Recht der Vervielfältigung und Verbreitung sowie der Übersetzung, vorbehalten. Kein Teil des Werkes darf in irgendeiner Form (durch Fotokopie, Mikrofilm oder ein anderes Verfahren) ohne schriftliche Genehmigung des Verlages reproduziert oder unter Verwendung elektronischer Systeme verarbeitet, vervielfältigt oder verbreitet werden.

© *CENTAURUS-Verlagsgesellschaft mit beschränkter Haftung, Pfaffenweiler 1996*

Umschlagabbildung unter Verwendung der »Büntingschen Weltkarte« von 1581
Umschlaggestaltung: DTP-Studio Antje Philippi-Käfer, Bad Krozingen / Centaurus-Verlag
Satz: Vorlage der Herausgeber

Transatlantik
Europa – Afrika – Lateinamerika

Vorbemerkung zur Reihe

Der Atlantik ist seit über einem halben Jahrtausend eine Drehscheibe für Menschen, Güter und Ideen: unbewohnt, doch durchfahren, überflogen, umkreist. Die Gesellschaften an seiner Peripherie sind durch den Ozean voneinander getrennt, durch ihn aber auch immer mehr miteinander in Verbindung gebracht worden.

Die Herausgeber der vorliegenden Reihe verstehen Europa, Afrika und Lateinamerika als einen historisch gewachsenen, im geographischen wie metaphorischen Sinne „transatlantischen" Raum. Die Reihe ist multidisziplinär angelegt und umfaßt Studien zur Geschichte, Gesellschaft und Literatur dieses Raumes. Dabei soll sie insbesondere den Kontakten und wechselseitigen Abhängigkeiten zwischen den Kontinenten in ihren unterschiedlichen Dimensionen nachgehen.

Das Gemeinsame des transatlantischen Raumes beschränkt sich nicht auf die Geschichte der europäischen Expansion. Wohl markieren Entdeckung und Sklavenhandel, Kolonialherrschaft und Dekolonisierung fundamentale historische Phasen, und ihre bis in die Gegenwart reichenden Folgen werden hier auch thematisiert. Aber es wäre verfehlt, die außereuropäischen Bestandteile des Raumes nur als Opfer eines Expansionsprozesses zu sehen. Die Reaktionen liegen im Spannungsfeld zwischen dem Widerstand gegen europäische Einflüsse und ihrer produktiven Aneignung.

Dies ist das Thema des ersten Bandes der Reihe, der die europäische Eroberung Amerikas und ihre Folgen in langfristiger Perspektive untersucht.

Jenseits der Dialektik von Widerstand und Aneignung stehen solche Verflechtungen, die von Europa nicht (mehr) dominiert werden, oder die vollständig an ihm vorbeigehen, etwa die vielfältigen Formen der schwarzen Diaspora in der „Neuen Welt", oder die lokalen Erscheinungsformen des kulturellen Globalisierungsprozesses, den das späte zwanzigste Jahrhundert beschleunigt erlebt.

Der zweite Band der Reihe stellt ein Beispiel einer solchen Querverbindung vor: eine afrikanische Lesart lateinamerikanischer Literatur.

Die Herausgeber/in

Inhalt

Vorwort	9
Ingolf Ahlers Ritter und Kaufleute – Zur Bestimmung der Kreuzzüge als feudalkoloniale Eroberung	15
Reinhold Görling Warum heißt Amerika nicht Kolumbia? Fiktionalisierung als Mittel von Macht und Subversion in der Erfindung und Eroberung der Neuen Welt	35
Volker Wünderich Europäische Expansion und Kulturzerstörung in der Eroberung von Mexiko	57
Wolfgang Gabbert Die Eroberung Amerikas – eine Kritik europäischer Projektionen	69
Leo Kreutzer Thomas Morus' „Utopia" – Anfang vom *Ende* des utopischen Denkens?	83
Wolfgang Kreutzberger Das Gottesvolk in der Wildnis. Vom Ursprung des politischen Messianismus in den USA	97
Klaus Meschkat Zur Kontinuität des kolonialen Staates	115
Claus Füllberg-Stolberg Der transatlantische Sklavenhandel	125

Michaela Hellmann
Veränderungen der Geschlechterverhältnisse durch die Kolonisation –
Das Beispiel Brasilien   139

Eleonore von Oertzen
Der Blick des Sklavenhalters: Einführung und Wandel ethnischer
Definitionen an der Atlantikküste   157

Reinhold Görling und Florian Vaßen
Caliban und Prospero im Dialog – nach William Shakespeares
„Der Sturm"   177

Vorwort

Die hier gesammelten Aufsätze sind überarbeitete Beiträge einer interdisziplinären Vortragsreihe, zu der eine Arbeitsgruppe aus dem Fachbereich Geschichte, Politik und Sozialwissenschaften sowie dem Fachbereich Literatur- und Sprachwissenschaften der Universität Hannover aus Anlaß des „V Centenario", des „Kolumbusjahres" geladen hatte. Das rege Interesse der angesprochenen Kolleginnen und Kollegen ermöglichte es, im Wintersemester 1991/92 und im Sommersemester 1992 eine Ringvorlesung mit insgesamt 17 Vorträgen, einer Lesung und einer einleitenden Podiumsdiskussion durchzuführen. Die Konkurrenz der Fächer, Methoden und Verständnisse eröffnete im Anschluß an die Vorträge regelmäßig ein interdisziplinäres Gespräch, das wir hier nicht dokumentieren können, das aber in Überarbeitungen seinen Niederschlag gefunden und uns motiviert hat, mit diesem Band unsere Publikationsreihe „Transatlantik" zu eröffnen.

Als wir uns für den Titel „Amerika – das andere Gesicht Europas?" entschieden, ließen wir uns ursprünglich von dem Titel eines Essays des mexikanischen Schriftstellers Carlos Fuentes anregen. Unseren Interessen kam vor allem die Vieldeutigkeit der Metapher entgegen, die es erlaubt, die Konstitutionsgeschichte beider Seiten aufeinander zu beziehen und in ihren ökonomischen, politischen, sozialen und kulturellen Prozessen zu beschreiben. Das andere Gesicht ist ein Spiegel, und Spiegel verdoppeln nicht nur das, was in ihnen sich reflektiert, sie vervielfältigen nicht nur die Quelle oder das eigene, sie entzweien es auch. Amerika: das war und ist das Gesicht des anderen, eine Figuration des Unbekannten und zugleich ein Kontinent mit fremden Kulturen; es war und ist aber auch das verdrängte Gesicht Europas, das Gesicht der Menschen und Ideen, die Europa verlassen mußten oder wollten, sowie zugleich das Gesicht einer kolonialen Gewaltförmigkeit, von der die europäische Geschichtsschreibung keine Notiz nehmen wollte; es war und ist schließlich auch eine innere Auffaltung, zum Beispiel in der Entstehung der neuzeitlichen Utopie oder in ökonomischen Differenzierungen.

Eroberung, die gewaltsame Inbesitznahme des anderen, der Menschen, seiner Potentiale und seiner Güter, ist eine Handlungsstrategie, die über lange Zeiträume erlernt oder erworben werden muß. Als Ort solchen Einübens von Handlungsstrategien versteht Ingolf Ahlers den wirtschaftlichen Aufbruch in die Weltökonomie zur Zeit des oberitalienischen Fernhandels. Er argumentiert, die transatlantische Expansion Europas sei kein Zufallsereignis auf der Suche nach einem Seeweg nach Indien gewesen, sondern habe konkrete historische Grundlagen. Die Symbiose von Rittern und Kaufleuten, die Verbindung von christlicher Militärmacht mit den handelskapitalistischen Unternehmen der oberitalienischen Seestädte, ließ die Kreuzzüge zum Probelauf für die Eroberung Amerikas werden. Seine „Ritter der ursprünglichen Akkumulation" repräsentieren den mentalitäts- und wirtschaftsgeschichtlichen Aufbruch in eine lokale Weltökonomie, in der schon die zentralen Antriebselemente für die Eroberung des neuen Kontinents entwickelt sind.

Ein erstes Dokument für die Konstruktionen, mit denen Nachrichten über die neu „entdeckte" Welt von Europa aufgenommen wurden, ist die Erfindung des Namens Amerika. Reinhold Görling geht den Gründen nach, warum es Vespucci und nicht Kolumbus gewesen ist, der hier zum Paten gewählt wurde. Vespuccis ungleich größere Fähigkeit zur Fiktionalisierung dokumentiert ein historisch neues Verhältnis zu den Zeichen, eine neue Art, die Welt zu lesen. Fiktionalisierung wird dabei verstanden als Transformation von Symbolen und symbolischen Strukturen durch ihre Verwandlung in flexible Systeme. Improvisation und Rollenspiel erlauben, auch das Unbekannte und Fremde, das Neue, in die eigene Erzählung zu integrieren. Die Folgen, so die These von Görling, können sehr gegensätzlicher Art sein: Fiktionalisierung erlaubt die Entwicklung neuer Machtstrategien, auf der anderen Seite aber stützt sich auch Kritik darauf und läßt es den Entwurf neuer Welten zu. Thomas Mores „Utopia", das auch als Gespräch mit Vespuccis Text verstanden werden kann, wird als Beispiel für die zweite, Hernán Cortés' Eroberungsstragien als ein Beispiel für die erste Möglichkeit angeführt.

Zwei Beiträge befassen sich mit der Geschichte und Geschichtsschreibung der Eroberung Amerikas. Volker Wünderich fragt nach den von den Spaniern gewollten und ungewollten Folgen der Eroberung für die indianische Kultur. Seine Überlegungen setzen bei Cortés und seiner Fähigkeit an, die Schwächen der Gegner zu erkunden und auszunutzen. In der weiteren Eroberungsgeschichte interessieren Wünderich nun vor allem die Folgen für das Leben der breiten Bevölkerung. Damit kommen einerseits Intensität und Kontinuität der Gewaltverhältnisse in den Blick, zum anderen macht es deutlich, daß die Eroberung wohl „der denkbar schärfste Bruch" in der Entwicklung der indianischen Kulturen darstellt, ihre Definitionen aber sich nicht nur aus der vorkolumbianischer Epoche herleiten können, wie es tradionellerweise in der Altamerikanistik geschieht. Auch gehen statische Definitionen fehl und unterstellen eine weder vor noch nach der Eroberung existierende Einheitlichkeit. Wenn auch viele indianische Kulturen verschwunden sind, so haben sich andere verändert und sind auch neue entstanden, „die sich bis heute dynamisch weiterentwickeln." Dies geschieht allerdings nach wie vor in der Auseinandersetzung mit der herrschenden Gewalt. Erst wenn dies nicht mehr ideologisch harmonisiert wird, können die Widersprüche bearbeitet und kann die zerstörende Nachwirkung der kolonialen Gewalt vermindert werden.

Wolfgang Gabbert kritisiert das europäische Bild der Eroberung Amerikas, das im positiven wie im negativen Sinne immer nur die Konquistadoren als Subjekte der Geschichte im Blick hat: als Heilsbringer und als Zerstörer. Beide Male bleiben die

Indianer in der Stellung der erleidenden Opfer. Sie waren jedoch Akteure der Geschichte. Sie waren es nach und vor der Eroberung, denn die vorkolumbianischen Gesellschaften waren geprägt von sozialen und politischen Widersprüchen, die durch das Einwirken der Spanier eine neue Dynamik erhielten. Wenn auch die Spanier es verstanden, diese Widersprüche in ihrem Sinne auszunutzen, so hatten doch auch die verschiedenen indianischen Akteure ausgeprägte Interessen. Ohne diese Hinzunahme der indianischen Perspektive ist weder die Eroberung noch die Funktion der Kolonialreiche angemessen zu verstehen.

Die nächsten beiden Beiträge kommen auf die Frage der Utopie zurück. Leo Kreutzer arbeitet im einzelnen die „fiktionsironischen" Erzählstrategien von Thomas Mores „Utopia" heraus und kann so deutlich machen, daß es sich bei den Textverhältnissen dieses Werkes um einen Roman handelt, und zwar um einen Roman im neuzeitlichen Sinne. Anknüpfend an Michail Bachtins Theorie des Romans zeigt Kreutzer, wie sich die Autorenintention in der Redevielfalt bricht und orchestriert. Gegen alle Rede vom Ende der Utopien ermöglicht es gerade dieser literaturwissenschaftliche Blick auf „Utopia" zu zeigen, daß utopisches Denken eine Form des Dialoges ist, in der Wirklichkeit vor allem als eine vielfältig umstrittene begriffen wird. Umstritten ist damit aber auch das Denken der Wirklichkeit selbst. Utopien lassen sich, so Kreutzers Konsequenz, nicht dekretieren, sie sind Versuche, in bislang unbekannten Perspektiven zu denken, Neue Welten zu entdecken.

Dieser dialogische Charakter des utopischen Denkens geht verloren, wenn die Entdeckung neuer Welten als Offenbarung verstanden wird, als etwas durch ein religiöses, göttliches Wort Bedeutetes. Wolfgang Kreutzbergers Analyse des „amerikanischen Traumes" stellt mit vielen Belegen dar, wie die profane Utopie der Abenteurer ergänzt und überschrieben wurde mit der teleologischen Vision eines neuen Paradieses. Die puritanischen Siedler sahen in Amerika das biblisch versprochene, gelobte Land und sich selbst als das auserwählte Volk. Dieser Messianismus setzte sich nicht nur kritisch gegenüber der als dekadent verstandenen Welt Europas ab, er konnte in der Neuen Welt selbst auch nichts als eine Wildnis sehen, die es zu zivilisieren galt. Anders als die Spanier und Portugiesen in Mittel- und Südamerika verstanden sich die siedelnden Engländer als die einzigen „Amerikaner": der *native american* konnte so nichts anderes als ein Wilder, ein anderer, ein Gegensatz des eigenen sein. Kreutzberger verbleibt nicht in der historischen Analyse: in vielen Beispielen zeigt er das Fortwirken dieses Messianismus im „offiziellen" Selbstverständnis der USA.

Weniger eine Kontinuität im Ideologischen als eine Kontinuität in den Institutionen und vor allem in den Funktionen des kolonialen Staates zeigt Klaus Meschkat an lateinamerikanischen Beispielen auf. Setzt man die Form der Ausübung staatlicher Herrschaft in Bezug auf die Art und Weise, wie die natürlichen Ressourcen eines Landes genutzt oder geplündert und wie die Ausbeutung der menschlichen

Arbeitskraft gestaltet wird, dann erweist sich gerade der Neoliberalismus, wie er heute in Chile und anderen lateinamerikanischen Ländern praktiziert wird, als eine Fortführung kolonialer Formen staatlicher Politik. Jenes Prinzip von Raub und Plünderung, von dem sich die iberischen Eroberer in der Neuen Welt in ihren Handlungen leiten ließen, ist auch durch die Unabhängigkeit der lateinamerikanischen Länder nicht nachhaltig gebrochen, ja von den doktrinären Liberalen des 19. Jahrhunderts sogar noch intensiviert worden. Und auch die heutigen Neoliberalen, die alle regulierenden staatlichen Eingriffe, die die schrankenlose Ausbeutung von Mensch und Natur durch die neuen, mit modernsten Techniken arbeitenden Sektoren der Exportwirtschaft hemmen könnten, als scheinbare Überbleibsel eines kolonialen Staates abschaffen, schreiben gerade den kolonialen Staat in seinen Funktionen fort.

Die Bedeutung von Sklavenhandel und Sklaverei in der Neuen Welt thematisiert der Beitrag von Claus Füllberg-Stolberg. Die quantitative Dimension des transatlantischen Sklavenhandels, der größten und folgenreichsten Zwangsmigration in der Weltgeschichte, ist in den letzten 20 Jahren in vielen Gesamtdarstellungen und unzähligen Detailstudien erforscht worden. Trotz dieser zahl- und zahlenreiche Versuche, seine Bedeutung empirisch statistisch zu objektivieren, die der wissenschaftlichen Debatte nicht immer zu unrecht den Vorwurf des „numbers game" einbrachte, ist die seit Bartolomé de las Casas' Kritik an der spanischen Kolonialpolitik virulente moralische Dimension ausgesprochen oder unausgesprochen präsent. Der transatlantische Sklavenhandel und die Sklavenarbeit auf den westindischen Plantagen wird zunehmend im Zusammenhang mit der Entwicklung der kapitalistischen Weltwirtschaft gesehen, die die inkorporierten geographischen Regionen ökonomisch funktionalisiert und sozial hierarchisiert hat. In diesem Prozeß wurde Afrika zum Reservoir von Millionen von Arbeitskräften degradiert. Drei Jahrhunderte lang mußten afrikanische Sklaven auf den bereits von den Spaniern entvölkerten karibischen Inseln „Kolonialwaren" für den Weltmarkt produzieren.

Die beiden folgenden Beiträge setzen sich kritisch mit der enthnographischen Geschichtsschreibung auseinander. Michaela Hellmann fragt nach den Veränderungen der Geschlechterverhältnisse in den heute zu Brasilien zählenden Gebieten Lateinamerikas. Das brasilianische Beispiel ist deshalb besonders interessant, weil die Portugiesen nicht nur in ambivalenter Faszination über die ihnen äußerst freizügig erscheinenden sexuellen Beziehungen berichteten: sie nahmen sie auch sehr schnell in ihre Kolonisationsstrategie auf und entwickelten eine besondere Praxis der Bevölkerungspolitik. Inwieweit dies die Stellung der Frauen veränderte und wie sie dadurch dem kolonialen Gewaltzusammenhang unterworfen wurden, wird in einem tentativen Denkmodell von Hellmann zu ermitteln versucht.

Eleonore von Oertzen verfolgt die Einführung und den Wandel ethnischer Definitionen an der Atlantikküste Nicaraguas. Oertzen liest die überlieferten Quellen diskursanalytisch gegen den Strich und kann so zeigen, wie die von den Europäern mitgebrachte rassistische Terminologie, obwohl sie den ethnischen Verhältnissen gegenüber völlig unangemessen war, auch auf die Eigendefinition der Bewohner der Atlantikküste sich auswirkte.

Abschließend dokumentieren wir einen szenischen Dialog, den Florian Vaßen und Reinhold Görling zu William Shakespeares „The Tempest" und seiner vielfältigen Rezeptionsgeschichte entwickelt und im Rahmen der Ringvorlesung vorgetragen haben. In ganz verschiedenen Räumen und Zeiten ist Shakespeares Text zum Ausgangspunkt immer neuer Argumentationen über Kolonisation, Gewalt und Befreiung geworden. Diese Rezeptionsgeschichte ist nicht nur ein Beispiel für die Dialogizität des literarischen Wortes, die Kreutzer an Mores „Utopia" aufzeigt; sie macht auch deutlich, daß diese Dialogizität ein interkulturelles Verhältnis ist.

Mit Gedenkjahren versichern sich Gesellschaften gerne ihrer Geschichte und Traditionen. Die Folge ist oft, daß das in ihnen Erinnerte wieder für mehr oder weniger lange Zeit hinter einem fixierten Bild verschwindet. Manchmal aber ist es anders, dann ist etwas in Bewegung, dann sind lange gehegte Traditionen durcheinander geraten. Zu solch einer Verunsicherung möchten wir beitragen.

Hannover, April 1995   Claus Füllberg-Stolberg und Reinhold Görling

Ingolf Ahlers

Ritter und Kaufleute – Zur Bestimmung der Kreuzzüge als feudalkoloniale Eroberung

Für Maya, Janosch und Josselin

Thema dieses Artikels sind die spätmittelalterlichen Voraussetzungen und Ursprünge der neuzeitlichen, überseeischen Expansion Europas. Diese Ursprünge sind eng mit den Kreuzzügen – den kriegerischen Wall- und Raubfahrten gen Jerusalem – verbunden, als sich oberitalienische Seeräuber und westeuropäische Landräuber gemeinsam über das Heilige Land hermachten. Sieht man den Kolonialismus wesentlich in seiner Beschaffenheit als Akkumulationsgewalt und Eroberung, so lassen sich diese Bestimmungsmomente auch in den Kreuzzügen erkennen.

Nach diesem recht flotten Auftakt ein paar Worte zu Sinn und Zweck – meinetwegen auch Funktion – meiner Vorlesung. Mir geht es nicht um zwanghafte Originalität, auch den wissenschaftlichen Fortschritt will ich nicht unbedingt vorantreiben und ein Paradigmenwechsel ist auch nicht angesagt, denn weder in dem einen noch in dem anderen sehe ich die Aufgabe einer Ringvorlesung. Dieses Statement besagt freilich nicht, daß ich nun bereit wäre, auf jeglichen Erkenntnisgewinn zu verzichten. Ganz im Gegenteil: ich habe einen solchen bereits in meiner Vorbereitung gewonnen – und hoffe, daß davon auch das Auditorium profitieren wird.

Im Mittelpunkt meiner Argumentation steht das komplexe Wechselspiel der Allianz zwischen Rittern und Kaufleuten, dessen triebökonomische Grundlage sich darstellte in ihrer jeweiligen Akkumulationsgewalt: bei den Kaufleuten als Raubhandel, bei den Rittern als Landraub.

So wie das Kaufmannskapital in den oberitalienischen Seerepubliken seinen Profit nur durch die geographische Ausweitung der Zirkulationssphäre und durch Plünderungszüge steigern konnte, so blieb den durch das *Erstgeborenenbrecht ausgeschlossenen*, nachgeborenen Söhnen des zumeist niederen Adels nur die Möglichkeit, als freigeseste Ritter der ursprünglichen Akkumulation ihre territorialen Träume in der Fremde zu verwirklichen. Ursprüngliche Akkumulation meint in diesem Argumentationszusammenhang eine Abfolge historischer Prozesse der Trennung und Enteignung sowie des damit verbundenen Herauskatapultierens aus gewohnten sozialen Feudal-Milieus und vertrauten grundherrschaftlichen Lebenswelten. Zwar wurden durch das Erstgeborenenbrecht von nun an die nachteiligen

Auswirkungen permanenter Erbteilungen vermieden, was den Zusammenhalt des Erbes durch den ältesten Sohn sicherstellte – übrigens auch wichtig für die Etablierung von Dynastien –, doch für seine leer ausgehenden Brüder beinhaltete diese Entwicklung Ausschluß von der Teilhabe (und der damit verbundenen Aneignung von Mehrarbeit) am Herreneigentum der Vorfahren, so daß ihnen damit die Möglichkeit entzogen war, an den Gewinnen der Grundherrschaft zu partizipieren. Es sind diese kolonisationswilligen Raub- und Glücksritter der ursprünglichen Akkumulation, die seit der gewaltsamen Etablierung von Kreuzfahrerbaronien (12. Jh.) bis zur Konquista (16. Jh.) und darüber hinaus eine feudal geprägte Kolonialexpansion vorantrieben, welche auf dem feudalen Grundgesetz Land **mit** Menschen basierte. (Gegentyp: Neu England-Siedlungskolonien: Land **ohne** Menschen was Ausrottung der Einheimischen, seien es Indianer, Aborigines oder Maoris bedeutete.)

Der gleichsam natürliche Bündnispartner dieser Träger eines grundherrlichen und lehensrechtlichen Kolonialismus waren die plünderungswilligen Handelsaristokratien und Kaufmannsoligarchien Oberitaliens, welche ihre Gemeinwesen ‚republikanisch' organisierten. Diese Seerepubliken hatten bereits seit Mitte des 11. Jahrhunderts – also vor Beginn der Kreuzzüge „ihre eigenen Kreuzzüge im westlichen Mittelmeer geführt und sich durch Plünderung der sarazenischen Stützpunkte in Nordafrika große Reichtümer verschafft. Jetzt dehnten sie diese und ähnliche Unternehmungen auf das östliche Mittelmeer aus, wo sie nicht nur Plündergut, sondern auch Handelsprivilegien in den Kreuzfahrerstaaten erwarben". Diese Aussage von *Frederic Lane* aus seinem Standardwerk „Seerepublik Venedig" belegt recht gut, wie sich die gemeinsamen Interessen von Kaufleuten und Kreuzfahrern, nämlich handelskapitalistische Kaperei und ritterlicher Landraub, trefflich ergänzten.

Georges Duby weist in seinem Standardwerk zur mittelalterlichen Gesellschaft und Wirtschaft „Krieger und Bauern" darauf hin, daß sich auch „die westlichen Reiterheere nach allen Richtungen hin in Angriffsunternehmungen (stürzten), die weiter gingen als je zuvor und im Jahre 1095 im Aufbruch zum ersten Kreuzzug gipfelten". Indem sich von nun an Kaufleute und Ritter auf den östlichen Mittelmeerraum konzentrierten, schlugen sie zwei Fliegen mit einer Klappe: Die deklassierten – vom feudalen Erbe ausgeschlossenen – Ritter verwirklichten ihre grundherrschaftlichen Wunschträume in der Fremde, und zum anderen durch die gewaltsame *Etablierung der Kolonialbaronien* in Syrien und Palästina kamen die Kaufleute endlich zu ihren Handelsniederlassungen an den Endpunkten des asiatischen Luxusgüterfernhandels und konnten so an dessen profitträchtigem Spiel teilhaben. Alle Versuche jedoch, jenseits der Levante Fuß zu fassen, um das ägyptisch-arabische Zwischenhandelsmonopol aufzubrechen, wurden von den Muslimen „mit besonderer Härte abgeschlagen", wie *Wolfgang Reinhard* in seiner „Geschichte der europäischen Expansion" konstatiert.

Beim vierten Kreuzzug, der nun überhaupt nichts mehr mit dem Heiligen Land zu tun hatte, sondern gegen Byzanz ging, waren die auf der Kombination von Plünderungsfeldzügen und Handelsabenteuern beruhenden Gemeinsamkeiten von Rittern und Kaufleuten nahezu symbiotisch: 10.000 Ritter-Kreuzfahrer wurden auf venezianische Schiffe verfrachtet, vor Konstantinopel an Land gesetzt, anschließend schossen die venezianischen Seekrieger mit ihrer maritimen Technik der Rammböcke, Katapulte die Stadt sturmreif und drangen mit Hilfe ihrer Sturmleitern und Kampfplattformen ein: Im April 1204 war Konstantinopel tagelang Mördern, Plünderern, Vergewaltigern und Kirchenschändern ausgeliefert, wobei die Spezialität der Venezianer der systematische Raub geheiligter Reliquien gewesen ist, was das religiöse Prestige der Stadt in der katholischen Welt enorm steigerte.

Dies hier so deutlich, wiewohl holzschnittartig, darzulegen, ist schon der erste Erkenntnisgewinn und leitet zu meiner zweiten Erkenntnis über: Von den Historikern der ‚Annales-Schule' habe ich gelernt, daß es nur von Vorteil sein kann, das unabdingbare und unerbittliche Subjekt in einem selbst zuzulassen, indem ich bei der gedanklichen Aneignung historischer Ereignisse, Prozesse und Strukturen auf meine eigenen individuellen und kollektiven Erfahrungen zurückgreife. Gemeinhin wird ein solches Verständnis als vor- oder unwissenschaftlich und subjektivistisch abgetan, was ich für einen ziemlichen Unsinn halte.

Dazu *Duby*:

> „Jede Geschichte ist zwangsläufig subjektiv, jeder Diskurs über die Vergangenheit ist das Werk eines Menschen, der in der Gegenwart lebt und die Spuren der Vergangenheit im Sinne der Gegenwart interpretiert."

Marx sprach in diesem Zusammenhang von einem spezifischen Verhältnis von Logik und Geschichte und meinte dasselbe, nämlich das theoretische Problem, daß wir die Annäherung an die Vergangenheit mit Kategorien vollziehen, die der Gegenwart entnommen sind. Schließlich hat kein Ritter eine fundierte Analyse des Feudalsystems vorgelegt.

Diesem objektiven Dilemma der Gegenwartszentriertheit historischer Erkenntnisse kann man nicht einfach entgehen, aber der Rückgriff und das Ins-Spiel-Bringen eigener individueller und sozialer Erfahrungen fördert die Erinnerungsarbeit und folglich den Erkenntnisgewinn, was mich zu folgender Aussage verleitet: Von Beginn an ist die *Geschichte der europäischen Expansion eine der Barbarei und Greuel* gewesen, was den Kontakt mit den Europäern für die anderen lebensgefährlich machte und macht. Und diese Lektion wurde den Außereuropäischen schon lange vor der ‚Entdeckung der Neuen Welt' beigebracht.

In seiner Untersuchung über die mittelalterlichen Ritterorden unter dem Titel „Kreuz und Schwert" schreibt *Ernle Bradford* bezüglich der Konquista des Heiligen Landes:

> „Die Intoleranz der Westeuropäer in Glaubensfragen überstieg alles bei weitem, was man bis dahin im Orient kannte. Das Massaker nach dem Fall von Jerusalem hatte auf die islamische Welt eine traumatische Wirkung".

Und weiter:

> „Die Eroberung von Jerusalem war – wie schon die Einnahme Antiochias – durch Szenen von derartiger Blutgier und Grausamkeit gekennzeichnet, daß man kaum glauben kann, diese Feudalherren und ihre Gefolgsleute hätten auch nur die geringste Vorstellung von dem Glauben besessen, in dessen Namen sie ihren Feldzug unternommen hatten."

Hans Eberhard Mayer schildert in seiner „Geschichte der Kreuzzüge" die Ereignisse in Jerusalem im Jahre 1099 mit folgenden Worten:

> „Der Rausch des Sieges, der religiöse Fanatismus der Kreuzfahrer und die aufgestaute Erinnerung an die durchstandene Mühsal von drei Jahren entlud sich in einem entsetzlichen Blutbad, dem unabhängig von Religion und Rasse jedweder zum Opfer fiel, der den metzelnden Kreuzfahrern vor die Klinge geriet. Bis an die Knöchel watete man in Blut, und die Straßen waren mit Leichen bedeckt, deren Beseitigung die erste Sorge der Kreuzfahrer nach dem Ende des Wütens war."

Das nun wirft ja einige interessante Fragen auf bezüglich der These von *Todorov* in seinem Buch „Die Eroberung Lateinamerikas", in dem er konstatiert, daß die von den Konquistadoren verübten *Massaker eine moderne Erscheinung* sind, infolge der Homogenisierung der Werte durch das Geld. Aber daß das nicht alles sein kann, weiß auch *Todorov*, wenn er schreibt, daß die Konquistadoren nicht aufgehört haben, nach aristokratischen Werten, wie Adelstiteln, Ehren und Würden zu streben. Halten wir an dieser Stelle zunächst einmal fest, daß Kreuzfahrer wie Konquistadoren Angehörige eines „aristokratischen Banditentums" (*Abel*) sind und daß deren Vernichtungsmentalität und Vernichtungshandeln eine *longue durée* gewesen ist, die ihre Wurzeln im Mittelalter hatte und auf der grundherrlichen Mentalität von Kriegern beruhte.

Wenn nun *Todorov* einerseits den – und hier scheint er sich selbst noch etwas unsicher zu sein – „vielleicht modernen Charakter, der dieser Vernichtung anhaftet", betont, aber andererseits keine rechte Erklärung für diese Vernichtungsmentalität findet – er spricht in diesem Zusammenhang eher deskriptiv vom „spezifischen Vergnügen der Spanier an der Grausamkeit, der bloßen Ausübung ihrer Macht und der Demonstration ihrer Fähigkeit der todbringenden Vernichtung" – so könnte m.E. das Verständnis des Wesens grundherrlicher Kriegermentalität und der internen Hierarchisierung innerhalb der herrschenden Adelsklassen seit dem 12. Jh. einen

Hinweis zur Frage des Ursprungs dieser militanten Verhaltensbildungen der Zerstörung und Ausrottung eröffnen.

Um diesen mentalitätsgeschichtlichen Ursprung zu erklären, sollte man tunlichst die historische Konstellation von *Erstgeborenenrecht*, *Raubrittertum* und *Kreuzzüge* im Auge behalten: Die Ritter der ursprünglichen Akkumulation, die die vier kriegerischen Wallfahrten gen Jerusalem und Konstantinopel unter Leitung der katholischen Kirche und mit Unterstützung der oberitalienischen Handelsaristokratien durchführten, entstammen in ihrer Mehrzahl jener deklassierten Schicht jüngerer Söhne innerhalb der herrschenden Klasse des Adels, welche sich nach *Etablierung des Erstgeborenenerbrechtes* um ihre feudale Aussicht auf Boden, Macht und Prestige betrogen sahen. Freisetzung bedeutet für diese Ritter ursprüngliche Akkumulation, Ausschluß vom väterlichen Erbe und den damit verbundenen Privilegien.

Wie mickrig die Lebensverhältnisse des deklassierten Adels gewesen sind, ist der Aussage von *Arno Borst* zu entnehmen:

> „Wer das Ritterwesen verstehen will, muß ... die politische, soziale und wirtschaftliche Realität des niederen Adels aufsuchen, aus der das Rittertum erwuchs: ... viele Adelige wohnten kümmerlich im Dorf, gingen selbst hinterm Pflug, und ihr Harnisch war vom Rost zerfressen. Krieg um der begehrten Beute willen war überall beliebt".

Die aggressive Eroberungsmentalität speist sich aus der Enttäuschung und der Wut von Zukurzgekommenen, die jede Möglichkeit am Schopf ergreifen, um einen Ausgleich ihrer verlustig gegangenen Privilegien zu finden. Zur Erreichung dieses Zieles sind die militanten Ritter der ursprünglichen Akkumulation bereit gewesen, Kopf und Kragen zu riskieren, alles auf die Karte der kriegerischen Pilgerfahrt zu setzen; denn die kollektiven Mentalitäten dieser deklassierten, weil freigesetzten, ritterlichen Banditen basierten auf folgenden Grundmustern: Wenn ich bereit bin als Ritter und Krieger mein Leben aufs Spiel zu setzen, um meinem Ziel, Grundherr, Seigneur zu werden, näherzukommen, dann kann nichts mich von diesem Vorhaben abhalten und dann ist auch alles zu seiner Erlangung erlaubt. Das, was mir zu Hause versagt ward, werde ich nun in der Ferne und Fremde suchen: Königreiche, Fürstentümer, Baronien, Grafschaften, also Grund und Boden mit den dazugehörigen Leibeigenen (– einschließlich schöner Frauen –) also Land mit Menschen, dazu viel Beute sowie Ehre und Ruhm. Und wer sich bei der Verwirklichung meines seigneurialen Lebenstraumes in den Weg stellt, wer mein feudales Lebensglück verhindern will, dem werde ich den Tod bringen: Ich erobere, also bin ich.

Es paßte gut zu dieser Marodeur-Mentalität, daß die katholische Kirche diesem Raub- und Glücksrittertum gleichsam die höheren Weihen des Heiligen Krieges gegen die Ungläubigen gab, denn so verbanden sich Beutementalität und christlicher Glaube aufs beste und trefflichste. Dazu *Norbert Elias*:

> „Nichts läßt annehmen, daß sich diese Expansion ohne Lenkung der Kirche, ohne die Verbindung des Glaubens mit dem heiligen Land, gerade unmittelbar dorthin gerichtet hätte. Aber nichts macht wahrscheinlich, daß ohne sozialen Druck im Inneren der Gebiete der lateinischen Christenheit, Kreuzzüge zustande gekommen wären. ... Die Kirche lenkte die vorgegebene Kraft. Sie nahm die Not auf und gab ihr eine Hoffnung... Sie gab dem Kampf um neue Böden umfassenden Sinn und Rechtfertigung. Sie ließ ihn zu einem Kampf für den Glauben werden."

Das enge Bündnis von Kreuz und Schwert hatte aber auf Seiten der Kirche noch einen anderen, wesentlich handfesteren Grund, der aus der Störung des Feudalsystems in seiner Gesamtheit herrührte. *Duby* und *Jacques Le Goff* heben in ihren Argumentationen hervor, daß die Expansionsmöglichkeiten der herrschenden Feudalklasse gegen *Ende des 11. Jahrhunderts* immer begrenzter wurden. *Territoriale Akkumulation* war zum Nullsummenspiel geworden, sie ging nur noch auf Kosten anderer Feudalherren, was die gesamte Klasse des Adels in permanente Kriege, Raubzüge und Kämpfe verwickelte, wobei insbesondere die ziemlich wehrlosen Kirchengüter den Angriffen räuberischer Raubritter und Adliger ausgesetzt waren. Diese kriegerisch-expansive Kraft nach außen zu lenken, lag im manifesten Interesse der Kirche.

Dazu *Christoph Auffahrt* in seinem Text „Ritter und Arme auf dem ersten Kreuzzug":

> „Der Papst hatte mit seinem Aufruf durchaus eine bestimmte Gruppe im Sinn: Es ging ihm offenbar um die nicht erbberechtigten ‚Brüder' der grundbesitzenden Herren, besonders in Südfrankreich. Sie hatten Waffen und Pferde, aber keinen Besitz, den sie verteidigen mußten. Dieses freie und aggressive Gewaltpotential war eine ständige Bedrohung des ‚Friedens', den gerade die Kirche benötigte".

Durch die Einführung des Erstgeborenenerbrechts wird nun die innere Dynamik des Feudalsystems auf sozio-politischer Ebene soweit vorangetrieben, daß sie das relative Gleichgewicht der Feudalgesellschaft insgesamt zu zerstören beginnt. Und genau in diesem historischen Augenblick spielte die Kirche als organisierte und organisierende Kraft ihre Glaubenskarte aus: Zielstrebig knüpfte sie an die territorialen Akkumulationswünsche der deklassierten Ritter an und rekrutierte sie für die Konquista des Heiligen Landes. Sie eröffnete damit den Grenzen der inneren Expansion Westeuropas einen neuen und weiteren Weg nach außen und schaffte sich selbst im *Ordenswesen der Ritter Christi* die ihren Zielsetzungen entsprechende Organisationsform. In einer von Religiösität überdeterminierter Gesellschaft wie der mittelalterlichen (Ekstasetechniken, Geißelungen, Wunder- und Aberglaube) entwickelte die päpstliche Propagierung der Wiedereroberung des Grabes Christi eine außergewöhnlich mobilisierende Dynamik. Den Muslimen waren in ihrer doppelten Abwertung als Heiden u n d Barbaren nur eine einzige ‚Existenzweise' zugestanden: Die der Vernichtung oder der bedingungslosen Kapitulation.

Das rund zweihundertjährige Zeitalter der Kreuzzüge von 1096-1291 ist als eine spezifische Form der allgemeinen, ersten großen Eroberungs- und Kolonisationsbewegung des christlichen Abendlandes zu verstehen, welches zusammenfällt mit der generellen Ausdehnung des Feudalsystems, z.B. auch gen Osteuropa. Obwohl ein Bestandteil dieser generellen Expansion, liegt die Besonderheit der kriegerischen Wallfahrten gen Jerusalem in der Beteiligung des oberitalienischen Handelskapitals.

Ich werde im folgenden Argumente zusammentragen, die meine These plausibel machen, daß sich *Feudalismus* und *Handelskapitalismus* nicht ausschließen und daß die verschiedenen spätmittelalterlichen und frühneuzeitlichen Kolonialsysteme auf einer Verbindung von feudalen Momenten und Elementen des Kaufmannskapitals beruht haben.

Allemal kann festgehalten werden, daß es eine wechselseitige Angewiesenheit und *Verflechtung von Ritter und Kaufleuten* gegeben hat. Dieses – ethnologisch gesprochen – *cross-cutting* und *over-lapping* von Kirche (Glauben), Adel (Ruhm) und Händler (Gewinn) tritt beispielsweise in der *Entwicklung der Orden* deutlich zutage. So war der Johanniterorden ursprünglich eine Gründung von Kaufleuten aus der oberitalienischen Seerepublik Amalfi (1080) zwecks Verwirklichung karikativer Zwecke als Krankenpflegeorden. Doch schnell übernehmen die Johanniter, wie auch die Malteser und Deutschmeister, bei der Eroberung Palästinas Aufgaben im Grenzschutz durch die Übernahme von Burgen. Diese *Militarisierung des Orden* wurde rasant beschleunigt durch die Rekrutierung von Soldrittern, so daß sich die ehemalige Kaufmannsgründung in einen ständisch exklusiven Ritterorden transformierte. Der eigentliche Witz an der Geschichte des Ordens ist nun allerdings, daß das *Kaufmannskapital* nicht einfach verschwand, sondern dem Rittertum – wenngleich in untergeordneter *refeudalisierter Stellung* – die Treue hielt, weil es dessen Schutz bedurfte.

Mayer schildert die Situation ab Mitte des 13. Jhs. in Palästina wie folgt:

> „Beherrschten die Italiener die Städte, so waren die Ritterorden die eigentlichen Herren des flachen Landes, soweit dies noch christlich war. ... Allein die Orden konnten in Europa noch ritterliche Krieger rekrutieren, die bereit waren, dauernd im Heiligen Land zu kämpfen. Sie besaßen also die einzig wirkliche Kampfkraft. Außerdem waren sie durch viele Schenkungen im Abendland unermeßlich reich geworden, und ihr weit gespanntes Netz von Niederlassungen ermöglichte ihnen bedeutende Finanztransaktionen, die sie in die Rolle von Bankiers drängten."

Der Reichtum und die Macht der Johanniter und Templer zwang den verarmenden Adel dazu, „den Orden Burg um Burg und Herrschaft um Herrschaft auszuliefern" und anschließend als *ritterliche Söldner* auf Basis von Geldlehen für den Orden zu arbeiten (in die Kriegsdienste der Orden zu treten).

Ich denke, vor allem in Begriffen wie *Soldritter* und *Geldlehen* kommt die Kategorie ursprüngliche Akkumulation voll zum Tragen, gewinnt ihre historische Bedeutung und Gültigkeit zur Kennzeichnung dieses widersprüchlichen Übergangs zwischen Kontinuität und Diskontinuität. Der Soldritter im Dienste der Orden und die kleinen Ritter, welche ein Geldlehen besaßen, das knapp zum Lebensunterhalt reichte, geben Auskunft über die Transformation der klassisch-mittelalterlichen Grundherrschaft insofern, als die Begriffe Sold und Geld bereits eine dinglich-versachlichte, faktisch-materielle Dimension umfassen, während die Begriffe Ritter und Lehen signalisieren, daß der außerökonomische, auf Vasallität beruhende Zwang weiterhin bestehen bleibt. Jedenfalls geben Soldritter und Geldlehen Kunde davon, daß sich Geld und Ruhm, Gewinn und Ehre eben nicht mehr ausschlossen.

Als ‚*modern*' kann man diese Ritter der ursprünglichen Akkumulation betrachten, wenn man bereit ist, dem 12. Jh. eine erste sich herausbildende Zwischenstufe der Modernität zuzugestehen, sich darstellend in auf Trennungs- und Enteignungsprozeßen beruhenden *signifikanten Individualisierungsschüben*, vor allem bei Rittern und Kaufleuten, die einen auf der Suche nach Ruhm, die anderen auf der nach Gewinn. Der neue ritterliche Individualismus in Gestalt des *Raub- und Fehderittertums* wird getragen von der *Aventuire-Mentalität*: Die heroische Waffentat, das mutige Wagnis des außergewöhnlichen, hervorragenden Einzelnen wird zum neuen Leitbild. Der Wettkampfplatz, der Ort der Rivalität, wo die Krieger ihre Aventuire-Mentalität austoben können, wo die kämpferische Selbstbestätigung des Ritters in Kontakt tritt und innigst sich verbindet mit der Profitsucht der Kaufleute, ist das *Turnier* gewesen – recht eigentlich eine feudale Institution bis auf die Knochen. Trotzdem wurde das Turnier zum Schauplatz des Auftritts des Geldes, welches als Belohnung für ritterliche Heldentaten winkte.

Unnachahmlich in Stil und Prägnanz beschreibt *Duby* diesen Vorgang in „Wirklichkeit und höfischer Traum. Zur Kultur des Mittelalters":

> „Das Turnier ist der einzige Ort dieser Gesellschaft, wo ein Ritter ebenso schnell reich werden kann, wie ein Händler oder der Anführer einer Söldnerschar. Für die Kirche ein Grund mehr die Turniere zu verdammen, denn noch bilden sie die einzige undichte Stelle, durch die sich das Gewinndenken in die aristokratische Mentalität einschleichen kann. Manche verdienen große Summen beim Turnier, und alle – oder fast alle – nahmen nur um des Geldes willen daran teil. Aber sie sagen es nicht, denn die Realität, das heißt die Gewinnsucht, wird bei diesen Wettkämpfen vollständiger als irgendwo sonst vom Schleier der Ideologie, von einer schillernden Fassade von zur Schau gestellter Tugenden, verdeckt."

Wir sehen also, wie früh sich Individualisierung und Gewinnstreben in der Herausbildung der *Aventuire-Mentalität* verbinden. In dieser Mentalität ist eine neue Kommunikationsform angelegt, bei der es nicht mehr um den Wahrheitsgehalt von Äußerungen oder die Aufrichtigkeit von Handeln geht, sondern es auf die Wirkung, die beide bei anderen hinterlassen, ankommt. In diesem Sinne fördert die Aventuire-

Mentalität eine *individuelle Verhaltensbildung der Manipulation und Improvisation*.

In seinem vorbildlichen Artikel „Der Wanderhirt und die überseeische Ausbreitung Spaniens" hat *Ramon Carande* die Mentalität des Prototypen des Ritters der ursprünglichen Akkumulation – nämlich des spanischen Konquistador – als jemanden charakterisiert, der dem nomadischen Milieu des Hirtenwandertums entsprechend durch die „Kriegsgewohnheiten der Beutewirtschaft" geprägt worden ist: „Habgier empfanden sie natürlich nach dem „gleißenden Metall", ohne daß dies die Hauptleidenschaft der Konquistadoren war. Vielmehr blendete die Spanier mehr als alles andere die Herrschaft, die Macht, der Ruhm, der Adel und die Unabhängigkeit, Dinge, die er heldenhaft mit Improvisation und Verwegenheit, aber nicht mit lang vorbereiteten Plänen und nüchterner Berechnung eroberte."

Was nun – um auch auf diesen Gesichtspunkt der ‚Modernität' des 12. Jahrhunderts einzugehen – nämlich auf die viel gerühmte oder beklagte – je nach Standpunkt – ‚Fertigkeit' der Spanier zur Improvisation und Manipulation angeht, so beruhte diese auf einer *mentalitätsgeschichtlichen Revolution*, auf einer radikalen Umwälzung der geistigen Infrastruktur, wie *Peter Czerwinski* in seinem Text „Heroen haben kein Unbewußtes" hervorhebt.

> „Die Fähigkeit, auf zwei Ebenen, auf einer der Situation und einer der Reflexion, wahrzunehmen, wie es sich an den landesherrlichen Höfen im 12. Jahrhundert entwickelt, *verdoppelt die Wirklichkeit* und bringt Denkformen des Uneigentlichen, eines Auseinanderfallens beider Wahrnehmungsgeschichten, hervor."

Zurück zum eigentlichen Thema: Orden und Turnier zeigen also in ihrer historischen Realität bereits Merkmale ökonomischer und sozialer Veränderungen, die vom Eindringen des Geldes herrühren. Wenn man sich heute den schon als klassisch zu bezeichnenden Artikel von *A. B. Hibbert* aus dem Jahre 1953 anschaut, dann ist die weckselseitige Angewiesenheit von Feudaladel und Handelsaristokratie so erstaunlich nicht. Hibbert ruft in diesem Text argumentativ überzeugend in Erinnerung, daß die Ursprünge des kaufmännischen, mittelalterlichen Stadtpatriziats bei den grundbesitzenden, adligen Schichten zu suchen und zu finden sind. Die aristokratischen Kaufleute waren eben nicht einfach Außenseiter der Feudalgesellschaft.

Vor allen Dingen bestreitet *Hibbert* die Unvereinbarkeit von Feudalsystem sowie Handels- und Kolonialexpansion. Er argumentiert, daß „sowohl die Theorie wie auch die Tatsachen nahelegen, daß der Handel bereits im frühen Mittelalter weit davon entfernt war, zersetzend auf die Feudalgesellschaft einzuwirken, in Wirklichkeit ein natürliches Produkt dieser Gesellschaft war und bis zu einem gewissen Punkt von den Feudalherren gefördert wurde". Sein Resumee lautet:

„Der Feudalismus konnte niemals der Kaufleute entbehren. Die Struktur, das technische Niveau und die Lebensgewohnheit der Feudalgesellschaft machten immer Nah- und Fernhandel notwendig".

Giuliano Procacci geht in seinem Beitrag zur Feudalismusdebatte noch einen Schritt weiter, indem er die mittelalterliche Stadt und die mit ihrer Genese verbundene Entwicklung der Warenproduktion als integralen Bestandteil der feudalen Produktionsweise begreift. Und nach *Duby* sind es die *Produktivitätsfortschritte der Landwirtschaft*, welche die Dynamik der feudalen Produktionsweise bestimmen. *Die damit verbundene Entstehung neuer Bedürfnisse der großen Adelsherrschaften* ruft als Antwort den sprunghaften Anstieg des Handels hervor.

Allerdings ist einschränkend zu bemerken, daß die Monetarisierung der Austauschverhältnisse zwar zu einer Erweiterung des Waren- und Geldhandels, nicht aber zu seiner Verallgemeinerung führen. Waren- und Geldhandel bringen vor allem das Herreneigentum in eine ökonomische Abhängigkeit zu sich, so daß ein Teil der Gewinne eben zur Sicherung und Erweiterung der Handlungsspielräume des Kaufmannskapitals verwendet werden konnte. Die Grenze dieses Handlungsspielraums bildete das *Gewaltmonopol* der Adelsklasse, so daß Tendenzen der Refeudalisierung immer gegeben waren.

Die Analyse der Kreuzzüge als eine spezifische Form der Expansion des feudalen Europas erfordert den Einbezug der oberitalienischen Stadtstaaten (Seestädte) in die Darstellung. Im Zeitalter der Kreuzzüge erfolgte die Herstellung der Allianz zwischen den oberitalienischen Zentren des Handelskapitals und dem feudalen Universum Resteuropas. Grundlage der Versorgung des europäischen Adels mit orientalischen Luxusprodukten waren die Produktivitätsfortschritte in der feudalen Landwirtschaft, denn ohne diese wären die östlichen Luxuswaren kaum auf eine kaufkräftige Nachfrage gestoßen.

Durch die sich verändernde Konsumwirtschaft der europäischen Herrenhöfe verwandelten sich Genua und Venedig zu Zentren einer *lokalen europäischen Weltökonomie*. Der Weg Venedigs „zur obersten Instanz in allen Handelsbelangen" (*Braudel*) während des Zeitalters der Kreuzzüge ging einher mit der politischen Machtübernahme einer aristokratisch-patrizischen Oligarchie, die voll auf die neue Rolle Venedigs in der kolonialen Handelsexpansion setzte und das vormals herrschende Bündnis aus kirchlicher Hierarchie und Kleinadel beiseite drängte. Durch die Unterstützung der Ritter der ursprünglichen Akkumulation in den Kreuzzügen errichtete Venedig ein System von Stützpunkten auf den diversen Mittelmeerinseln und leitet damit die *erste Phase der europäischen Kolonisation* ein.

Venedigs Aufbruch zur Weltwirtschaft, Venedigs Schaffung einer lokalen Weltökonomie ist aber nicht nur mit den Kreuzfahrerbaronien und dem lateinischen Kaiserreich von Konstantinopel, sondern auch gerade mit der pax mongolica, die vor allem dem Karawanenhandel zugute kam, verbunden gewesen, was – mal ganz nebenbei – besagt, daß nomadische Reichsgründungen eben nicht nur auf Zerstörung und Plünderung beruhten. Venedigs lokale Weltökonomie war *produktorientiert*, denn der Luxusfernhandel wird im wesentlichen von den Edelprodukten Seide und Gewürz getragen. Lokale Weltökonomie beinhaltet m.E., daß zwar eine Erweiterung der territorialen Austauschsphären erfolgt, ohne daß etwa ein direkter Einfluß oder gar eine Kontrolle der anderen lokalen Weltökonomien im Nahen Osten, in Indien, im indonesischen Archipel oder gar im Fernen Osten gewonnen werden konnte. Jede lokale Weltökonomie „followed its own particular way of life", wie *E.L.J. Coornaert* feststellt.

Venedigs lokale Weltökonomie ist aber vor allem auf handelskapitalistischer Akkumulationsgewalt durch die dominierenden Praktiken der Kaperei und des Raubhandels gegründet gewesen, wie beispielsweise *Lane* hervorhebt: Die venezianische Flottenvorherrschaft war „eine Vorherrschaft von der Art, die wirksamer mit Plünderung als mit Verteidigung friedlichen Handelsverkehrs hervortreten konnte, und die Venezianer verwendeten sie denn auch in erster Linie dazu, das byzantinische Kaiserreich auszuplündern, das sie vorher (bis zu Beginn des 12. Jhs., I.A.) beschirmt hatten".

Wenngleich die von Venedig und den anderen oberitalienischen Seestädten entwickelten Techniken und Organisationsformen im Prozeß der merkantilen Expansion für die folgenden Jahrhunderte zum Modell für koloniale Eroberung überhaupt werden sollten, so kann auf der anderen Seite gar nicht genug betont werden, daß bei den *Formen kolonialer Landnahme auf die institutionellen Errungenschaften des Feudalsystems zurückgegriffen wurde*. Das Auftreten adliger Grundherren als Kolonisatoren, als Unternehmer und als Plantagenbesitzer erfolgte weitestgehend nach grundherrlichen und lehnsrechtlichen Prinzipien, d.h. die *feudale Trias aus Vasallität-Lehen-Privileg* war bestimmend für die *koloniale Eroberung*. So wurde z.B. Kreta nach seiner Inbesitznahme durch Venedig zu Beginn des 13. Jhs. in Ritter- und Knappenlehen aufgeteilt. Hörige Fronarbeit, also feudale Produktionsverhältnisse, bildeten die Grundlage der Bewirtschaftung. Lapidar stellt dazu *Lane* fest:

> „Hunderte von Venezianer wanderten nach Kreta aus, um dort Krieger und Grundherren zu werden".

Auch *Coornaert* bestätigt den feudalen Charakter der Landnahme außerhalb der Städte: „The Italian city-states had transplanted feudal customs of settlement of their distant territoriens where the colonies spread outwards from cities – seigneuries, fiefs, vassalage, and the whole organisation based on privileges, both collective and individual".

Wenn also *Fernand Braudel* Venedig und Genua in ihrer Eigenschaft als Kolonialmächte „bereits einem fortgeschrittenen Stadium des Kapitalismus" zurechnet, so geht diese Feststellung m.E. am Kern der Formen feudal-kolonialer Landnahme ziemlich vorbei. Genuas Kolonie Kaffa auf der Halbinsel Krim dagegen, welche von

1261-1474 existierte, war mehr ein großer Handelsumschlagspunkt, bei dem der Sklavenhandel dominierte. Was fortgeschritten war, ist die Alltäglichkeit des Seeräuberwesens im östlichen Mittelmeer gewesen.

Der feudale Hegemonialcharakter des oberitalienischen Kolonialismus im östlichen Mittelmeer wurde allerdings bei den beiden wichtigsten Agrarexportprodukten – Zucker und Baumwolle – durchbrochen. In diesem landwirtschaftlichen Sektor dominierte die auf *Sklavenarbeit beruhende Plantagenökonomie*. Kreta und Zypern sind die Zentren der Plantagenwirtschaft im östlichen Mittelmeer.

Das Grundgesetz des feudalen Kolonialismus ‚Land mit Menschen' bewirkt, daß die für den Betrieb benötigten arabischen und syrischen Sklaven in „regelrechten Raubzügen und Raubfahrten gefangen wurden" (*Charles Verlinden*).

Im *Plantagenherrn*, im Pflanzerkaufmann verkörpert sich die *Verschmelzung der sozialen Schichten von Handelsaristokratie und Adel*. In gewisser Weise kann man in den Plantagenbesitzern in Ansätzen durchaus eine Art Gentry erblicken, sich zusammensetzend aus niederem Adel, ritterlich lebenden Vertretern der bürgerlichen Handelsoberschicht und freien Landbesitzern als private Kapitaleigner.

Die Produktion von Zucker – nach den Worten eines zeitgenössischen Chronisten „dieses unverhoffte und unvergleichliche Geschenk des Himmels" – wurde immer mehr perfektioniert, so daß *Verlinden* konstatieren kann, daß der „Betrieb von Zuckerrohrplantagen für die abendländischen Mittelmeeranrainer bald keine Geheimnisse mehr barg".

Die Handelskapitalisierung der Zuckerrohrproduktion zeigt sich auch darin, daß der Zucker im Außenhandel partiell als allgemeines Äquivalent, als Zahlungsmittel fungierte.

Auch die Ritterorden paßten sich den neuen kolonialökonomischen Gegebenheiten an: Johanniterorden und der Deutsche Orden besaßen ihre mit Sklaven betriebenen Zuckerrohrplantagen im Heiligen Land.

Die Hegemonie des Feudalen bei der kolonialen Landnahme zwang das Handelskapital, sich diesen institutionellen Gegebenheiten anzupassen, denn schließlich hatte es in diesem dominanten historischen Milieu zu agieren, aber zugleich versuchte es, Schritt für Schritt die grundherrschaftlichen und lehensrechtlichen Institutionen auf seine ökonomischen Bedürfnisse zuzurichten.

Keinesfalls kann also das Agieren des Handelskapitals als ein systemfremder Faktor innerhalb der Feudalökonomie betrachtet werden, wie dies *Paul Sweezy* in seiner Debatte und Kontroverse mit *Maurice Dobb* über die Übergangsproblematik vom Feudalismus zum Kapitalismus tut. Überhaupt unterschätzen beide Theoretiker in ihren Analysen die Dynamik der feudalen Produktionsweise, was beispielsweise *Sweezy* dazu verleitet, infolge seiner Einschätzung vom „konservativen und veränderungsfeindlichen Charakter" des Feudalismus Handel und Stadtentwicklung als eine von außen wirkende „Triebkraft" in einer Art Reiz-Reaktions-Schema für den Niedergang der feudalen Wirtschaft und Gesellschaft verantwortlich zu machen. Gemeinsam ist den Analysen von *Dobb* und *Sweezy* die Vorstellung von der Stagnation des Feudalismus im allgemeinen und seiner agrarischen Produktivität im besonderen. Diese Fehleinschätzungen sind insbesondere von *Perry Anderson* und *Peter Kriedte* gründlich widerlegt worden, indem sie den Zusammenhang von Steigerung der landwirtschaftlichen Produktivität und dem damit einhergehenden Bevölkerungswachstum in Verbindung mit einer Ausdehnung der Anbauflächen sowie vor allem die Etablierung einer ausgeprägten Stadt-Land-Arbeitsteilung herausgearbeitet haben.

Joachim Bergmann hat in einem neueren Artikel über „Die Dynamik der Conquista" auf die fließenden Übergänge zwischen „Hidalgo-Schicht und Bürgertum" hingewiesen:

> „Die Conquista war ein Unternehmen von Abenteurern – von Söhnen aus dem Kleinadel ohne Land, aber mit hochgeschraubten Aspirationen; von Notaren, die in hohe Ämter, von Händlern, die ins Geschäft drängten; von kleinen Handwerkern, Matrosen und Habenichtsen, die ihr Glück suchten. Sie setzten eine expansive und destruktive Dynamik in Gang, in der sie Antreiber und Getriebene waren".

Diese zutreffende Feststellung über die schichtenspezifische Zusammensetzung der Konquistadoren als Vertreter eines beutesuchenden Abenteuerkapitalismus – „Beutemachen richtet sich auf das Kurzfristige und Handgreifliche" (*Bergmann*) – bedarf freilich der mentalitätsgeschichtlichen Ergänzung zur weiteren Kennzeichnung der widersprüchlichen Realität der konquistadorischen Lebenswelt: Als Ritter der ursprünglichen Akkumulation waren die spanischen Eroberer Experten des Übergangs vom Mittelalter zur frühen Neuzeit, wobei Beutemachen für Geld und Gold stand, um mit deren Hilfe die noch stark feudal geprägten Werte zu verwirklichen, als da – in den Worten des Mönches Motolinia aus dem Jahre 1544 – waren: „Ehre, Adel, Stand, Prunk, prächtige Kleider, feine Speisen, Wonnen des Lasters, die Möglichkeit, sich an Feinden zu rächen, hohes Ansehen für ihre Person".

Sicherlich hindert uns nichts daran, darauf zu insistieren, daß der Hidalgo-Kleinadel im Zeitalter des „frühreifen, bereits unersättlichen Handelskapitalismus" (*Braudel*) genauso mit von der Partie war wie zuvor der Kreuzritter – aber in der feudalmentalen Dominanz ihrer Wertebildung diente das Geld in erster Linie der Rangvergesellschaftung. In meinem Text „Ich erobere, also bin ich" komme ich zu folgender Einschätzung: „Dem ‚typischen' spanischen Hidalgo als einem Ritter der ursprünglichen Akkumulation ging es zu allererst um seine Ehre, gepaart mit einer unglaublichen Gier nach Anerkennung und Ehrungen durch den Kaiser als dem Vertreter der habsburgischen Universalmonarchie. „Ich erobere, also bin ich" diente hauptsächlich und vor allem dem Bestreben durch tollkühne Eroberungen in Übersee Mitglied des kastilischen Hochadels zu werden, dem non-plus-ultra in der ranggesellschaftlichen Hierarchie. Die Neue Welt ‚bot' durch die Vernichtung von und die Herrschaft über indianische Menschen eine Möglichkeit, an die Spitze der spanischen Feudalpyramide zu gelangen."

Einen neuen Anstoß erhielt die Feudalismus-Kapitalismus-Übergangsdebatte durch den weltsystemtheoretischen Ansatz von *Immanuel Wallerstein* in den siebziger Jahren. *Wallerstein* zufolge ist – zugespitzt formuliert – die Lösung der Krise des Feudalsystems die Entstehung des modernen europäischen, kapitalistischen Weltsystems, wobei für ihn das 16. Jahrhundert den Ausgangspunkt der Etablierung einer europäischen Weltwirtschaft bildet.

Dem hält im Sinne einer Unterstützung meiner Argumentation *Braudel* in seiner Untersuchung „Aufbruch zur Weltwirtschaft" entgegen: „Ich setze also die Geburtsstunde der europäischen Weltwirtschaft sehr früh an und blicke im Gegensatz zu Immanuel Wallerstein nicht wie gebannt auf das 16. Jahrhundert. (...) Meine These jedoch, die im 16. Jahrhundert auf Europa aufgebaute Weltwirtschaft stelle nicht die erste auf diesen erstaunlichen kleinen Kontinent gestützte Erscheinung dieser Art dar, läuft zwangsläufig auf die Behauptung hinaus, der Kapitalismus sei nicht erst im 16. Jahrhundert aufgekommen. Somit stimme ich mit jenem Marx überein, der schrieb (und es später bereute), der europäische Kapitalismus (er sagt sogar: die kapitalistische *Produktion*) habe im 13. Jahrhundert in Italien begonnen – eine keineswegs belanglose Streitfrage."

Diese Streitfrage ist deswegen nicht belanglos, weil eben im Sinne einer gleichzeitigen Ungleichzeitigkeit der Aufstieg Venedigs und Genuas zu ‚frühreifen' lokalen Weltökonomie ohne ihr Bündnis mit dem spätmittelalterlichen Feudaluniversum Westeuropas gar nicht verstehbar ist: Innerhalb des feudalen Milieus der Kreuzzüge stellen Venedig und Genua das „élément bourgeois" (*W. Heyd*) dar, indem sie die für die Kreuzzüge notwendigen ‚flankierenden Maßnahmen' der Organisierung von sog. Karawanen des Meeres gewährleisteten. Bei der anschließenden kolonialen Landnahme allerdings setzten sich weiterhin die feudalrechtlichen Institutionen der Lehensvergabe und Leibeigenschaft durch.

Die gegenseitige Angewiesenheit zwischen Rittern und Kaufleuten ist folglich Ausdruck eines Klassenbündnisses zwischen den eng verwandten Feudal- und Handelsaristokratien zwecks Bündelung ihrer wirtschaftlichen, politischen und militärischen Kräfte im Zuge der feudalkolonialen Eroberung der Levante.

Dazu *Reinhard* in Band I seiner „Geschichte der europäischen Expansion":

> „Im Bereich der Kreuzfahrerstaaten und der italienischen Kolonien des östlichen Mittelmeeres nicht zuletzt im venezianischen Zypern sowie im genuesischen Chios und Kaffa auf der Krim wurden Grundformen der kolonialen Organisation und der Finanzierung von Kolonialunternehmen, der Landvergabe und der wirtschaftlichen Nutzung geschaffen, die sich im atlantischen Raum noch jahrhundertelang bewähren sollten".

Es ist die politische Zersplitterung des westeuropäischen Feudalsystems, die dem Handelskapital die ökonomischen Handlungsspielräume verschaffte, welche ihm im Vergleich dazu in den zentralisierten Staatsapparaten asiatischen Typs versperrt blieb.

Die enge Verflechtung von HK und Feudalsystem wird m.E. überzeugend bestätigt durch das Auftreten der Handelskompagnien als Kollektivlehnsherren: Sie vergaben in der Neuen Welt im Zuge der *zweiten Welle der europäischen Kolonialexpansion* durch Holländer, Engländer und Franzosen im 17. Jh. „Ländereien an Siedler zu Lehen, die patrons genannt wurden. Der tatsächliche Besitz solcher Lehen brachte die Verpflichtung zu militärischen Leistungen mit sich. Die Nichteinhaltung dieser Obliegenheiten konnte die Einziehung des Lehens genau wie im Mittelalter zur Folge haben" (*Verlinden*).

Das Auftreten der *Handelskompagnien als Kollektivlehnsherren* ist ein Beleg für die vom Handelskapital mitgetragene *Etablierung neuer Feudalherrschaften* in Übersee, die bis ins 18. Jh. andauerte.

Bei der kolonialen Besiedlung feudaler Form kann man den Handlungsspielraum des Handelskapitals als eingeschränkt definieren. Wo hingegen das Handelskapital entfesselt von den feudalen Einschränkungen agierte, schuf es die seinen Verwertungsbedingungen am adäquatesten entsprechenden Plantageökonomien. In diesem Sinne war das Plantagenkapital die historisch freieste, weil selbständigste Existenzweise des Handelskapitals. Entsprechendes gilt für das Verlagskapital: In beiden Formbestimmungen organisierte das Handelskapital seine Produktionsweise selbst.

Das auf der Kombination von Agrikultur und Manufaktur beruhende Plantagenkapital brachte eine *überseeische Protoindustrialisierung* hervor, die bis auf den Tatbestand der Verwendung *unfreier* Arbeitskraft alle Gemeinsamkeiten mit dem Industriekapital aufweist. Das weltmarktzentrierte Plantagenkapital kann nicht die freie Lohnarbeit durchsetzen: *Land mit Menschen heißt für das Plantagenkapital Land mit Sklaven.*

Ich fasse zusammen:

Ausgangspunkt meiner Überlegungen zur Charakterisierung der Kreuzzüge als feudalkoloniale Expansion und Eroberung ist die Dominanz grundherrschaftlicher Machtausübung bei der Etablierung christlicher Kolonialbaronien in Syrien und Palästina. Diese Hegemonie des Feudalen bestimmte auch die Grenzen des politischen und wirtschaftlichen Handlungsspielraumes des Kaufmannskapitals, denn das Gewaltmonopol lag wesentlich bei der Adelsklasse. Überdies war das Kaufmannskapital bei der Verwirklichung seiner Zielsetzungen, nämlich Maximierung der Profite, Minimierung des Risikos und Ausschaltung der Konkurrenz in nicht unerheblichem Maße auf den Schutz der Ritter im Heiligen Land angewiesen: Beim Ritter wartet der Raub hinter dem Kampf, beim Kaufmann hinter dem Handel.

Die Vorherrschaft feudaler Machtausübung – also „die Akkumulation von Macht über den Boden und Macht über die Menschen" (*Duby*) – bildete das Zentrum der kolonialen Expansion im Zeitalter der Kreuzzüge, allen maritimen und kommerziellen Weiterentwicklungen und Veränderungen zum Trotz. Die Implantierung feudaler Lebensweisen auf Basis von Produktionsverhältnissen der Leibeigenschaft und Fronarbeit zog die Adelskaufleute selbst in den Strudel einer *Refeudalisierung*, indem sie einen Großteil ihrer Profite in Grund und Boden zwecks Aneignung von Feudalrenten ‚investierte': Die handelsaristokratische Elite Venedigs besaß in ihren Kolonien auf Kreta, Zypern und Palästina (Akkon und Tyros) zahlreiche Ländereien und Besitzungen in Form von Ritter-Lehen. Diese *Koloniallehen* umfaßten teilweise auch städtischen Grundbesitz. Auch Gruppenbelehnungen wurden praktiziert, wobei die kaufmännischen Geldgeber direkt in das System der Feudalisierung einbezogen wurden: Die Rückzahlungen ihrer verauslagten Kapitalien erfolgte nämlich in Form kolonialer Landbelehnungen. Einen gewaltigen Schub erhielten diese Refeudalisierungsprozesse mit dem Niedergang des byzantinischen Reiches. Dazu *Lane*: „Die Eroberung Konstantinopels durch die Kreuzritter im Jahre 1204 vergrößerte Reichtum und Macht des venezianischen Adels unermeßlich. Das byzantinische Kaiserreich lag jedem offen, der etwas „erwischen" konnte, und so befand sich der Adel in guter Situation, um sich Ländereien anzueignen, die er sodann entweder von Venedig oder vom lateinischen Kaiser als Lehen erhielt".

Solche Tendenzen der Refeudalisierung von Kaufleuten sind als so außergewöhnlich nicht anzusehen, da sie den feudal geprägten Bedürfnissen der handelsaristokratischen Elite nach einem standesgemäßen Leben entgegenkamen. Es ist überdies des weiteren zu bedenken, daß territoriale Ausdehnung der Zirkulationssphäre Konstituens handelskapitalistischer Akkumulation ist, so daß sich die Elemente grundherrschaftlicher Bodenaneignung, pflanzerkaufmännischer Agrarproduktion sowie geographische Expansion und Übervorteilungspraktiken des Kaufmannskapitals zu einem undurchdringbaren Geflecht verbanden. Dieses Geflecht ist m.E. Ausdruck einer *wechselseitigen Bedingtheit von Produktion-Zirkulation-Kolonisation unter feudalen Vorzeichen*. Auch im Inneren der Seerepubliken manifestierten sich die Refeudalisierungstendenzen im Wiedererstarken der Zünfte – diese verstanden als das städtische ‚Abbild' feudaler Produktionsverhältnisse – und dem Niedergang der manufakturellen Produktion.

Werfen wir nun noch einen analytischen Blick auf die Tauschstruktur des eigentlichen Handels. Dieser ist in seiner Bestimmung als ‚reiner' Zwischenhandel ein System mittelbarer Ausbeutung gewesen, d.h. die Gewinne der Handelsaristokraten beruhten auf der doppelten Übervorteilung von Verkäufern und Käufern. Als überregionaler Fernhandel war der von den handelsaristokratischen Zentralgewalten kontrollierte Zwischenhandel dem Mittelalterlichen verhaftet (im Unterschied zum überregionalen Massengüterhandel der Niederländer im 17. Jh.), dies umso mehr, als er als produktorientierter Luxushandel auf die Geltungsbedürfnisse des Adels im feudalen Universum Westeuropas ausgerichtet gewesen ist. Auch hier ist wiederum darauf hinzuweisen, daß es eine Trennung zwischen feudalkolonialem Lehnswesen und Zwischenhandelsstützpunktsfunktion nicht gegeben hat: Kreta und die Levante erfüllten beide Aufgaben zugleich.

Wenn wir uns die drei Akkumulationsquellen der oberitalienischen Adelskaufleute anschauen, so ist die auf Basis von Fronarbeit und Leibeigenschaft betriebene Agrarexportwirtschaft ein feudales Ausbeutungsverhältnis; die Akkumulationsquelle der Raubhandelsfahrten (Kaperbeute und Plünderungsgut) ist ohne die Gründung der feudalen Kolonialbaronien kaum vorstellbar und auch noch die dritte Akkumulationsquelle, die Kapitalbildung in Form des Veräußerungsprofits – kaufen, um teurer zu verkaufen – bedurfte der Privilegiengewährung und des Schutzes durch die Kreuzfahrerkrieger, um dem arabischen Zwischenhandel, der eisern den Seeweg nach Indien weiterhin kontrollierte, standzuhalten. *So verbanden sich die Interessen der Ritter und Kaufleute in einem weitestgehend grundherrschaftlich geprägtem System organisierter Plünderung*: In diesem Sinne war die folgende überseeische Expansion Europas zunächst nichts weiter als die transatlantische, handelskapitalistische Verlängerung des abendländischen Raubrittertums.

Die unterschiedlichen Arten feudalkolonialer Landvergabe im Ostmittelmeerraum verbanden sich in der Folgezeit bei der überseeischen Expansion Spaniens und Portugals mit deren „spezifischen Feudal- und Dominalformen des Mittelalters" (*Verlinden*) und wurden sowohl auf den Kanarischen Inseln (was deren Ureinwohner, Guanchen, fast nicht überlebten) wie auch in Mittel- und Südamerika rücksichtslos durchgesetzt. Die „Verdienste" von Cortes bei der Eroberung Tenochtitlans belohnte der mächtige Kaiser des heiligen Römischen Reiches immerhin mit der Verleihung des „Kolonialmarkgrafentum" (*Verlinden*) Oaxaca.

Die feudale Komponente herrschaftlicher Privilegien prägte auch in der Neuen Welt auf Jahrhunderte das koloniale Institutionengefüge bei der Besiedlung. Die während der Kreuzzüge entwickelten Praktiken des kolonialen Lehnswesens erwiesen sich als so ‚erfolgreich', daß sich sogar „die Kolonialmächte der zweiten Welle der europäischen Expansion, nämlich die Niederlande, England und Frankreich, ein gutes Jahrhundert später keineswegs anders verhielten" (*Verlinden*), indem nun ihre Handelskompagnien – die Multis des 17. Jahrhunderts – als kollektive Lehnsherren fungierten. Erst mit den auf Sklavenarbeit basierenden Plantagenökonomien in der Karibik und den Siedlungskolonien des Neu-England-Typs wurde das Zeitalter des während der Kreuzzüge entstandenen Kolonialfeudalismus endgültig historisch ad acta gelegt.

Der kaufmännische „Abenteuer- bzw. Raub- und Plünderungskapitalismus" (*Weber*) hatte die Breschen für die Verschlingung der Völker in den Welthandel geschlagen, von nun an (Ende des 18. Jahrhunderts) betrat das Industriekapital in

Gestalt des Kapitalismus der freien Konkurrenz die Weltmarktbühne, um über seine *kommerzielle Expansion* – Moment der Kontinuität zum Handelskapital – den Austausch mit dem nichtkapitalistischen Milieu zu organisieren.

Literaturverzeichnis

Ingolf Ahlers: Ich erobere, also bin ich. Überlegungen zur Kriegermentalität der Azteken und Spanier, in: Psychologie und Geschichte, Heft 1/2 (Dez. 1992), S. 31-52

ders. u.a.: Zur politischen Ökonomie des Handelskapitals. Ein Beitrag zur historischen Dimension der Weltgesellschaft, in: Klaus Jürgen Gantzel (Hg.): Herrschaft und Befreiung in der Weltgesellschaft, Frankfurt/M. u. New York 1975, S. 115-160

ders.: Kolonialismus und Bewegungsformen des Handelskapitals, Phil. Diss. Hannover 1974

Perry Anderson: Von der Antike zum Feudalismus. Spuren der Übergangsgesellschaften, Frankfurt/M. 1978

Klaus Arnold: Das „finstere" Mittelalter. Zur Genese und Phänomenologie eines Fehlurteils, in: Seaculum 32 (1981), S. 287-300

Christoph Auffahrt: „Ritter" und „Arme" auf dem Ersten Kreuzzug. Zum Problem Herrschaft und Religion ausgehend von Raymond von Aguilers, in: Saeculum 40 (1989), S. 39-55

Arno Borst: Das Rittertum im Hochmittelalter. Idee und Wirklichkeit, in: Saeculum 10 (1959), S. 213-231

Ernle Bradford: Kreuz und Schwert. Die Johanniter/Malteser-Ritterorden, Frankfurt/M. u. Berlin 1987

Fernand Braudel: Sozialgeschichte des 15.-18. Jahrhundert: Aufbruch zur Weltwirtschaft, München 1986

Ramon Carande: Der Wanderhirt und die überseeische Ausbreitung Spaniens, in: Saeculum 3 (1952), S. 373-387

E.L.J. Coornaert: European economic institutions and the New World; the chartered companies, in: The Cambridge Economic History of Europe, Bd. IV: The economy of expanding Europe in the 16th and 17th centuries, Cambridge 1967, S. 220-274

Peter Czwerwinski: Heroen haben kein Unbewußtes: Kleine Psycho-Typologie des Mittelalters, in: Gert Jünnemann (Hg.). Die Geschichtlichkeit des Seelischen, Weinheim, S. 239-272

Maurice Dobb: Entwicklung des Kapitalismus vom Spätfeudalismus bis zur Gegenwart, Berlin 1972

Georges Duby: Krieger und Bauern. Die Entwicklung von Wirtschaft und Gesellschaft im frühen Mittelalter, Frankfurt/M. 1981

ders.: Wirklichkeit und höfischer Traum. Zur Kultur des Mittelalters, Berlin 1986

Norbert Elias: Über den Prozeß der Zivilisation. Soziologische und psychogenetische Untersuchungen, 2 Bände, Frankfurt/M. 1977

Michael Erbe: Zur neueren französischen Sozialgeschichtsforschung, Darmstadt 1979

W. Heyd: Histoire du commerce du Levant au moyen age, 2 Bände, Amsterdam 1959

A.B. Hibbert: The origins of the Medieval town patriciate, in: Past and Present 3 (1953), S. 15-27

Claudia Honnegger (Hg.): M. Bloch, F. Braudel, L. Febvre u.a. Schrift und Materie der Geschichte. Vorschläge zur systematischen Aneignung historischer Prozesse, Frankfurt/M. 1977

Peter Kriedte: Spätfeudalismus und Handelskapital, Göttingen 1980

Ludolf Kuchenbuch (Hg.): Feudalismus. Materialien zur Theorie und Geschichte, Frankfurt/M./Berlin/Wien 1977

Frederic C. Lane: Seerepublik Venedig, München 1980

Jacques Le Goff, Roger Chartier, Jacques Revel (Hg.): Die Rückeroberung des historischen Denkens. Grundlagen der Neuen Geschichtswissenschaft, Frankfurt/M. 1990

Karl Marx: Grundrisse der Kritik der politischen Ökonomie, Frankfurt/M., Wien o.J.

Hans Eberhard Mayer: Geschichte der Kreuzzüge, Stuttgart 1980

Matthias Middell/Stefen Sammler: Alles Gewordene hat Geschichte. Die Schule der ANNALES in ihren Texten 1929-1992, Leipzig 1994

Guiliano Procacci: Geschichte Italiens und der Italiener, München 1983

Wolfgang Reinhard: Geschichte der europäischen Expansion, Band 1: Die Alte Welt bis 1818, Stuttgart/Berlin/Köln/Mainz 1983

Eberhart Schmitt: Die Anfänge der europäischen Expansion, Idstein 1991

Paul Sweezy: Der Übergang vom Feudalismus zum Kapitalismus, Frankfurt/M. 1978

Tzvetan Todorov: Die Eroberung Amerikas. Das Problem des Anderen, Frankfurt/M. 1985

Charles Verlinden/Eberhard Schmitt (Hg.): Die mittelalterlichen Ursprünge der Europäischen Expansion, München 1986

Immanuel Wallerstein: The modern-world system. Capitalist agriculture and the origins of the European world-economy in the sixteenth century, New York/London 1974

ders.: Aufstieg und künftiger Niedergang des kapitalistischen Weltsystems, in: Dieter Senghaas (Hg.): Kapitalistische Weltökonomie. Kontroversen über ihren Ursprung und ihre Entwicklungsdynamik, Frankfurt/M. 1979, S. 31-67

ders.: Der historische Kapitalismus, Berlin 1984

Reinhold Görling

Warum heißt Amerika nicht Kolumbia?
Fiktionalisierung als Mittel von Macht und Subversion in der Erfindung und Eroberung der Neuen Welt

I

Die Geschichte „Amerikas" begann 1507, also eineinhalb Jahrzehnte nach der Entdeckung der Westindischen Inseln, in Saint Dié, einer kleinen Stadt in den Vogesen. In diesem ungefähr 80 Kilometer von Straßburg entfernt gelegenen Ort hatte der Herzog von Lorraine und Anjou, René II, einen Gelehrtenzirkel versammelt, das *Gymniasium Vosagense*. Geographen, Mathematiker, Schriftsteller gehörten zu diesem Kreis. Zwei von ihnen hatten sich zusammengetan, um eine „Cosmographiae introductio", eine Einführung in die Geographie herauszugeben. Der eine, Martin Waldseemüller, war Geograph und unter anderem mit einer Edition von Ptolomäus' „Cosmographia" betraut – eine Aufgabe, die seit Beginn des 15. Jahrhunderts eine ganze Reihe von Gelehrtenteams beschäftigt hatte, denn der griechische Text, der zu dieser Zeit wieder zugänglich geworden war, ist ohne Karten überliefert. Der andere hieß Matthias Ringmann; er arbeitete als Dichter und Übersetzer und war vermutlich mit Waldseemüller eng befreundet. Der Geograph entwarf eine neuartige Weltkarte und zeichnete einen Globus, Ringmann schrieb einen Text, der neben der eigentlichen Einführung in die Geographie noch ein Gedicht umfassen sollte, und dem als Anhang eine lateinische Übersetzung von Amerigo Vespuccis „Brief über die jüngst entdeckten Inseln auf vier meiner Reisen" beigefügt war. Im neunten Kapitel der Einführung kommt Ringmann darauf zu sprechen, daß die Erde, Ptolomäus folgend, bisher in drei Teile – in Europa, Afrika und Asien – aufgeteilt worden sei:

> „Nun sind aber diese Erdteile umfassender erforscht und ein anderer vierter Erdteil ist durch Americus Vesputius entdeckt worden (...) Ich wüßte nicht, warum jemand mit Recht etwas dagegen einwenden könnte, diesen Erdteil nach seinem Entdecker Americus, einem Mann von Einfallsreichtum und klugem Verstand, Amerige, gewissermaßen Land des Americus (quasi Americi terram), oder America zu nennen, denn auch Europa und Asien haben ihren Namen nach Frauen genommen. Seine

Lage und die Gebräuche seines Volkes sind aus den zweimal zwei Reisen des Americus, die unten folgen, leicht zu erfahren."[1]

Erforschen, Entdecken, Benennen, Besitzen: es ist faszinierend zu sehen, wie das Begehren eine Assoziationskette entlanggleitet, wie zunächst dem Entdecker durch die Namengebung ein Besitz zugesprochen wird, wie dieser Besitz dann zu einem weiblichen Objekt wird, wie sich die Mythen, aus denen sich die Namen Europa und Asien erklären, in Analogie supplementieren, und schließlich der Name einer weiblichen Gestalt erfunden wird.[2] Denkt man daran, wie gerne in der Renaissance mit Mehrdeutigkeiten und erfundenen Etymologien gespielt wurde, werden noch weitere semantische Möglichkeiten wahrscheinlich. Harold Jantz hat darauf hingewiesen, daß das in Anlehnung an das Griechische gebildete Amerige nicht nur als das „Land des Amerigo" zu verstehen ist, der Name besitzt auch einen weitgehenden Gleichklang zu zwei griechischen Worten, die „klares, reines Land" und auch „ewig junges, ewig schönes Land" bedeuten.[3] Es ist auch nicht allzu verwegen daran zu denken, daß Ringmann bei der Erfindung dieses Namens die phonetische Nähe zum Wort Amme und dessen Anagramm Mama ins Sprachspiel gebracht haben könnte.[4]

Waldseemüller trug den Namen Amerika in seine Weltkarte ein, eine große Insel am linken Rand des Blattes bezeichnend. Ich will die Frage, wieso es kulturell naheliegt, das Unbekannte, Neue, vielleicht Faszinierende, vielleicht auch Unheimliche, jedenfalls das, was zur Erforschung und Eroberung bereitliegt, als Frauengestalt zu figurieren, zurückstellen. Was mich zunächst interessiert, ist die Frage, wieso dieser auf Vespucci zurückgehende Name, wie er aus dem poetischen Spielsinn des Matthias Ringmann geboren war, und nicht eine von Kolumbus abgeleitete Bezeichnung sich durchsetzte. Kritik wurde schon bald daran geübt. Bartolomé de las Casas etwa forderte in seiner „Historia de las Indias", der neu entdeckte Kontinent solle nicht Amerika sondern „Columba, von Colón oder Columbo, der ihn entdeckte, oder Heilige Erde und Erde der Gnade heißen, Namen, die er (Kolumbus) ihm selbst gab."[5] Sicher war das Wortspiel Amerika, das Ringmann und Waldseemüller erfanden, auch so etwas wie ein Werbegag, gaben sie doch die Übersetzung eines Vespucci-Briefes heraus. Warum allerdings ist ihre Wahl nicht auf einen Text von Kolumbus gefallen? Unwahrscheinlich nämlich ist, daß sie den 1493 erstmals erschienenen Kolumbusbrief nicht kannten. Er war unter anderem in Basel und in Straßburg gedruckt worden. Eine – allerdings kaum hinreichende – Erklärung ist, daß Vespuccis Briefe neuer und unbekannter waren, denn sie erschienen erstmals 1503 und 1505. Und für Neuigkeiten hatte das Europa der Renaissance ein zuvor in dieser Intensität wohl nie gekanntes Interesse entwickelt. Der erste veröffentlichte Kolumbusbrief brachte es bis zirka 1520 auf 11 Ausgaben in lateinischer, 6 in italienischer, eine in spanischer, 18 in deutscher und eine in englischer Sprache. Die beiden veröffentlichten Vespucci-Briefe erreichten zwischen 1503 und wieder zirka 1520 23 Ausgaben in lateinischer, 8 in italienischer, 8 in französischer, 17 in deutscher (allein zwischen 1507 und 1509), 3 in flämischer und eine in tschechischer Sprache.[6]

Die Zahlen deuten darauf hin, daß Vespuccis Briefe nicht nur in Saint Dié sondern beim europäischen Publikum überhaupt auf ein noch größeres Interesse stießen als die Korrespondenz von Kolumbus. Um dies zu erklären, sollen im folgenden einige Vergleiche zwischen beiden Briefen angestellt werden. Meine literaturwissenschaftlich geprägte Ausgangsthese sei im Interesse einer interdisziplinären Diskussion etwas provokativ zugespitzt: auch Sprache, Schriften, Briefe sind historische Taten, ja, die seefahrerische Großleistung des Kolumbus wird erst dann historisch folgenreiche Tat, wenn sie Narration, wenn sie Teil einer Geschichtserzählung wird. Und hierin gelingt, so glaube ich, Vespucci der eigentlich revolutionäre Schritt, denn mit seiner Geschichtserzählung bildet sich ein neue Form der Erzählung, der Konstruktion von Raum und Zeit heraus. Um dies anzudeuten, werde ich im weiteren Verlauf auf einen anderen Leser Vespuccis kommen, auf Thomas More, sowie auf Praktiken der Macht, die diese neue Chronotopie in ihrem Diskurs realisieren.

II

Wie schon angedeutet, wurde das Jahr 1493 für die *schwarze Kunst*, das junge Druckwesen, zum ersten großen Test ihrer Leistungsfähigkeit. Auf der Rückfahrt von Amerika trat Kolumbus am 4. März 1493 an die Lissabonner Öffentlichkeit mit der Meldung, den Seeweg nach Indien entdeckt zu haben, und er übergab ihr die Kopie eines von ihm geschriebenen Briefes an Luis de Santangel, einen seiner Gönner am spanischen Hofe. Noch im selben Jahr wurde der Brief auf spanisch in Barcelona, auf lateinisch in Basel und von zwei unterschiedlichen Verlegern in Rom und möglicherweise auch in Paris, sowie auf italienisch in Florenz gedruckt – in Basel übrigens von Johann Bergmann von Olpe, für den Sebastian Brant oft Arbeiten ausführte und der im folgenden Jahr dessen „Narrenschiff" verlegte, in dem ja schon brandneu etwas zu lesen ist über die Schiffsreisenden nach Narragonien. Nach einer langen Vorrede kommt Kolumbus in seinem Brief zur Erzählung seiner Taten:

> „Am dreiunddreißigsten Tag, nachdem ich von Cadiz abgefahren war, bin ich ins indische Meer gekommen, wo ich sehr viele, von unzähligen Menschen bewohnte Inseln angetroffen habe, von denen allen ich für unseren glücklichsten König mit üblicher Feierlichkeit und mit entrollten Fahnen unter niemandes Widerspruch Besitz ergriffen habe. Und der ersten von ihnen habe ich den Namen des göttlichen Erlösers verliehen, (auf dessen Hilfe bauend) wir zu dieser wie zu den übrigen anderen gelangt sind."[7]

Sehen, Identifizieren, Besitzergreifen, Benennen: die Akte stützen sich gegenseitig, der Name ist Titel des Besitzes, weshalb es auch außer Frage steht, die Namen der bekannten politisch-religiösen Ordnung zu übertragen. Besitzergreifung erscheint als eine wesentlich sprachliche Handlung,[8] weshalb es auch wichtig ist zu betonen, daß niemand Widerspruch geäußert hat. Das gilt auch für Umbenennungen, die Kolumbus vornimmt. So fährt er in seinem Brief fort:

> „Diese (anderen Inseln) aber heißen die Inder Guanahanyn. Auch jede der anderen habe ich mit einem neuen Namen bedacht. Denn ich habe befohlen, die eine die Insel der Heiligen Mariä Empfängnis, eine andere Ferdinandina, eine andere Isabella, eine andere Johanna (Kuba), und so mit den übrigen, zu heißen."

Diese Inbesitznahme als Akt der Umbenennung kann von den Bewohnern, die hierbei auch sprachlich enteignet werden, gar nicht korrigiert werden, denn sie ist Vorrecht der Könige, als deren Bevollmächtigter Kolumbus legitimiert ist. Erst eine entsprechende politische Instanz könnte den Rechtsakt anzweifeln, weshalb es wichtig ist festzustellen, daß die Inseln „ohne jede Regierung" sind. Für den Fall, daß die Expedition jedoch auf Herrscher trifft, die den spanischen Königen ebenbürtig sind, führt Kolumbus einen Schutzbrief bei sich.[9] Deshalb berichtet der Brief auch davon, daß an einer Küste, die zunächst endlos erschien und deshalb ein Cathay (China) zugehöriges Gebiet hätte sein können, Männer an Land geschickt wurden. Diese fanden zwar „unzählige Leute und Siedlungen", aber keine Regierung. „Inzwischen hatte ich von einigen Indern, die ich dort aufgegriffen hatte, vernommen, daß dieses Gebiet doch keine Insel sei." Es muß erstaunen, wie eine Kommunikation mit solch eindeutigen Sachaussagen möglich war. An anderer Stelle des Briefes erwähnt Kolumbus, er habe schon auf der ersten Insel

> „einige Inder gewaltsam aufgegriffen, die von uns zu lernen hatten und uns zugleich über das belehren sollten, worüber sie selbst in diesen Gegenden Kenntnis hatten. Und es geschah nach Wunsch, daß nämlich nach kurzem wir sie und diese uns verstanden, bald mit Gebärde und Zeichen, bald mit Worten, und sie gereichten uns zu großem Nutzen."

Begreift man Kolumbus' Brief als ein Dokument zur Herstellung von Rechtsverhältnissen, werden solche Erzählstrategien verständlich. Die Legitimation für das gewaltsame Aufgreifen der nun zu Untertanen der spanischen Krone gewordenen Indianer steht außer Zweifel. Die Inbesitznahme als diskursiver Akt verhindert oder ersetzt die Möglichkeiten der Wahrnehmung und Anerkennung des Fremden als eines nachhaltig Unbekannten, eines radikal Anderen. Doch muß selbst zur Herstellung von Rechtsverhältnissen der Gegenstand des Besitzes beschrieben werden. Außerdem gilt es, Interesse für die Entdeckungen zu wecken, muß Kolumbus doch daran denken, Geldgeber für eine neue Expedition zu finden. Schließlich hoffte Kolumbus, auf seinen Reisen nicht weniger als das irdische Paradies zu finden, und zwar im wörtlichen Sinne. Ähnlich wie in seinem uns nur in einer Abschrift von Bartolomé de las Casas überlieferten „Bordbuch" finden sich auch im „Brief" Schilderungen über Natur und über die Menschen, die auf den entdeckten Inseln leben.

So gebe es in Johanna, dem heutigen Kuba, „nach Sternen greifende Bäume verschiedenster Art, die, wie ich glaube, ihrer Blätter niemals beraubt werden; sah ich sie doch so grün und prangend wie sie im Monat Mai in Spanien zu sein pflegen." Hispana, das heutige Haiti, habe eine für den Menschen gesundheitsfördernde Vielzahl an Flüssen, „das übersteigt, falls man es nicht gesehen hat, die Glaubwürdigkeit." Man finde eine „Fülle von Gewürzen verschiedener Art, von Gold und Metallen." Und weiter: „Die Einwohner beiderlei Geschlechts dieser und aller andren (Inseln), die ich gesehen oder von denen ich Kenntnis habe, kommen immer nackt daher, in eben der Weise, wie sie ihre Mutter gebar." – Nackt, wie sie ihre Mutter gebar: eine Formulierung, die sich gleichlautend auch in Kolumbus' „Bordbuch" und in den beiden Briefen Vespuccis wiederfindet. Von Kolumbus scheint dies als Zeichen der Unschuld gelesen und damit als ein deutliches Indiz dafür verstanden zu werden, sich wenigstens nahe dem Paradies zu befinden. Legten die Inder erst einmal ihre Furcht ab, dann „sind sie durchaus einfältig und zutraulich und mit allem, was sie haben, äußerst freigiebig." Mit diesem unschuldigen Paradiesbewohner ist eine Figur erfunden, aus der dann, mit zivilisationskritischem Impetus, im 18. Jahrhundert der „edle Wilde" werden sollte. Doch noch ein anderer Anfang wird hier gelegt. Kolumbus' Brief ist auch ein erstes Dokument für die Ökonomie des ungleichen Tausches zwischen Europa und seinen Kolonien:

> „Sie hegen gegen alle äußerst große Liebe, geben sogar Großes für Kleines; das Geringste genügt, und sie sind selbst mit nichts zufrieden. Ich verbot allerdings, daß ihnen ganz Geringfügiges und Wertloses gegeben werde, wie es Scherben von Schüsseln, Kleinschalen und Glas sind, ebenso Nägel und Löffel, obwohl ihnen vorkam, falls sie solches bekommen konnten, sie besäßen die schönsten Kleinoden der Welt."

Bedeutsam sowohl für die Vorstellung, dem irdischen Paradies nahegekommen zu sein, wie auch für das erwünschte weitere Engagement der spanischen Könige in dieser Sache ist die Frage der Religiosität der Inselbewohner. „Sie kennen keinen Götzendienst", schreibt Kolumbus, „ im Gegenteil, sie glauben fest, alle Gewalt, alle Macht, überhaupt alles Gute sei im Himmel; auch ich sei von dorther mit meinen Schiffen und Seeleuten herabgestiegen, und in dieser Überzeugung wurde ich dort aufgenommen, nachdem sie die Furcht überwunden hatten." So kann er seiner festen Überzeugung Ausdruck geben, daß die Inselbewohner zur Bekehrung zum heiligen Glauben äußerst bereit und geneigt seien. Die „unschuldigen Wilden" sind in Kolumbus' Augen auch kulturell „nackt".[10]

Die Irritation, die die Begegnung mit dem Unbekannten, Fremden hervorgerufen haben muß, verschwindet hinter einem Katalog von Fragen, die einem rechtlichen und strategischen Diskurs entstammen. Auch für das Fremde hatte das Europa zur Zeit von Kolumbus einen eigenen Diskurs herausgebildet, oder zumindest Elemente davon, ein System von Zeichen und Symbolen.[11] Kolumbus' Brief fragt auch diese ab, teilweise ihr Vorhandensein verneinend. Auf einem Gebiet Johannas lebten Menschen, so behauptet Kolumbus, die „beschwänzt geboren werden". Desweiteren habe er erfahren, daß sich auf diesen Inseln jeder mit nur einer Frau begnüge, „außer den Fürsten und Königen, denen zwanzig zu haben erlaubt ist. Die Frauen scheinen mehr zu arbeiten als die Männer; und ich konnte nicht genau feststellen, ob sie Privatbesitz haben, denn ich habe beobachtet, daß, was ein einzelner besaß, er mit andren teilte, besonders Mahlzeiten, Gemüse und dergleichen." Danach gleitet Kolumbus Erzählfluß über zur Frage der Grenzwesen: „Ich habe keine Ungeheuer bei ihnen gefunden, wie manche vermuteten, sondern Menschen von Ehrerbietung und Güte. Noch sind sie schwarz wie die Äthiopier; sie haben glatte und herabhängende Haare." Die Existenz anderer Wesen, die im abendländischen Diskurs das Fremde figurieren und topographisch an den Grenzen oder auf Inseln angesiedelt werden, bejaht Kolumbus jedoch: So lebe auf Charis (verm. Puerto Rico) ein Volk, das von seinen Nachbarn als recht wild charakterisiert werde. „Diese ernähren sich von Menschenfleisch." Sie trügen ihre Haare „nach Frauensitte" lang. Die Feminisierung der Anthrophagie ist für diesen Diskurs typisch,[12] und nicht zufällig gleitet Kolumbus' Erzählung dann über zu den Amazonen: Wegen ihrer Bogen und ihrer Pfeile mit daran befestigten Spießen sind die Nachbarn dieser Krieger „von unergründlicher Angst geschlagen (...) Ich aber mache mir aus diesen nicht mehr als aus den anderen. Diese sind es, die gewisse Frauen beiwohnen, die allein die Insel Mateunin (Martinique?), die erste, wenn man Spanien nach Indien übersetzt, besiedeln. Diese Frauen verrichten aber keine Arbeit ihres Geschlechts, denn sie benutzen Bogen und Pfeile, wie ich es von ihren Männern berichtet habe. Sie schützen sich mit Kupferscheiben, von denen es bei ihnen eine überaus große Menge gibt."

III

Vespuccis Briefe nun greifen dieselben Topoi auf, aber sie gehen mit ihnen ganz anders um. Zur Gegenüberstellung beziehe ich mich zunächst nur auf den unter dem Titel „Mundus Novus" bekanntgewordenen Brief, der wahrscheinlich im Herbst 1502 auf Italienisch verfaßt wurde – das Original ist verloren gegangen – und der in lateinischer Übersetzung Anfang 1503 in Florenz erschien, allerdings ohne Druckdatum, ein solches findet sich erst in einer Augsburger Ausgabe von 1504.

Vespucci geht literarisch ungleich geschickter vor als Kolumbus. Es ist deutlich, daß er sich Gedanken über den Leser macht, er führt ihn ein, weckt in ihm Erwartungen. Sein Geniestreich aber ist ganz zweifellos die Erfindung des Namens *Neue Welt*. Vespucci war nicht der erste, der das amerikanische Festland betreten hatte, wie bisweilen behauptet wird. Kolumbus hatte das schon zuvor getan. Wohl reiste Vespucci vermutlich mit auf einer Expedition, die – entlang der brasilianischen Küste – weiter in den Süden führte als alle anderen zuvor. Doch auch nicht die beobachtete Masse an Land war entscheidend, denn die Einsicht, daß es sich um einen eigenen Kontinent handelte, war den Briefen nicht eindeutig zu entnehmen, weshalb, wie erwähnt, Waldseemüller Amerika noch als eine Insel in seine Weltkarte eintrug.

„Mundus Novus" war deshalb ein Geniestreich und eine Erfindung im modernen Sinne des Wortes, weil der Name einen historischen Bruch bezeichnete: es gibt eine Welt, von der die Alten, auch die antiken Größen, noch nichts wußten, eine Welt, über die in keinem Buch bisher etwas geschrieben steht. So selbstverständlich uns der Gedanke, daß es Dinge gibt, über die noch nirgendwo etwas geschrieben steht, heute ist, damals bedeute er eine Revolution im Denken. Es lag noch für das ausgehende Mittelalter außerhalb des Vorstellbaren, die Existenz von Menschen, Dingen und Welten anzunehmen, über die in der göttlichen Ordnung der Bibel (und anderer Bücher) nichts zu lesen war. So konzentriert sich in dieser Erfindung Vespuccis der tiefe Umsturz der überkommenen Ordnung von Raum und Zeit, der sich in der Renaissance vollzog.

Diese Revolution der chronotopischen Ordnung wirkt sich auch auf den Gebrauch und das Verständnis von Sprache aus. Als Kolumbus auszog, hatte er eine mythische Geographie, eine heilige Ordnung mit ihren bedeutungsvollen Zeichen im Kopf, die er der Bibel und einigen Reiseberichten, insbesondere dem des Marco Polo, entnommen hatte. Dabei konnte Widersprüchliches oft problemlos koexistieren. Die Welt, in die er ausfuhr, las er nun nach diesem Buch, das heißt, er suchte sie nach den entsprechenden Zeichen ab: China zum Beispiel, das hatte er bei Marco Polo gelesen, war ein großes Reich, also suchte er auf den Inseln danach, ob es große Städte und Administrationen gab. Er suchte nach Gold, weil er in derselben Quelle vom Reichtum Asiens gelesen hatte. Von den Monstren und Schwanzwesen war in vielen Reisebüchern des Mittelalters berichtet worden, auch von Amazonen und Anthropophagen. Daß Kolumbus sofort danach schaute, ob Privat- oder Gemeineigentum vorherrscht, dürfte neben seiner Paradiessuche auch damit zu tun haben, daß das für die Franziskaner, von denen seine tiefe Religiosität stark beeinflußt war, ein wichtiges Thema gewesen ist.[13] Und er forschte sofort auch danach, wie es die Indianer mit dem Glauben halten und ob sie leicht zu christianisieren sind, denn die Apokalypse (des Matthäusevangeliums[14]) sagte die Wiederkunft Christi für den Tag voraus, an dem allen Völkern der Welt die christliche Botschaft verkündet sein würde.

Selbst die eine Worterfindung, die Kolumbus in die europäischen Sprachen eingeführt hat, die Bezeichnung Kannibale für kriegerische und anthropophagen Gebräuchen zugeneigte Menschen, beruht mehr auf Lektüre als auf mündlicher Mitteilung oder gar empirischer Erfahrung. Das Wort findet sich noch nicht in dem „Brief", aber in Kolumbus' „Bordbuch" ist seine Erfindung unter dem Datum des 26. Dezember 1492 festgehalten: Kolumbus führt einem indianischen König nach dem ihm zu Ehren gegeben Abendessen am Strand Pfeil und türkischen Bogen vor. Zweifellos will er ihm imponieren. „Und weil er (der König, R.G.) nicht wußte, was Waffen sind, weil sie sie weder besitzen noch benutzen, hielt der Herr das für etwas ganz Großartiges; allerdings merkte er an, daß sie zuvor über die *von caniba* (de los de caniba) gesprochen hatten, die sie ‚*caribes'* nennen, und von denen sie gefangengenommen werden, und die dabei Bögen und Pfeile mitführen."[15] – Kolumbus hört also von einem Stamm, den die Indianer Caribes nennen und behauptet sofort und mit großer Selbstverständlichkeit, es handle sich um *los de caniba*, die von Caniba. Wieso? Kolumbus wähnt sich in Asien. Und die Beschreibungen, die der Indianerkönig gibt, lassen die Caribes als den mächtigsten Stamm der Region erscheinen, grausam und auf Menschenjagd aus. Das aber können nur Angehörige der Völker sein, die unter dem großen Kahn – der Name Genghis Kahn klingt ja noch heute in unseren Ohren – leben, über dessen Reich Marco Polo so viel und auch so authentisch geschrieben hatte, da er ja für Jahre an seinem Hof lebte.[16]

Bei Vespucci nun wird die Anthropophagie, also der Kannibalismus, ganz groß herausgestellt. Auch die anderen Topoi aus dem Kolumbusbrief kehren bei ihm wieder, mit Ausnahme des Amazonenthemas, obwohl sich, wie wir gleich sehen werden, ein psychologisch wohl vollwertiges Äquivalent dafür findet. Aber auch wenn all die Themen und Topoi von Kolumbus bei Vespucci wiederkehren, so tun sie das doch in einer ganz anderen Weise: sie werden als Neuigkeiten, nicht als Wiedergefundenes präsentiert. Die alten Themen und Topoi werden dabei nicht selten metaphorisch oder bewußt fiktional eingesetzt. Der Hauptteil von Vespuccis Brief, der auch sofort die Illustratoren ganz Europas herausforderte, liest sich wie ein Sensationsbericht, eine aufreißerische Reportage über die Sitten und Gebräuche nie gesehener Völker, ihre Gesellschaftsform, ihr Liebeslebens und ihre Eßgewohnheiten. In seinem zweiten Brief ergänzt Vespucci diese Themenbereiche noch um die Beschreibung der Bestattungsriten sowie der Krankheiten und ihrer Heilungsmethoden. Nicht umsonst ist Vespucci der „erste Ethnologe" genannt worden.

> „Wir haben in diesen Ländern eine solche Vielzahl an Menschen gefunden, daß niemand sie zählen könnte, so wie es in der Apokalypse steht: Menschen, sage ich, sanftmütig und umgänglich. Und alle vom einen und vom anderen Geschlecht gehen nackt, so wie sie den Bauch ihrer Mutter verlassen haben, und so gehen sie bis zu ihrem Tode."[17]

Es folgt eine Beschreibung ihrer Physis und, sehr ausführlich, der seltsamen Sitte, an Löchern in Nasen, Ohren und Lippen kunstvoll bearbeitete Steine und Knochen zu tragen. So habe er einen Mann gesehen, „der an Wangen und Lippen sieben Steine gehängt hatte, und viele von ihnen hatten die Größe einer halben Spanne." Diese Sitte gebe es nur bei den Männern, die Frauen trügen allenfalls Ohrringe. Dafür aber hätten diese einen anderen Brauch „sehr schrecklicher Art und kaum zu glauben, denn, lüstern wie ihre Frauen sind, lassen sie das Glied ihrer Männer anschwellen und zwar in der Weise, daß sie deformiert und tierisch aussehen, und das machen sie mit gewisser Kunstfertigkeit und dem Biß bestimmter giftiger Tiere. Und aufgrund dessen verlieren es viele von ihnen und werden zu Eunuchen."[18] Es folgt unmittelbar darauf der Hinweis, daß es kein Privateigentum gebe und alle Dinge Gemeineigentum seien. „Sie leben zusammen ohne König und ohne Autorität und jeder ist sein eigener Herr. Sie nehmen so viele Frauen wie sie wollen und der Sohn vereinigt sich mit der Mutter, der Bruder mit der Schwester, der Cousin mit der Cousine und der Reisende mit jeder, die er findet." Man trenne sich wieder, wann man wolle, alles ganz ohne jede Ordnung. Außerdem gebe es keine Religion, kein Gesetz und keinen Dienst an Götzen. „Was soll ich noch sagen, sie leben nach der Natur und man kann sie eher als Epikureer denn als Stoiker bezeichnen." Und es folgt eine ausführliche Passage über die Anthropophagie:

> „Das ist wirklich wahr, denn man hat gesehen, wie Väter ihre Kinder und Frauen aßen, und ich habe einen Mann kennengelernt, mit dem ich gesprochen habe, und über den erzählt wurde, daß er mehr als 300 Menschenkörper gegessen habe, und außerdem lebte ich 27 Tage in jener Stadt, wo ich in den Häusern das menschliche Fleisch sah, gesalzen und am Balken aufgehängt, so wie wir den Speck und den Schinken aufbewahren. Und noch viel mehr sage ich, und zwar, daß sie sich wundern darüber, daß wir unsere Feinde nicht töten und ihr Fleisch nicht zum Essen benutzen, denn es habe einen ausgezeichneten Geschmack."

Vespuccis Neue Welt ist in erster Linie eine Welt, in der die wichtigsten den Körper betreffenden Tabus der abendländischen Kultur außer Kraft sind. Es mag alles erfunden sein, aber es könnte auch wahr sein. Bei Vespucci gibt es keine Monster, auch keine Schwanzmenschen wie bei Kolumbus. Wenn etwas unglaubwürdig klingt, dann nur, weil er wie ein Marktschreier die Sensationen etwas übertreibt. So auch in der die Sittenbeschreibungen abschließenden Passage, in der die durchschnittliche Lebenserwartung mit 150 Jahren angegeben und behauptet wird, daß die Menschen dort kaum einmal krank und Brüste und Haut der Frauen auch nach vielen Geburten noch straff und schön seien. Und, wieder ähnlich wie ein Marktschreier, nimmt er die Topoi auf, die wir von Kolumbus kennen, aber produziert aus ihnen kleine Geschichten. Oder er benutzt sie als Metaphern, wie zum Beispiel die Idee des Paradieses im folgenden Satz, der sich an seine Ausführungen über die Pflanzen- und Tierwelt sowie über den südlichen Sternenhimmel anschließt: „Zweifellos, wenn es in irgendeinem Teil der Welt das irdische Paradies gibt, dann glaube ich, daß es nicht weit von diesen Ländern entfernt sein kann."

Stellen wir dem zur Verdeutlichung noch einmal Kolumbus gegenüber. Dieser war nicht nur tief von der Existenz eines Irdischen Paradieses überzeugt, er wußte auch ziemlich genau, wo es liegen müßte. Und wenn nun ein Widerspruch bei der Lektüre der Zeichen entstand, nach denen er die Erscheinungen absuchte, dann begann er einfach, die Welt ein wenig zu verformen. An seinen Lektüren jedoch ließ er keinen Zweifel aufkommen. So geschehen zum Beispiel auf seiner dritten Reise, die ihn bis zum Orinoko führte: einen so unglaublich großen Fluß konnte er nur mit dem Paradies in Verbindung bringen, andererseits aber lag dieses Reich der Überlieferung zufolge höher als die übrige Erde. So schrieb er am 31.8.1498 an die spanischen Könige:

> „Ich stellte fest, daß die Welt nicht so rund ist, wie sie beschrieben wird, sondern die Form einer Birne hat, die insgesamt ganz rund wäre, außer dort, wo sich der Stil und damit der höchste Punkt befindet; oder wie ein ganz runder Ball, dem an einer Stelle eine Frauenbrust aufgesetzt wäre, und die Brustwarze (sprich: das Paradies. R. G.) wäre dann der höchste und dem Himmel nächste Teil und läge unter dem Äquinoktialkreis in diesem Ozean und im äußersten Osten."[19]

Kolumbus war ein Don Quijote, der die Welt nach den Zeichen seiner Lektüre absuchte.[20] Vespucci kannte alle diese Zeichen und Texte: die Apokalypse, den Jungbrunnen, das Paradies; aber er benutzte sie als Metaphern, beliebig verwendbar, um Intensitäten, um eine ästhetische Qualität zu produzieren. Er ging mit der Bibel nicht anders um als mit den Büchern von Petrarca, Dante, oder Epikur, die er in seinem Brief zitiert. Ja, er ging mit seinen eigenen Geschichten nicht anders um. Im zweiten veröffentlichten Brief über die „Vier Reisen des Amerigo Vespucci" steht wenig mehr als im ersten, nur hat der Autor hier seine Geschichten auf vier unterschiedliche Reisen verteilt. Die einzelnen Geschichten und Beschreibungen sind Erzählvignetten,[21] aus denen er Collagen macht.

An Vespuccis Glaubhaftigkeit gab es deshalb auch schon bald Zweifel. Heute kann es als sicher gelten, daß zumindest die erste der geschilderten vier Reisen vollständig erfunden ist. Angesichts der Vielzahl sich auftuender Ungewißheiten ist sogar mit einiger Plausibilität argumentiert worden, nicht Vespucci, der als Florentiner Geschäftsmann in Sevilla lebte, sei der Autor dieser Briefe, sondern eine Gruppe Florentiner Intellektueller, die sie, zweifellos nicht ohne Spaß an diesem Spiel, zusammengeschrieben hätten. Als Material könnten ihnen heute verlorengegangene Originale gedient haben.[22] Doch sitzt dieses Mißtrauen gegen die Autorenschaft Vespuccis wahrscheinlich dem Mißverständnis auf, die uns heute so selbstverständliche Trennung von fiktionaler und dokumentarischer Geschichtsschreibung habe schon damals gegolten. Das ist nicht der Fall. Umgedreht aber kann man an diesem Beispiel auch lernen, daß alle Narration Fiktion ist, oder daß es zumindest keine Gewißheit für das Gegenteil geben kann. So scheint man sich zu Vespuccis Zeit nur weniger Mühe gemacht zu haben, dies zu verstecken, ja, man war fasziniert von den Möglichkeiten, die Sprache bot und bietet, war und ist sie einmal befreit aus der scholastischen Einbindung in eine a priori bedeutsame Welt. So gehören Vespuccis Eingabe, von einer Neuen Welt zu sprechen, und sein Spiel mit narrativen Elementen sowie mit der Differenz von figuralem und wörtlichem Gebrauch von Sprache aufs engste zusammen: Neues kann erst dann in die Welt treten, wenn ich um die Differenz von Sprache und phänomenaler Welt weiß.

Aber vielleicht reicht das noch nicht, vielleicht ist dies erst eine Bedingung und kommt es darauf an, wie man den Raum nutzt, der sich zwischen Sprache und Welt sowie zwischen den Zeichen und den Bedeutungen auftut. Vespucci greift für seine Reiseerzählungen nun auch auf traditionelle Muster des Bedeutungsspiels mit Zeichen zurück, jedoch auf solche, in denen ein bis dahin eher nicht-literarisches Wissen im Umgang mit Grenzen und Grenzüberschreitungen aufbewahrt war: auf das Zeichenspiel der Umkehrungen und Groteske des Karnevals, sowie auf die Erotik. Hat letztere vielleicht bei Vespucci nur die Funktion, das Stück Faszination am Fremden herzustellen, ohne daß es auch kaum zur Entwicklung von Neugierde kommt, so gewinnt der Autor dieser Briefe aus dem Karneval einen Teil seiner Darstellungsformen. Vespuccis Antipoden gehen tatsächlich auf dem Kopf und zeigen sich verwundert über unsere Sitten, einschließlich der, den Genuß von Menschenfleisch zu verabscheuen. Die Frauen schmücken die Männer – bis sie ihre männlichen Eigenschaften verlieren: der Riesenpenis gehört zu den geläufigen grotesken Zeichenspielen des europäischen Karnevals. Die Neue Welt kommt als karnevalesk verkehrte in die alte. Vielleicht läßt auch dies sich verallgemeinern: erst im häretischen und im poetischen Gebrauch der Sprache kommt Neues in die Welt.

Die Scheidung von Sprache und phänomenaler Welt ebenso wie die von Fiktion und Wirklichkeit ist nun aber ebenfalls eine Bedingung dafür, daß das Neue auch als ein solches begriffen werden kann, daß also Vespucci von einer Neuen Welt sprechen kann. Dem Mittelalter war unsere neuzeitliche Auftrennung von Zeit in Vergangenheit, Gegenwart und Zukunft unbekannt, es hatte zum Beispiel auch keinen Begriff von Entwicklung.[23] Die zeitliche Alterität aber strukturiert auch den Raum, gibt ihm Sinn, wie andererseits Zeit überhaupt nur im Raum zum Ausdruck kommt. Es kann eine räumlich neue Welt erst geben, wenn es eine zeitlich vergangene gibt, eine Zeit also, die den Raum der Gegenwart und der Zukunft nicht mehr determiniert. Und umgedreht ist etwa Zukunft als eine von Vergangenheit und Gegenwart wirklich unterschiedene Zeit, die auch nicht von der Vorsehung oder anderem bestimmt wird, erst dann vorstellbar, wenn es einen Raum gibt, der neu ist, der also zwar nicht bedeutungsfrei ist, aber die Bedeutung „Offenheit", „Zukunft" repräsentiert, also zum Raum der Entwürfe, Proben und Improvisationen werden kann. Es geht um die Herausbildung von Spielräumen, die Fiktionalisierungen ermöglichen und durch sie gebildet werden. Das bedeutet auch einen Gewinn neuer Möglichkeiten zur Beeinflussung von Gegenwart. Fiktionalisierung verstehe ich dabei als Verwandlung einer festen symbolischen Struktur in ein flexibles Konstrukt, in das dann Improvisation Eingang finden kann.[24]

IV

Das wichtigste Dokument der Renaissance für diese Veränderung der Wahrnehmung von Zeit und Raum entsteht ziemlich genau 10 Jahre nach der Veröffentlichung der Vespucci-Briefe, und es ist überliefert, daß sein Autor ein Exemplar der erwähnten „Cosmographiae introductio" von Waldseemüller und Ringmann zum Bestand seiner Bibliothek zählte. Ob der englische Humanist Thomas More, um den es hier geht, in dieser oder in einer anderen Ausgabe Vespuccis Brief der „Vier Reisen" zur Kenntnis nahm, wissen wir nicht. Als er seine „Utopia" schrieb, das Buch, das ein wichtiges Genre der Literatur und einen nicht minder wichtigen politischen Diskurs Europas wiedererfinden sollte, da hatte er Vespuccis Brief zweifellos gelesen und vermutlich mit einem Schmunzeln in den Mundwinkeln. Jedenfalls nahm er den (wie wir heute sagen würden:) dokumentarischen Charakter des Vespucci-Briefes nicht so ernst, daß er Hemmungen gehabt hätte, ihn bewußt zu fiktionalisieren. Vespuccis Brief nämlich ist der geistige Geburtsort des Berichterstatters über die Insel Utopia: Raphael Hythlodeus. Dieser, so erfahren wir,

> „hat sich dem Amerigo Vespucci angeschlossen, um die weite Welt kennenzulernen. Dessen ständiger Begleiter war er auf den letzten drei seiner vier Weltreisen, von denen man schon hie und da gedruckt lesen kann, doch kehrte er von der letzten nicht mit ihm zurück. Vielmehr sorgte er dafür und setzte es mit drängenden Bitten bei Amerigo durch, daß er zu jenen vierundzwanzig gehörte, die am Ende der letzten Seereise in dem Kastell zurückgelassen wurden (ut ipse in his XXIIII esset qui ad fines postremae nauigationis in Castello relinquebantur)."[25]

Jene vierundzwanzig: das Demonstrativpronomen unterstellt, daß dem Adressaten dieser Information – in der szenischen Konstellation dem Ich-Erzähler More, im weiteren aber auch dem Leser – der Brief des Vespucci bekannt ist, in dem von der Errichtung und der Zurücklassung der 24 Mann erzählt wird. Die Inseln, über die Hythlodeus dann berichtet, am ausführlichsten also Utopia, habe er, so versichert er seinen beiden Zuhörern More und Aegid in Antwerpen, auf jener Reise nach der Trennung von Vespucci kennengelernt. Dieser deutliche Bezug Mores auf Vespucci ist in der umfangreichen Literatur zu „Utopia" bisher nicht weiter beachtet worden, doch es ist möglich und der intertextuelle Bezug fordert geradezu dazu heraus, Mores literarisches Werk als einen Dialog mit Vespuccis „Neuer Welt" zu lesen.

„Utopia" ist in mehrfacher Hinsicht dialogisch angelegt: es ist ein Gespräch zwischen Raphael Hythlodeus und dem Ich-Erzähler Thomas More über die soziale und politische Gegenwart Europas und die Stellung des Intellektuellen in ihr; auch der sich an dieses Gespräch anschließenden Bericht des Hythlodeus über die Insel Utopia ist in diesen Rahmen eingebunden.[26] Dialogisch ist nicht nur der Gesamtaufbau, dialogisch ist auch die Verwendung von Sprache im einzelnen: vor allem in den satirischen Elementen des einleitenden Gespräches im ersten Teil, wofür wohl das berühmteste Beispiel die dann von Karl Marx aufgegriffene Formulierung ist, daß (im Zuge der Strukturveränderung der englischen Landwirtschaft) die Schafe auf einmal angefangen haben, „so gefräßig und wild zu werden, daß sie sogar Menschen fressen, Länder, Häuser, Städte verwüsten und entvölkern".[27] Doch auch der monologisch erscheinende Bericht des Hythlodeus erweist sich als dialogisch, denn das, was der Weltreisende erzählt, ist als eine Gegenwelt konstruiert. Am deutlichsten wird das sicher dort, wo es zu einer direkten Umkehr der Werte kommt, wie beim Gold, das in Utopia als unanständig gilt und als Rohmaterial für Nachttöpfe dient.[28] Satire und Utopie sind zwei eng miteinander verbundene literarische Techniken, wobei die eine, die Satire, der Welt ihr Zerrbild am eigenen Ort gegenüberstellt und so implizit die Distanz der Verhältnisse zur idealen Norm deutlich macht, die andere, die Utopie, mit dem idealen Entwurf einer zeitlich und örtlich distanzierten Welt auf die Kritik der Verhältnisse zielt. Beide unterlaufen die Geschlossenheit und Ganzheit von Weltbildern, stellen eine Distanz zwischen Sprache und phänomenaler Welt sowie Zeichen und Bedeutung her.[29]

Karnevaleske Umkehrungen, satirische Zerrbilder, groteske Übertreibungen sind miteinander eng verwandte rhetorische Mittel, mit denen sowohl Vespucci wie auch More arbeiten. Es finden sich noch mehr Gemeinsamkeiten in der Konstruktion der beiden literarischen Texte. So wird zum Beispiel die existentielle Ausgangssituation beider Reisender sehr ähnlich beschrieben. Vespuccis Brief richtet sich mit folgenden Worten einleitend an den Obersten Magistrat der Republik Florenz:

> „Mein verehrter Herr, Eure Magnifizenz werden wissen, daß der Grund für meinen Aufenthalt im Königreich Spanien Handelsgeschäfte waren. Diese verfolgte ich über vier Jahre lang, in denen ich die Unbeständigkeit des Glücks kennenlernte, erfuhr, wie die hinfälligen und vergänglichen Güter ihre Besitzer wechseln, wie eine Zeit den Mann oben auf dem Rad hält, eine andere ihn unter sich begräbt, ihn von seiner Habe trennt, als ob sie nur geliehen wäre. So also bekannt geworden mit der ununterbrochenen Anstrengung des Menschen, diese Güter zu erobern, wobei er sich unzähliger Unbequemlichkeiten und Gefahren aussetzt, entschloß ich mich, das Handelsgeschäft zu lassen und mein Ziel auf eine ruhmreichere und sicherere Sache zu setzen und danach zu trachten, die Welt und ihre Wunder zu sehen..."[30]

Ein Aussteiger also ist der Briefeschreiber, vielleicht auch ein Bankrotteur, der seinen Beruf wechselt und Ruhm und Ansehen künftig wohl nicht als Eroberer, aber als Entdecker und Reiseschriftsteller zu erwerben trachtet. Ein Aussteiger ist auch Hythlodeus, ein Intellektueller, der nach dem Studium der griechischen Autoren und der römischen, die ihn aber weniger interessieren, sein Erbgut seinen Brüdern überlassen hat, um sich Vespucci anzuschließen. Der Dialogpartner in „Utopia", Thomas More, stellt sich dagegen selbst als jemanden dar, der aufs engste eingebunden ist in Verpflichtungen, aber sich doch nie zu Hause fühlt. Er beklagt, daß ihm für seine literarischen Interessen keine Zeit bleibe, denn tagsüber sei er von seinen juristischen Geschäften okkupiert und komme er dann abends heim, „so muß ich mit meiner

Gattin plaudern, mit den Kindern schäkern, mit dem Hausgesinde sprechen; das rechne ich alles zu meinen Geschäften (quae ego omnia negocia numero), weil es geschehen muß – und geschehen muß es, wenn Du nicht im eigenen Hause ein Fremder werden willst." Und es folgt ein Satz, den man fast wortgleich im gerade zwei Jahre zuvor geschriebenen „Principe" des Machiavelli wiederfindet: „Und man muß sich überhaupt Mühe geben, sich den Menschen, die einem Natur oder Zufall oder eigene Wahl zu Begleitern auf dem Lebenswege mitgegeben hat, so freundlich als nur möglich zu erweisen, nur daß man sie nicht durch übertriebene Güte verderben und nicht durch Nachsicht seine Diener zu Herren werden lassen darf."[31]

Dieser Kontrast zwischen dem Ich-Erzähler More, ganz eingebunden in die Geschäfte und wie ein Staatsmann denkend, und Hythlodeus, intellektueller Weltreisender wie Vespucci, ist bewußt konstruiert. Der intellektuelle Weltreisende ist übrigens eine historisch völlig neuartige Figur, und es wäre sehr voreilig, seine Gegenfigur, den Ich-Erzähler und seine Meinungen, als ein autobiographisches Bekenntnis zu lesen. Das entsprach auch weder der Subjektivität der Renaissanceintellektuellen im allgemeinen, noch der des Thomas More im besonderen. Eine Charakterisierung Mores ist uns aus der Feder seines Freundes Erasmus von Rotterdam überliefert. Sein 1505 erschienenes „Lob der Torheit" ist Thomas More gewidmet. Schon der lateinische Titel „Enconium Moriae" spielte auf die latinisierte Form von Mores Familiennamen an. In der Vorrede wendet sich der Verfasser an seinen Freund und begründet die Widmung unter anderem mit seinem Eindruck, daß dem Angesprochenen „eine ironische Spielerei dieser Art gefallen würde, zumal Du gewöhnlich Deine unverhohlene Freude an Scherzen dieser Art hast, sofern sie geistvoll und beziehungsreich sind."[32] Er unterscheide sich von der Masse nicht nur wegen seiner Intelligenz, sondern auch, „because of your incredibly affable and easy ways you can play the man of all hours with all men, and enjoy doing so", wie es in einer ins Deutsche kaum so prägnant übertragbaren Wendung einer englischen Ausgabe von Erasmus' Schrift heißt.[33]

Auch das Gespräch zwischen dem Ich-Erzähler und Hythlodeus kommt auf das Thema des Rollenspiels, und zwar im Zusammenhang der Frage, welche Rolle der Intellektuelle gegenüber dem Fürsten, gegenüber der bestehenden Macht einzunehmen habe. Ausgangspunkt ist eine angenommene Diskussion im königlichen Rat, auf welchem Weg die Kassen des Hofes am besten sich füllen ließen. Hythlodeus erfindet eine beeindruckende Zahl möglicher Ratgeber, die allesamt wenig ehrsame Vorschläge unterbreiten, und bittet dann seine Gesprächspartner, sich vorzustellen, er selbst stünde daraufhin auf, kritisiere seine Vorredner und schlage statt dessen vor, der König solle auf seine Faulheit und seinen Hochmut verzichten und seine Ausgaben den Einnahmen anpassen: „welch tauben Ohren würde ich predigen!"[34] Der Ich-Erzähler bestätigt dies, teilt aber nicht die Einschätzung seines Gesprächspartners, daß aller Rat grundsätzlich vergeblich, daß an Fürstenhöfen kein Platz für Philosophie sei:

> „,Gewiß', erwiderte ich, ‚es ist wahr: nicht für diese doktrinäre Art, die da meint, jeder beliebige Satz sei überall anwendbar; aber es gibt noch eine andere, mehr weitläufige Art von Philosophie, die den Schauplatz ihres Auftretens kennt, sich ihm anzupassen und ihre Rolle in dem Stücke, das gerade agiert wird, gefällig und mit Anstand zu spielen weiß: an diese mußt du dich halten.'"

Nimmt man die zuvor zitierte Klage über die Notwendigkeit des Rollenspiels im privaten und das hier herausgestellte, politisch reflektierte Lob des Rollenspiels im öffentlichen Raum, wird deutlich, daß das alltägliche Theaterspiel und die es voraussetzende Fiktionalisierung mehr als nur ein Randthema von „Utopia" ist. Die Gestalt des Hythlodeus ist als Gegenpol konstruiert, als jemand, der nur die direkten Wege gehen zu können glaubt und auf Morus' Vorschlag erwidert, daß auf seine Weise nichts anderes zustande käme, „als daß ich, während ich die Tollheit anderer Leute zu heilen versuchte, selber mit ihnen toll würde." Stephen Greenblatt hat auf den existentiellen Zusammenhang dieses Disputes verwiesen: More stand damals vor der Notwendigkeit sich zu entscheiden, wie eng er sich binden und wie weit er die ihm angetragenen Dienste für Heinrich VIII übernehmen sollte.[35]

Hythlodeus hat einen Gegenvorschlag, ein Heilmittel: die Abschaffung des Privateigentums. Seine Nichtextistenz ist auch die große Gemeinsamkeit zwischen der Neuen Welt Vespuccis und der Utopia des Hythlodeus. Es ist auch schon fast die einzige: die Neue Welt ist ein Ort, an dem die Menschen ohne Gott, ohne Herr und ohne Gesetz leben; in Utopia dagegen ist alles aufs Strengste rational geordnet. Nun war es eine unter den Humanisten der Renaissance vieldiskutierte These, daß die christlich-humanistischen Ideale der Einigkeit, Gerechtigkeit und Ordnung nur in einer Gesellschaft ohne Privateigentum verwirklicht werden könnten. Vespucci greift das Thema für eine gewissermaßen urkommunistische Gesellschaft auf, Thomas More spielt die Idee für eine städtische und in sich differenzierte Gesellschaft durch. Dazu bedarf es eines ziemlich ausgefeilten und rigiden Sozialisations- und Überwachungssystems, das wir heute als totalitär zu bezeichnen geneigt wären. Es arbeitet nach dem Prinzip der Scham: über sie und nicht über das Gewissen werden die moralischen Werte und Normen durchgesetzt. Schamgesellschaften vertragen sich nicht gut mit der Institution uneingeschränkten Privateigentums. Dieses wird für die Förderung der Anfälligkeit der Menschen für Selbstsucht und Eitelkeit verantwortlich gemacht und steht deswegen in der christlichen und humanistischen Tradition ebenso unter Anklage wie noch beim frühen Marx. Der Urkommunismus, den uns Vespucci beschreibt, ist hierin nun aber das genaue Gegenteil: eine Gesellschaft ohne Scham, ohne Tabu, ohne Gesetz. Dieser Gegensatz ist so offensichtlich, daß er kaum zufällig sein kann. Damit meine ich, daß More im Dialog mit

Vespucci das staatskommunistische Gegenmodell entwickelt – und dialogisch in Frage stellt.

V

Wie „Utopia" kaum ohne die Entdeckung der Neuen Welt denkbar ist, so ist es Amerika nicht ohne das utopische Denken. Kolumbus suchte das Paradies, andere El Dorado oder den Jungbrunnen. Geistliche gründeten in der Neuen Welt Utopias, im Norden die Puritaner,[36] im Süden zum Beispiel die Jesuiten mit ihren Reducciones in Paraguay[37] oder der Bischof Vasco de Quiroga in Mexiko mit seinen Maßnahmen zum Wiederaufbau der zerstörten indianischen Dorfgemeinschaften, die nun allerdings christlich überformt und unter spanische Oberaufsicht gestellt wurden.[38] Es ist nachgewiesen worden, daß Vasco de Quiroga ein Exemplar von Thomas Mores „Utopia" in seiner Bibliothek hatte, während sich die Jesuiten von Campanellas „Sonnenstaat" inspirieren ließen.

Aber es gibt noch eine zweite und vielleicht nachhaltigere Auswirkung der in der Renaissance entwickelten Fähigkeit zum improvisierenden Spiel mit Zeichen und Rollen. Kolumbus war ein genialer Seefahrer, aber er war weder der Erfinder der Neuen Welt noch ihr Eroberer. Er regiere in den ihm unterstellten Gebieten so dilettantisch, daß ihn die spanischen Könige, die ihm eigentlich sehr zugeneigt waren, fallen lassen mußten. Zur Eroberung Amerikas bedurfte es anderer Gestalten, einer anderen Mentalität. Auf die geistige Verwandtschaft zwischen Machiavelli und Hernán Cortés, dem Eroberer Mexikos, haben Tzvetan Todorov und andere aufmerksam gemacht. „Ein Fürst muß sowohl den Menschen wie die Bestie zu spielen wissen", heißt es im „Principe".[39] Er muß jede Rolle spielen, die angemessen ist: schamlos muß er sein; sein Wort brechen, wenn es nötig ist; den Feind seines Feindes zum Freund machen, soweit dieser nicht mächtiger ist als er selbst; von seinen Untertanen geliebt, aber noch wichtiger, gefürchtet werden; auch soll der Fürst fremde Städte, wenn er sie beherrschen will, zerstören oder selbst in ihnen residieren, auf keinen Fall aber sie nach ihren eigenen Gesetzen in Republiken weiterleben lassen.[40]

Hernán Cortés kannte den „Principe" nicht, aber Machiavellis Schrift liest sich wie das Handbuch zur Eroberung Mexikos. Cortés war der vermutlich beste Rollenspieler und Improvisator unter den Befehlshabern in der Neuen Welt. Er war Mensch und Wolf, er war Lügner und geschickter Theatermacher, wenn es darum ging, auf die Azteken Eindruck zu machen. Er war verbindlich und konnte einen Augenblick später töten und zerstören, anscheinend ohne Scham und Gewissensprobleme. Und vor allem konnte er sich in die Herrschaftsstrukturen und die Kultur der fremden Gesellschaft einfühlen. Einfühlung, Empathie, setzt Fiktionalisierung voraus, setzt voraus, daß ich die andere Gesellschaft gleichsam zum Theaterstück mache und meine Rolle darin suche. Cortés war ein Meister darin, den Herrschaftszusammenhang der Azteken in ein Modell zu überführen, die Widersprüche und Gegensätze ausfindig zu machen und seine eigene Strategie daran zu entwikkeln. Und er konnte sich in die symbolische Struktur der fremden Kultur einfühlen, sie in ein flexibles Konstrukt verwandeln, um darin improvisierend zu agieren. So erfaßte er die Legitimationszusammenhänge und -krisen der Azteken und klinkte sich sogar in ihre Geschichtserzählung ein.[41]

Ist die Literatur also verantwortlich fir die neue Qualität von Macht? Wollte man diese Frage bejahen, müßte man zugleich unterstellen, es gäbe ein Sprechen, das von sich mit Sicherheit behaupten könnte, nicht fiktional, eins mit der natürlichen Realität zu sein. Die Unterschlagung der Differenz von Sprache und Welt ist aber genau die Mystifikation, die wir Ideologie nennen, die Verwechslung „von Bezugnahme auf ein Phänomen mit diesem selbst."[42] Die sich in der entstehenden europäischen Neuzeit herausbildende neue Qualität der Fähigkeit zur Fiktionalisierung, zur Transformation von Symbolen und symbolischen Strukturen durch ihre Verwandlung in flexible Systeme, die qua Einfühlung Rollenspiel und Improvisationen ermöglichen, ist keineswegs ein genuin literarisches Element. Genuin literarisch ist jedoch, diese Fiktionalisierung nicht zu unterschlagen, sie zu reflektieren und damit die Macht der Sprache zu kritisieren und dem Neuen, dem Anderen sprachlichen Raum zu geben. Cortés setzte Fiktionalisierung und Einfühlung ein, um des Fremden habhaft zu werden, um seine Fremdheit zu zerstören und das Andere und das Neue nicht in die Welt kommen zu lassen. Vespucci und More aber haben mit ihren Fiktionalisierungen einen Raum zwischen den Zeichen und den Bedeutungen geschaffen, durch den Neues in die Welt kommen konnte und der wohl noch immer nicht geschlossen ist.

Anmerkungen

1. Dokumente zur Geschichte der europäischen Expansion, hrsg. v. Eberhard Schmitt, Bd. 2, München (Beck) 1984, S. 17.
2. Allgemein zur Metaphorisierung der Frau als Kontinent: Sigrid Weigel, Die nahe Fremde – das Territorium des ‚Weiblichen'. Zum Verhältnis von ‚Wilden' und ‚Frauen' im Diskurs der Aufklärung; in: Die andere Welt. Studien zum Exotismus, hrsg. v. Thomas Koebner und Gerhart Pickerodt, Frankfurt/M (athenäum) 1987, S. 171-199.
3. Harold Jantz, Images of America in the German Renaissance; in: First Images of America. The Impact of the New World on the Old, hrsg. v. Fredi Chiappelli, Berkeley (Univ. of California Pr.) 1976, S. 91-106, hier S. 98f.
4. Darauf verweist: William G. Niederland, The Naming of America; in: The Unconscious Today. Essays in Honor of Max Schur, hrsg. v. Mark Kanzer, New York (Int. Univ. Press) 1971, S. 439-472, hier. S. 468.
5. Zit. n. der Einleitung von Luciano Formisano zu: Amerigo Vespucci, Cartas de viaje, Madrid (Alianza) 1986, S. 9-45, hier S. 22.
6. Die Angaben übernehme ich von: Rudolf Hirsch, Printed Reports on the Early Discoveries and Their Reception; in: First Images of America, S. 537-560.
7. Der Kolumbusbrief, übers. und kommentiert v. Leo Schelbert, Dietkon/Zürich (Verlag Bibliophile Drucke) 1976.
8. Hierzu inzwischen ausführlicher: Stephen Greenblatt, Wunderbare Besitztümer. Die Erfindung des Fremden: Reisende und Entdecker, Darmstadt (Wiss. Buchgesellschaft) 1994, S. 89 ff.
9. Abgedruckt in: Dokumente zur Geschichte der europäischen Expansion, Bd. 2, S. 108f.
10. Ich übernehme die Beobachtung von: Stephen Greenblatt, Learning to Curse: Aspects of Linguistic Colonialism in the Sixteenth Century; in: ders., Learning to Curse. Essays in Early Modern Culture, New York (Routledge) 1990, S. 16-39, hier S. 17.
11. Zur mythischen Geographie und den Grenzwesen: Juan Gil, Mitos y utopías del descubrimiento. Bd 1: Colón y su tiempo, Madrid (Alianza) 1989, insbes. S. 21-56.
12. Bernadette Bucher belegt dies auch an der bildlichen Darstellung: dies., Die Phantasien der Eroberer. Zur graphischen Repräsentation des Kannibalismus in de Brys „America"; in: Mythen der Neuen Welt. Zur Entdeckungsgeschichte Lateinamerikas, hrsg. v. Karl-Heinz Kohl, Berlin (Frölich & Kaufmann) 1982, S. 75-91.
13. Vgl.: Alain Milhou, Colón y su mentalidad mesiánica en el ambiente franciscanista español, Valladolid (Casa-Museo Colón) 1983.
14. Vgl.: Matthäus 24/14, sowie 10/5; ebenso Markus 10/13; den Missionsbefehl in Markus 16/15-16 und Matthäus 28/19-20.
15. Christoph Kolumbus, Bordbuch , Frankfurt/M (Insel) 1981, S. 200 (veränd. Übers.). Vgl. den Originaltext und die Diskussion dieser Stelle bei: Hans Ulrich Gumbrecht, Eine Geschichte der spanischen Literatur, Frankfurt/M (Suhrkamp) 1990, S. 1128. Siehe dazu außerdem: Tzvetan Todorov, Die Eroberung Amerikas. Das Problem des Anderen, übers. v. Wilfried Böhringer, Frankfurt/M (Suhrkamp) 1985, S. 42; sowie: Sabine Wagner, Von „neüwen inseln" und „canibales". Zur Columbus- und Anghiera-Rezeption bei Sebastian Münster; in: Columbus zwischen zwei Welten. Historische und literarische Wertungen aus fünf Jahrhunderten, hrsg. v. Titus Heydenreich, Frankfurt/M (Vervuert) 1992, S. 107-124, hier S. 110.

16 Zu Marco Polo: Frederike Hassauer, Volkssprachige Reiseliteratur: Faszination des Reisens und räumlicher ordo; in: La littérature historiographique des origines á 1500, hrsg. v. Hans Ulrich Gumbrecht u.a., Heidelberg (Carl Winter) 1987, S. 259-283, hier S. 280-283.
17 Vespucci, Cartas de viaje, S. 93 (eigene Übersetzung).
18 Ebd. Übrigens findet man immer wieder Ausgaben von „Mundus Novus", in denen diese Stelle einfach wegzensiert wurde, wie z. B.: Amerigo Vespucci, Die neue Welt; in: Die neue Welt. Chroniken Lateinamerikas von Kolumbus bis zu den Unabhängigkeitskriegen, hrsg. v. Emir Rodríguez Monegal, Frankfurt/M (Suhrkamp) 1982, S. 81-88.
19 Kolumbus: Carta a los Reyes (31.8.1498); zit. n. Todorov, Eroberung, S. 25.
20 Zur genauen Beobachtung von Kolumbus' Verhältnis zu den Zeichen: Todorov, Die Eroberung Amerikas, S. 23-46.
21 Ich übernehme den Begriff von: Tzvetan Todorov, Les morales de l'historie, Paris (Grasset) 1991, S. 151.
22 So z. B. Alberto Magnaghi in einer 1926 erschienenen Monographie über Vespucci; vgl.: Todorov, Les morales, S. 154.
23 Vgl.: Hans Ulrich Gumbrecht, Ursula Link-Heer u. Peter-Michael Spangenberg, Zur Gestalt der romanischen Historiographie des Mittelalters: Zwischen neuen Einsichten und neuen Fragen; in: La littérature historiographique, S. 1132-1152, hier S. 1136.
24 Ich orientiere mich mit dieser Definition an Stephen Greenblatt: ders., Improvisation and Power; in: Literature and Society. Selected papers from the English Institute, 1978, Baltimore (Johns Hopkins UP) 1980, S. 57-99, hier S. 69.
25 Thomas Morus, Utopia, übers. v. Gerhard Ritter, Stuttgart (Reclam) 1990, S. 17. Der lateinische Text zit. n.: The Complete Works of St. Thomas More, New Haven and London (Yale UP) 1965, Bd. 4, S 50.
26 Zum fiktionalen Rahmen und dialogischen Charakter von „Utopia" siehe auch den Beitrag von Leo Kreutzer in diesem Band.
27 Morus, S. 2.
28 Morus, S.83.
29 Die menippeische Satire kennt schon die Utopie, vgl.: Michail Bachtin, Probleme der Poetik Dostoevskijs, Frankfurt/M (Ullstein) 1985, S. 132. Am vollständigsten ist die Menippee durch Lukian überliefert. More hatte Lukian übersetzt, auch dessen Menippus, vgl.: Werner von Koppenfels, Mundus alter et item. Utopiefunktion und menippeische Satire; in: Poetica 13 (1981), S. 16-65.
30 Vespucci, Cartas, S. 102 (Carta de Amerigo Vespucci sobre las islas recién halladas en cuatro viajes suyos).
31 Morus, S. 10 (veränd. Übers.). Ähnlich formuliert Niccolò Machiavelli im 17. Abschnitt („Von der Grausamkeit und der Milde und ob es besser sei, geliebt als gefürchtet zu werden") seines Briefes: Der Fürst, übers. v. Friedrich von Oppeln-Bronikowski, Frankfurt/M (Insel) 1990, S. 82 ff.
32 Erasmus von Rotterdam, Das Lob der Torheit, übers. v. Anton J. Gail, Stuttgart (Reclam) 1983, S. 3.
33 Zit. n. Stephen Greenblatt, Renaissance Self-Fashioning. From More to Shakespeare, Chicago (Univ. of Chicago Press) 1980, S. 32; im lateinischen Original: „ita pro incredibili morum suauitate facilitateque cum omnibus omnium horarum hominem agere et potes et gaudes"

(Erasmus von Rotterdam, Ausgewählte Schriften, Darmstadt (Wiss. Buchgesellschaft) 1975, Bd. 2, S. 2).
34 Morus, S. 49.
35 Greenblatt, Renaissance, S. 36.
36 Siehe den Beitrag von Wolfgang Kreutzberger in diesem Band.
37 Siehe Beatriz Fernández Herrero, La Utopía de América. Teoría. Leyes. Experimentos, Barcelona (Anthropos) 1992, S. 249-432.
38 Silvio Zavala, Recuerdo de Vasco de Quiroga, México (Ed. Porrúa) 1987
39 Machiavelli, S. 86
40 Ebd. S. 35.
41 Ich folge hier weitgehend Todorov, Eroberung, S. 121-154. Siehe auch den Beitrag von Volker Wünderich in diesem Band.
42 Paul de Man, Der Widerstand gegen die Theorie, übers. v. Jürgen Blasius; in: Romantik. Literatur und Philosophie, hrg. v. Volker Bohn, Frankfurt/M (Suhrkamp) 1987, S. 80-106, hier S. 92.

Literaturverzeichnis

Bachtin, Michail: Probleme der Poetik Dostoevskijs, Frankfurt/M (Ullstein) 1985

Bucher, Bernadette: Die Phantasien der Eroberer. Zur graphischen Repräsentation des Kannibalismus in de Brys „America"; in: Mythen der Neuen Welt. Zur Entdeckungsgeschichte Lateinamerikas, hrsg. v. Karl-Heinz Kohl, Berlin (Frölich & Kaufmann) 1982, S. 75-91

Dokumente zur Geschichte der europäischen Expansion, hrsg. v. Eberhard Schmitt, Bd. 2, München (Beck) 1984

Erasmus von Rotterdam, Ausgewählte Schriften, Bd. 2, Darmstadt (Wiss. Buchgesellschaft) 1975

Erasmus von Rotterdam: Das Lob der Torheit, übers. v. Anton J. Gail, Stuttgart (Reclam) 1983

Fernández Herrero, Beatriz: La Utopía de América. Teoría. Leyes. Experimentos, Barcelona (Anthropos) 1992

First Images of America. The Impact of the New World on the Old, hrsg. v. Fredi Chiappelli, Berkeley (Univ. of Califormia Pr.) 1976

Gil, Juan: Mitos y utopías del descubrimiento. Bd 1: Colón y su tiempo, Madrid (Alianza) 1989

Greenblatt, Stephen: Improvisation and Power; in: Literature and Society. Selected papers from the English Institute, 1978, Baltimore (Johns Hopkins UP) 1980, S. 57-99

Greenblatt, Stephen: Learning to Curse. Essays in Early Modern Culture, New York (Routledge) 1990

Greenblatt, Stephen: Renaissance Self-Fashioning. From More to Shakespeare, Chicago (Univ. of Chicago Press) 1980

Greenblatt, Stephen: Wunderbare Besitztümer. Die Erfindung des Fremden: Reisende und Entdecker, Darmstadt (Wiss. Buchgesellschaft) 1994

Gumbrecht, Hans Ulrich: Eine Geschichte der spanischen Literatur, Frankfurt/M (Suhrkamp) 1990

Gumbrecht, Hans Ulrich, Ursula Link-Heer u. Peter-Michael Spangenberg: Zur Gestalt der romanischen Historiographie des Mittelalters: Zwischen neuen Einsichten und neuen Fragen; in: La littérature historiographique, S. 1132-1152

Hassauer, Frederike: Volkssprachige Reiseliteratur: Faszination des Reisens und räumlicher ordo; in: La littérature historiographique des origines á 1500, hrsg. v. Hans Ulrich Gumbrecht u.a., Heidelberg (Carl Winter) 1987, S. 259-283

Hirsch, Rudolf: Printed Reports on the Early Discoveries and Their Reception; in: First Images of America, S. 537-560

Jantz, Harold: Images of America in the German Renaissance; in: First Images of America. The Impact of the New World on the Old, hrsg. v. Fredi Chiappelli, Berkeley (Univ. of California Pr.) 1976, S. 91-106

Kolumbus, Christioph: Bordbuch , Frankfurt/M (Insel) 1981

Kolumbusbrief, Der, übers. und kommentiert v. Leo Schelbert, Dietkon/Zürich (Verlag Bibliophile Drucke) 1976

Koppenfels, Werner von: Mundus alter et item. Utopiefunktion und menippeische Satire; in: Poetica 13 (1981), S. 16-65

La littérature historiographique des origines á 1500, hrsg. v. Hans Ulrich Gumbrecht u.a., Heidelberg (Carl Winter) 1987

Machiavelli, Niccolò: Der Fürst, übers. v. Friedrich von Oppeln-Bronikowski, Frankfurt/M (Insel) 1990

Man, Paul de: Der Widerstand gegen die Theorie, übers. v. Jürgen Blasius; in: Romantik. Literatur und Philosophie, hrsg. v. Volker Bohn, Frankfurt/M (Suhrkamp) 1987, S. 80-106

Milhou, Alain: Colón y su mentalidad mesiánica en el ambiente franciscanista español, Valladolid (Casa-Museo Colón) 1983

More, Thomas: The Complete Works of St. Thomas More, Bd. 4, New Haven and London (Yale UP) 1965

More (Morus), Thomas: Utopia, übers. v. Gerhard Ritter, Stuttgart (Reclam) 1990

Die neue Welt: Chroniken Lateinamerikas von Kolumbus bis zu den Unabhängigkeitskriegen, hrsg. v. Emir Rodríguez Monegal, Frankfurt/M (Suhrkamp) 1982

Niederland, William G.: The Naming of America; in: The Unconscious Today. Essays in Honor of Max Schur, hrg. v. Mark Kanzer, New York (Int. Univ. Press) 1971, S. 439-472

Todorov, Tzvetan: Die Eroberung Amerikas. Das Problem des Anderen, übers. v. Wilfried Böhringer, Frankfurt/M (Suhrkamp) 1985

Todorov, Tzvetan: Les morales de l'historie, Paris (Grasset) 1991

Vespucci, Amerigo: Cartas de viaje, Madrid (Alianza) 1986

Wagner, Sabine: Von „neüwen inseln" und „canibales". Zur Columbus- und Anghiera-Rezeption bei Sebastian Münster; in: Columbus zwischen zwei Welten. Historische und literarische Wertungen aus fünf Jahrhunderten, hrsg. v. Titus Heydenreich, Frankfurt/M (Vervuert) 1992, S. 107-124

Weigel, Sigrid: Die nahe Fremde – das Territorium des ‚Weiblichen'. Zum Verhältnis von ‚Wilden' und ‚Frauen' im Diskurs der Aufklärung; in: Die andere Welt. Studien zum Exotismus, hrsg. v. Thomas Koebner und Gerhart Pickerodt, Frankfurt/M (athenäum) 1987, S. 171-199

Zavala, Silvio: Recuerdo de Vasco de Quiroga, México (Ed. Porrúa) 1987

Volker Wünderich

Europäische Expansion und Kulturzerstörung in der Eroberung von Mexiko

Die Eroberung von Mexiko durch Hernán Cortés, die im Jahre 1519 begann und zwei Jahre dauerte, war neben den Entdeckungsfahrten des Kolumbus zweifellos das wichtigste Ereignis für die Kolonialisierung des amerikanischen Kontinents. Die vom Handel bestimmten Unternehmungen der Portugiesen in Afrika und Asien hatten bereits ein großes Kolonialreich aufgebaut. Doch ihr Einfluß konzentrierte sich auf die Küstenplätze und beließ das Inland häufig in der Hand einheimischer Zwischenherrscher. Mit der Eroberung des Aztekenreiches bekam die europäische Expansion dagegen eine neue Dimension. Die Besitzergreifung begnügte sich nicht mit der Errichtung einer Oberherrschaft, sondern es folgte eine flächendeckende Landnahme und die dauerhafte Beherrschung durch eine Kolonialverwaltung. Dieses Beispiel war ein Experiment, das Schule machte: Mit der Unterwerfung Perus, Kolumbiens, ganz Mittel- und Südamerikas erreichte die spanische Kolonialherrschaft bald ihre kontinentale Ausdehnung.

Der Conquistador Hernán Cortés verkörpert mehr als Columbus den Sieg der europäischen Waffen über die indianischen Reiche und die Erbeutung der sagenhaften Schätze, die den Atlantik ins Zentrum der entstehenden Weltwirtschaft rückten. Er war der Pionier, der ein gänzlich unbekanntes Reich nicht nur erkundete, sondern beherrschbar und verfügbar machte. Als solcher war und ist er eine bewunderte Heldenfigur, in der die abendländische Fortschrittsidee sich selbst feiern kann.[1]

Im Jahre 1992 sind jedoch tiefgreifende Zweifel am europäischen Sendungsbewußtsein und am eurozentrischen Geschichtsbild in den Vordergrund getreten.[2] In vielen Lehrveranstaltungen hat sich gezeigt, daß es kaum ein anderes Thema gibt, das zu so heftigen Diskussionen führt wie die Eroberung Amerikas. Jede nähere Beschäftigung mit den Ereignissen läßt das noble europäische Selbstverständnis, Träger von Rationalität und Fortschritt zu sein, in akute Gefahr geraten. Betroffenheit, ja Entsetzen über die zerstörerische Energie der Eroberer greift regelmäßig um sich. Der gewaltförmige Ursprung des Verhältnisses von Europäern und Indianern wird sichtbar, und die Kontinuitäten im Hinblick auf Unterentwicklung und Rassismus treten zutage.

In diesem Beitrag geht es aber nicht um die Klärung historischer Verantwortlichkeiten und die moralischen Folgen der Gewaltexzesse im Zuge der Conquista. Hier soll die Konfrontation der spanischen Eroberer mit der indianischen Kultur am Beispiel Mexikos näher betrachtet werden. Das geschieht freilich mit der Absicht, zu einer kritischen Aufarbeitung dieser verhängnisvollen Ereignisse beizutragen und über die Konsequenzen für das zukünftige Zusammenleben verschiedener Völker und Kulturen nachzudenken.

Bei dem Thema „Expansion und Kulturzerstörung" stellt sich insbesondere die Frage, inwieweit die spanischen Konquistadoren die vorgefundene Indianerkultur wirklich zerstörten. Schließlich blieben wichtige indianische Traditionen bestehen, und das Ergebnis des Kolonisierungsprozesses war zweifellos eine Mischkultur. Um diese Frage besser beurteilen zu können, wollen wir auf die Verhältnisse im Gebiet des ehemaligen Aztekenreiches eingehen. Wir werfen dabei einen Blick auf ein Ereignis am Anfang des Eroberungskrieges, das in mancher Hinsicht als exemplarisch gelten kann, und wenden uns dann der Lage der Indianerbevölkerung in den ersten Jahrzehnten nach dem Sieg der Spanier zu.

I

Beginnen wir mit der Betrachtung von Cortés' Verhalten bei der Einnahme von Cempoal, der Hauptstadt der Totonaken im Küstengebiet am Atlantik (heute: Zempoal, Veracruz). Wir stützen uns dabei auf die Darstellung bei Bernal Díaz del Castillo, einem einfachen Teilnehmer der Expedition des Cortés. Obwohl seine Chronik fast fünfzig Jahre später erschien, gilt er im allgemeinen als glaubwürdiger Zeuge der Ereignisse aus spanischer Sicht.[3]

Wir befinden uns im Jahre 1519. Am Anfang ihres Zuges nach Tenochtitlan, dem heutigen Mexiko-Stadt, kommt die kleine spanische Truppe nach Cempoal, nördlich ihres Landeplatzes bei Veracruz gelegen. Cempoal ist der Hauptort der Totonaken, die ca. 60 Jahre zuvor von den Azteken unterworfen worden waren und seitdem Tribute nach Tenochtitlan entrichten mußten. Cortés hat von diesem Abhängigkeitsverhältnis Kenntnis und nutzt die Situation dazu aus, die Totonaken zu seinen ersten indianischen Hilfstruppen zu machen. Es besteht kein Zweifel, daß er den Krieg ohne die indianischen Verbündeten nie hätte gewinnen können.[4]

Als die Spanier in Cempoal eintreffen, werden sie mit allen Ehren vom Oberhaupt der Stadt begrüßt. Der „dicke Kazike" bietet ihnen sogar acht adelige Prinzessinnen zur Einheirat an. Die indianische Seite zeigt damit keineswegs das Bild eines entschlossenen Widerstandes gegen die fremden Eindringlinge. Andererseits stößt Cortés auch nicht auf die unbefangene Freundlichkeit und Neugierde, die Kolumbus bei der ersten Kontaktaufnahme mit den Bewohnern der karibischen Inseln zu beobachten meinte. Offenbar befinden sich die Totonaken in einer besonderen Zwangslage: Sie sind eingeklemmt zwischen der Bedrohung durch die Spanier und der Angst vor dem mächtigen Moctezuma in Mexiko, und sie versuchen, aus der Situation einen gangbaren Ausweg zu finden. Die Spanier sind nicht die ersten Eroberer dieser Region, und das Angebot zur Einheirat ist offensichtlich der Versuch, durch die Anknüpfung verwandtschaftlicher Bande das eigene Überleben zu sichern und die Fremdlinge vom Zug nach Tenochtitlan abzuhalten.

Damit wäre Cortés jedoch eine Figur von lokaler Bedeutung geblieben. Um seine hochfliegenden Pläne weiterzuverfolgen, muß er nun schnell die wahren Machtverhältnisse demonstrieren. Dazu bringt er überraschenderweise die Religion ins Spiel. Er bedankt sich höflich für das Angebot, verlangt aber, daß die Prinzessinnen zum Christentum übertreten, ja daß das ganze Volk seinem „Irrglauben" abschwört und die Praxis der „Menschenopfer" und der „Homosexualität" abschafft.

Diese Forderung löst bei den Totonaken Verwirrung aus. Sie muß nicht nur darum ungeheuerlich erscheinen, weil frühere Eroberer keinen missionarischen Eifer gezeigt hatten und die lokalen Götterkulte bestehen ließen. Mit der Zerstörung des Tempelbezirks ist nicht nur die soziale Ordnung, sondern auch das materielle Überleben dieser Gesellschaft bedroht. Das ist auch dem spanischen Chronisten klar, denn er legt den Totonaken folgende Worte in den Mund: „Die Kaziken, die Papas und die Hauptleute der Indianer antworteten darauf, daß es ihnen unmöglich sei, ihre Götzen und die Menschenopfer aufzugeben. Von diesen Götzen käme ihnen alles Gute; sie ließen die Saaten wachsen und schenkten ihnen alles, was sie für ihr Leben brauchten."[5]

Die Weigerung der Totonaken beantwortet Cortés dann mit einer durchaus riskanten Machtprobe: Die Spanier erstürmen den Tempel und zerschlagen die Götterbilder, die sie voller Abscheu als „Ungetüme, fürchterliche Drachen, große Hunde, Mißgestalten, halb Mensch, halb Tier" wahrnehmen. Als sie die Stücke die Tempelstufen hinabwerfen, schlägt das Entsetzen der Totonaken in offenen Widerstand um. Nun wendet Cortés eine Taktik an, die er später zu einem bewährten Schema verfeinert: Er nimmt eine Gruppe führender Adliger als Geisel und kann damit die Streitkräfte seiner Gegner lähmen.

Nachdem die Machtfrage damit geklärt ist, vollendet Cortés die symbolische Entmachtung der indianischen Priester: Sie werden gezwungen, die Reste der Götterbilder selbst zu verbrennen. Ihnen werden die Haare abgeschnitten, und sie müssen ihre (angeblich stinkenden und blutverklebten) Gewänder ausziehen und mit „reinen, weißen Mänteln" vertauschen, die ihnen die Spanier geben. Hier ist übrigens schon der Ansatz zur Durchsetzung einer neuen Kleiderordnung zu beobachten, in den folgenden Jahrhunderten ein wesentliches Regelwerk in der Sozialordnung der spanischen Kolonie.

Diese Unterwerfungsprozedur zeigt einerseits die zerstörerische Konsequenz der Eroberer, denn die Abscheu vor den „heidnischen Kulten" und die Entwürdigung ihrer Träger könnte nicht brutaler demonstriert werden. Auf dem Gebiet der Religion zeigt sich deutlich, daß diese Eroberung einen grundsätzlich anderen Charakter hat als die bisherigen Kriege. Mit dem Christentum kommt der Monotheismus mit seinem absoluten, universalen Geltungsanspruch, dem theologischen Pendant zur entstehenden Weltökonomie.

Andererseits wird in derselben Szene der Keim zu einer seltsamen Vermischung der alten und der neuen religiösen Vorstellungen sichtbar. Die Errichtung des Kreuzes ist zunächst nur Teil der Unterwerfung, nicht Zeichen einer wirksamen Bekehrung. Nachdem die Götzen verbrannt sind, hält Cortés zwar eine „erbauliche Rede", aber mit der Verkündigung christlicher Ideen gibt er sich nicht weiter ab. Die spanischen Mönche entfalten ihre Missionstätigkeit erst Jahre und Jahrzehnte später. Die Priester und die anderen Bewohner von Cempoal sind zunächst, soweit sie überleben, weiterhin Träger ihrer alten religösen Ideen.

Die Zerstörung hat hier vor allem eine Funktion für das übergeordnete Kriegsziel. Dabei zeigt das Verhalten von Cortés, daß nicht nur sein militärischer Wagemut, sondern darüber hinaus die Fähigkeit zur Erkundung und rücksichtslosen Ausnutzung der Schwächen beim Gegner der Schlüssel zu seinem Erfolg waren. Es ist kürzlich zurecht betont worden, daß seine Beherrschung der Kommunikations- und Organisationstechniken wichtiger war als z.B. der technische Vorsprung bei den Feuerwaffen.[6] Cortés war im Verständnis und in der Anwendung der Symbole der Macht besonders begabt; er verstand es, die interkulturellen Unterschiede zum eigenen Vorteil und zur Darstellung der eigenen Überlegenheit zu benutzen.

II

Wir machen nun einen Sprung und betrachten die Situation nach der Beendigung des Eroberungsfeldzuges. Im Jahre 1521 war Tenochtitlan eingenommen und zerstört, und Cortés ging an den Aufbau der spanischen Herrschaft.[7] Er war ein Eroberer, der gekommen war, um zu bleiben und – im Namen des Kaisers – zu herrschen.

Er selbst hat viel Wert darauf gelegt, die Elemente der Kontinuität zur vorspanischen Zeit zu betonen und die Kolonialisierung als „Wechsel der Herren" darzustellen. Daran ist richtig, daß es in vieler Hinsicht kein völliger Neuanfang war. Eine Handvoll Conquistadoren konnte gar nicht alles auf einmal verändern. In dieser Situation bot sich die Möglichkeit an, lokale Herrschaftsstrukturen zu übernehmen und weiterbestehen zu lassen. Dafür lassen sich einige Voraussetzungen nennen: Die indianischen Bauern waren an staatliche Herrschaft und Tributleistungen gewöhnt. Wenn die Spanier die Staatsgewalt von den Azteken übernahmen, konnten sie theoretisch die Selbstverwaltung ganzer Provinzen bestehen lassen. So waren z.B. die aztekischen Tributlisten in den ersten Jahrzehnten ein wichtiges Instrument, um die aus den Provinzen eintreffenden Reichtümer beschlagnahmen zu können.

Als der Eroberungskrieg abgeschlossen war, ließen die Spanier den indianischen Adel bestehen. Das galt natürlich nur für die Adelsfamilien, die zur Zusammenarbeit mit den neuen Herren bereit waren und sich taufen ließen. Neugegründete Schulen übernahmen die Erziehung und Hispanisierung ihrer Kinder. Von einem allgemeinen Widerstand auf Seiten der Adelsfamilien konnte nicht die Rede sein. Nur vereinzelt kam es noch zu Widerstandsaktionen, die erfolgreich unterdrückt werden konnten. Die Berichte bezeugen vielmehr zahlreiche Phänomene der Kollaboration und Überanpassung: Viele Adlige übernahmen die spanische Mode, bereicherten sich unter dem neuen System nach Kräften und paßten sich an, so gut sie konnten. Wenn man den Fortbestand des aztekischen Adels als ein Moment der Kontinuität von der vorspanischen zur kolonialen Ordnung wertet, darf man nicht übersehen, daß die gemeinsamen Handlungsmöglichkeiten und damit die Identität des alten Adels effektiv zerstört waren. Soweit der Hochadel überlebte, vermischte er sich bald mit den Conquistadoren. Der niedere Adel wurde auf kommunale Funktionen reduziert und stellte auf längere Zeit einen Teil der lokalen Machthaber.

Hinter der Idee des einfachen „Herrscherwechsels" verbarg sich letztlich die Hoffnung von Cortés und seinen Kampfgefährten, ungestört eine überseeische Hausmacht von märchenhaften Ausmaßen errichten zu können. Das mußte sie aber in Konflikt mit der spanischen Krone bringen. Wie allgemein bekannt ist, unternahm Karl V bald Schritte zur Entmachtung von Cortés und zum Aufbau einer eigenen Verwaltung. Dafür wurden zuverlässige Beamte aus Spanien entsandt. Auf keinen Fall sollte in der Neuen Welt ein selbstbewußter Grundadel entstehen. Die neue Verwaltung konzentrierte sich nicht nur auf die Steigerung der Kronrenten, sondern arbeitete auch energisch daran, die königliche Gerichtsbarkeit durchzusetzen und die anfängliche Unterstellung der Indianer unter die Conquistadoren in Form des *repartimientos* einzuschränken oder rückgängig zu machen. Auf diese Entwicklung soll hier aber nicht weiter eingegangen werden.

Die Vorstellung vom Untergang des Aztekenreiches konzentriert sich traditionellerweise auf die Zerstörung der zentralen Institutionen; man denkt an den Tod des Herrschers, die Entscheidungsschlacht um die Hauptstadt und die brennenden Tempel. Wir wollen uns dagegen von dieser zentralistischen Perspektive lösen und nach den Veränderungen im Leben der breiten Bevölkerung fragen. Das waren vor allem die Bauern in den Dörfern. War der Wechsel für sie direkt spürbar, war die Eroberung nur ein Wechsel der Herren, oder bewirkte sie einen deutlichen Bruch im Volksleben?

Die Beantwortung dieser Frage ist für die Forschung relativ neu und keineswegs einfach. Auf jeden Fall müßte man eine lokale und regionale Differenzierung in Hinsicht auf die Tiefe und das Tempo des Umbruchs vornehmen. Wenn man dennoch vom Bereich des Aztekenreiches insgesamt spricht, sind die schwerwiegenden und letztlich flächendeckenden Folgen aber gar nicht zu übersehen.

Die amerikanische Forscherin Peggy Liss führt hierzu aus:

> „Im denkbar weitesten Sinne veränderte die spanische Herrschaft das ganze indianische Leben unmittelbar, wenn auch unter dem Schein institutioneller Kontinuität, denn sie zerstörte die alte Weltsicht der Eingeborenen. Lebensläufe, die auf ein Gleichgewicht in der vorspanischen Gesellschaft angelegt waren, wurden aus der Bahn geworfen. Die Sklaverei war viel drückender und betraf viel mehr Menschen; der Tributzwang war erheblich schärfer. Arbeit, die zuvor mit einem religiösen und sozialen Zweck verbunden war und daher möglicherweise eine innere Befriedigung verschaffen konnte, war nun im allgemeinen länger und härter und bedeutete dem Arbeiter wenig; die alten Führungspositionen wurden nur noch mit relativ wenig Verantwortung ausgefüllt...Der Tod wurde alltäglicher und spielte eine führende Rolle bei der Auflösung der kommunalen Strukturen."[8]

Der spanische Franziskanermönch Motolinía, der 1523 in Mexiko eintraf, benutzte in seiner Missionsgeschichte den Begriff der „biblischen Plagen."[9] Bei der Schilderung der Sklaverei, der Hungersnöte, der Krankheiten und Naturkatastrophen erfaßte ihn das Mitleid mit dem Volk der Mexikaner. Freilich sah er in seiner theologischen Geschichtssicht darin auch eine Gottesstrafe für den „Götzendienst" der Indianer vor der Eroberung.

Doch werfen wir einen Blick auf diese biblischen Plagen:

Das große Sterben: Es handelt sich dabei um die größte demographische Katastrophe, die aus der Geschichte überhaupt bekannt ist. Man schätzt, daß das dicht besiedelte Zentralmexiko zur Zeit der Eroberung 20 bis 25 Mio. Einwohner hatte; davon waren nach achtzig Jahren noch 1 bis 2 Mio. übrig. Als eine Faustregel gilt, daß nur 10-20% aller Indianer Amerikas die sogenannte „Begegnung" mit den Europäern überlebten.[10] Mexiko hat die Einwohnerzahlen der Zeit vor der Eroberung erst im 20. Jh. wieder erreicht. Die meisten Indianer starben an den Krankheitserregern, die die Spanier mitgebracht hatten, so an Pocken, Masern, Typhus usw. Genauso unvermittelt wie die Eroberer tauchten diese Bakterien auf, und das Immunsystem der Ureinwohner war darauf nicht eingerichtet.

Das Wüten der Epidemien unter den Indianern ist aber nicht als ein rein medizinisches Problem zu begreifen. Es ist kaum von der Misere ihrer konkreten Lebensumstände zu trennen, von der Schwächung der Widerstandskraft durch Zwangsarbeit, schlechte Ernährung und Sinnverlust. Die Krankheiten sind letztlich nur der sichtbare und radikale Ausdruck der sozialen Lage.

Ökologische Zerstörung und Hunger: Die Ernährung der dichten Bevölkerung im Hochtal von Mexiko war schon vor der Eroberung eine prekäre Aufgabe. Man lebte hier von der Binnenfischerei, vom Gemüse aus den Sumpfgärten (den sog. Chinampas) und von den kleinen Mais- und Bohnenfeldern am Rande des Hochtales. Die Eroberer von Tenochtitlan zerstörten nicht nur die Stadt selbst; auch das Seen-System des Hochtales wurden in Mitleidenschaft gezogen. U.a. beschädigten die Spanier den Damm, der den Süßwasserteil des großen Sees vom Salzwasser trennte, mit den entsprechenden Folgen für die Bewässerung der Felder und die Trinkwasserversorgung. Zu den Problemen in der Produktion kam der Zusammenbruch der traditionellen Verteilungssysteme. Hier griffen somit soziale und ökologische Probleme ineinander.

Ein anderes Problem war die Einführung des europäischen Viehs. Die Indianer hatten bis dahin nur Hunde und Truthähne gezüchtet. Die Rinder, Schweine, Schafe und Pferde der spanischen Kolonisten zerstörten immer wieder die Ernten der indianischen Dorfbauern, da ihre Felder nicht geschützt waren und die Spanier als neue Herren nicht bereit waren, ihrem Vieh Zäune zu setzen. Die lukrative Wollproduktion ließ gerade im Hochtal von Mexiko die Schafzucht florieren. Das Ergebnis war, daß die indianischen Bauern in großem Umfang den Schafen weichen mußten.

Tribut und Zwangsarbeit: Bekanntermaßen brachte die Eroberung die Versklavung großer Teile der indianischen Bevölkerung mit sich. Die Konquistadoren hatten anfangs die nahezu unbeschränkte Verfügungsgewalt über die ihnen zugeteilten Indianer. Die Krone bemühte sich bald, die Last der Tribute zu begrenzen und die übelsten Exzesse durch Indianerschutzgesetze abzustellen. Ihr Ziel war es jedoch in erster Linie, die direkte Kontrolle der Tribute zurückzugewinnen, und bald waren die königlichen Steuereinnehmer ebenso gefürchtet wie die ansässigen Herren. Hier seien nur zwei Beispiele aufgeführt, was man sich unter dem Arbeitszwang dieser Zeit vorzustellen hat. Da ist einmal die Lastträgerei zu nennen. Das Transportproblem war in Mexiko akut, und in den ersten Jahrzehnten nach der Eroberung fehlte es an Lasttieren und Fuhrwerken. Darum wurden die indianischen Arbeiter als menschliche Lastträger eingesetzt. Diese Aufgabe war bereits vor der Eroberung allgemein üblich. Sie erhielt aber unter den Spaniern durch den Wegfall sozialer Rücksichten eine neue, zerstörerische Qualität. Es kam häufig vor, daß die Träger ohne Proviant mit schweren Lasten auf viel zu lange Wege geschickt wurden. Unterwegs brachen sie zusammen, ohne daß sich jemand um sie kümmerte.

Viele Arbeitskräfte, sowohl Sklaven als auch zugeteilte Indianer, wurden von ihren Herren gegen Geld vermietet. Das bedeutete für viele indianische Frauen, daß sie an Soldaten oder Matrosen für häusliche und speziell auch sexuelle Dienste ausgeliehen wurden. Anstatt sich um das Seelenheil ihrer Schützlinge zu kümmern, betätigten sich so einige Konquistadoren auch als Zuhälter.

Erzwungene Mobilität: Die indianischen Sozialstrukturen mußten unter der Mobilität leiden, die generell das 16. Jahrhundert beherrschte. Viele Bauern entzogen sich den übersteigerten Tributpflichten durch Flucht in die Berge. Andere Dorfbewohner wurden für unbestimmte Zeit zur Arbeit in weit entfernte Bergwerke weggeholt. Ganze Dörfer mußten der Eigenwirtschaft der spanischen Kolonisten weichen, aus der dann die großen Haciendas des 17. Jahrhunderts entstanden. Insgesamt änderte sich die Siedlungsstruktur durch die Neugründung von Städten und die Anlage neuer Verkehrswege. Auch die Kräfte in Kirche und Verwaltung, die das Überleben der Indianer organisieren wollten, griffen zum Mittel der Umsiedlung und Neugründung von Dörfern. Im Ergebnis stammte kaum eines der kolonialen Indianerdörfer aus vorspanischer Zeit.

Zum Abschluß sei hier ein weiteres Zitat aus der Untersuchung von P.Liss angeführt:

„Um die Mitte des 16.Jahrhunderts...waren die Auswirkungen der spanischen Herrschaft flächendeckend zu verspüren... Die Gesellschaft in den Eingeborenen-Gemeinden hatte sich auf eine zweigeteilte Stufe zurückentwickelt: es gab nur noch Indianer und Häuptlinge. Die alten Unterscheidungen in Leibeigene, Gemeinfreie, Handwerker, Kaufleute und die komplexe Oberschicht der lokalen Führer mit ihren spezialisierten Funktionen verschwand allmählich zusammen mit den letzten legitimen *tlatoanis*. In der ersten Generation nach der Eroberung wurden viele Gemeinden einfach in Aufseher und Arbeitsbrigaden eingeteilt. Dieses Phänomen kann man z.B. unter den früher mächtigen Einwohnern von Texcoco beobachten: 20.000 von ihnen mußten am Wiederaufbau der Stadt Mexiko unter der Anführung ihres früheren Prinzen Ixtlilxochitl arbeiten. Die überlebenden Mitglieder der alten Aristokratie hatten ihre Anpassungsfähigkeit bewiesen, die einfachen Bauern ihre Ausdauer im Erdulden von Leiden. Alle anderen sozialen Kategorien wurden langsam marginal. Die Bevölkerungszahlen waren geschrumpft, neue Leute an der Macht, das Land hatte neue Eigentümer, die Bandbreite der Produkte und das Kunsthandwerk im Rückgang begriffen, die Spezialisierung der Arbeit (Kennzeichen für einen hohen zivilisatorischen Standard) verschwand."[11]

III

Angesichts der Tragödie des 16.Jahrhunderts liegt es nahe, die vorkolumbische Epoche zum Maßstab indianischer Kultur überhaupt zu erheben und alles, was auf die Eroberung folgte, als Niedergang und Epigonentum abzuwerten. Das hat die klassische Altamerikanistik lange so gesehen, und die Konzeption vieler Völkerkundemuseen bietet Anschauungsmaterial für die Meinung, daß vor allem die untergegangenen Reiche die wahre Kultur der Indianer repräsentieren. Aber die Eroberung durch die Spanier war nicht das Ende der indianischen Geschichte, wenn auch der denkbar schärfste Bruch in ihrer Entwicklung. Die indianischen Kulturen haben sich verändert, viele sind verschwunden, aber es sind auch neue entstanden, die sich heute dynamisch weiterentwickeln.

Wir müssen eine statische Definition der indianischen Kultur also ablehnen. Außerdem stößt jeder Versuch, die „Indianität" genau zu bestimmen, auf unüberwindliche Hindernisse. Indianisch waren in der Neuen Welt viele Völker und ganz unterschiedliche Kulturen. Den Begriff „indianisch" gibt es erst seit der Ankunft der Europäer; er ist – genau wie die Bezeichnung „Amerika" – eine europäische Erfindung, letztlich sogar eine Erfindung, die auf der kolonialen Definitionsmacht der neuen Herren gründete.

Aber kommen wir zur Kolonialzeit in Mexiko zurück. Mir scheint das Problem der spanischen Kolonialordnung nicht darin zu liegen, daß sie zu einer Vermischung der Kulturen und Völker führte. Das Problem bestand vielmehr darin, daß sie die entstandene Heterogenität hierarchisierte und die Vermischung negativ sanktionierte. Damit wurden die schöpferischen Möglichkeiten eines Vermischungsprozesses blockiert.

Da aber die Indianer auch nach der Eroberung präsent waren, ja für Jahrhunderte die überwältigende Mehrheit der Bevölkerung darstellten, führte die Kolonialverwaltung eine Politik der ethnischen Trennung ein. Jeder einzelnen Ort und jeder Stadtteil war entweder den Weißen oder den Indianern vorbehalten. Die Vermischung, die am Anfang sogar angestrebt war, galt nun als bedrohlich und wurde negativ sanktioniert.

So fanden „die Indianer" schließlich ihren Platz in der Kolonialordnung, wenn auch als unmündige und dienende Untertanen der Krone. Die staatliche Gesetzgebung und die kirchliche Mission regelten die Formen ihres Überlebens. Am Ende des 16. Jahrhunderts entstand das koloniale Indianerdorf, mit einer Mischkultur (im Laufe der Jahrhunderte als typisch „indianisch" angesehen) und sogar einem gewissen Maß an Autonomie. Im Schutz dieser Institution konnte sich die indianische Bevölkerung im 17. und 18.Jahrhundert tatsächlich wieder erholen.

Eine weitaus problematischere Stellung in der Kolonialordnung hatten die Mischlinge (die Mestizen). Sie waren das ungewollte und in mehr als einer Hinsicht „illegitime" Produkt der Vermischung von Europäern und Amerikanern. Sie stellten ein unausgeglichenes und unruhiges Element der Kolonialgesellschaft dar. Auf der einen Seite angepaßt an die europäischen Herren, stiegen sie zu Verwaltern, Vorarbeitern, Handwerkern, Kleinhändlern und Polizisten auf. Ihre Anpassung an die kolonialspanische Kultur („Ladinisierung") konnte sie aber nicht zu Spaniern machen; im Gegenteil, ihnen schlug der aggressive Rassismus der Kreolen und Europaspanier entgegen. Ein großer Teil von ihnen wurde auf die Stufe der Land- und Stadtarmut hinuntergedrückt. Ihre materielle Lage war häufig schlechter als die der Indianer. Viele suchten ihre Autonomie in der Einsamkeit der Berge, und bereits im 16. Jahrhundert begründeten sie die lateinamerikanische Tradition der Gesetzlosen und Banditen.

IV

Auf die Frage, welche Identität die lateinamerikanische Gesellschaft hat, die sich in den Jahrhunderten nach der Eroberung bildete, gibt es naturgemäß viele Antworten. Der mexikanische Nationalismus hat dieses Problem zu lösen versucht, indem er den Vermischungsprozeß im nachhinein bejaht und insbesondere die Figur des Mestizen als positive Neuschöpfung bewertet. In Mexiko-Stadt findet diese Ideologie einen architektonisch eindrucksvollen Ausdruck in der Gestaltung des „Platzes der drei Kulturen" von Tlatelolco. Hier kann man den Sockel eines aztekischen Tempels erkennen, auf den eine Kolonialkirche aufgesetzt ist; den Hintergrund bilden moderne Hochhäuser. Damit werden die indianische, die koloniale und die moderne Kultur symbolisch zusammengeführt.

Mit dieser Harmonisierung werden die Widersprüche und die Gewalt bei der Entstehung der mexikanischen Nation allerdings übersprungen. Wenn diese Widersprüche nicht bearbeitet werden, können sie immer wieder ihre Zerstörungskraft entwickeln. Die Kolonialordnung baute auf der Negation der indianischen Kultur auf, und diese Negation wurde von den Mestizen mitgetragen. Das Überleben der indianischen Tradition geschah nicht autonom, sondern entweder unter kolonialer Kontrolle oder im Widerstand. Heute wird die aztekische Vergangenheit nicht mehr verleugnet, sondern heroisiert. Das nationale Fortschrittsmodell bringt es aber mit sich, daß die Zerstörung der indianischen Kulturen weitergeht.

Auf der anderen Seite zeigt die mestizische Nationalkultur immer wieder die Zeichen der Überanpassung an das europäische Vorbild. Das Erbe der Conquista erweist sich hier als ein Mangel an innerer Autonomie, der die Entwicklung und die Entfaltung schöpferischer Kräfte weiterhin behindert.

Anmerkungen

1 Vgl. z.B. die Darstellung von Cortés bei: Richard *Konetzke*, Entdecker und Eroberer Amerikas, Frankfurt 1963.
2 Vgl. dazu Walther L. *Bernecker*, Entdeckung, Begegnung, Invasion? Zur Polemik um die Fünfhundertjahrfeier, in: *Peripherie* No.43/44, 11.Jg. 1992, S.31-44.
3 Bernal *Díaz del Castillo*, Historia Verdadera de la Conquista (1568), deutsche Ausgabe: Die Eroberung von Mexiko, Frankfurt/M. 1982, hier S.113-116. Der Vergleich mit den „Berichten" des Cortés und den Schriften Gómaras wirft einige ungelöste Probleme auf; Versuche, die Glaubwürdigkeit von Díaz deswegen generell zu bestreiten (z.B. Eberhard *Straub*, Das Bellum Justum des Cortés, Köln 1976, S.168ff.) sind jedoch wenig überzeugend.
4 Vgl. dazu den Beitrag von W.Gabbert in diesem Band.
5 Diaz del Castillo, Die Eroberung von Mexiko, S.114.

6   Zvetan *Todorov*, Die Eroberung Amerikas. Das Problem des Anderen, Frankfurt/M. 1985; obwohl der Umgang mit den historischen Quellen nicht methodisch sauber ist, handelt es sich um eine wichtige und anregende Studie.
7   Aus der Fülle der einführenden Literatur sei hier genannt: C.H. *Haring*, The Spanish Empire in America, New York 1947; Richard *Konetzke*, Die Indianerkulturen Altamerikas und die spanisch-portugiesische Kolonialherrschaft (=Fischer Weltgeschichte Bd.22), Frankfurt/M. 1965; Wolfgang *Reinhard*, Geschichte der Europäischen Expansion, Bd.2: Die Neue Welt, Stuttgart 1985 (mit weiterführenden Literaturangaben).
8   Peggy *Liss*, Mexico under Spain, 1521-1556, Chicago und London 1975, S.123f. P.Liss führt die wichtige Arbeit von Charles *Gibson* fort: The Aztecs under Spanish Rule, Palo Alto 1964.
9   T. *Motolinía*, Historia de los Indios de la Nueva España, Mexiko 1969.
10 Diese Zahlen beruhen auf Schätzungen, deren Grundlagen umstritten sind: Angaben zur Kontroverse in der Literatur bei Reinhard, S.63f. Die Tatsache einer katastrophalen Entvölkerung bleibt in jedem Fall bestehen. Vgl. dazu auch Eric *Wolf*, Die Völker ohne Geschichte. Europa und die andere Welt seit 1400, Frankfurt/M. 1991, S.195ff.
11 Liss, Mexico under Spain, S.126f.

Wolfgang Gabbert

Die Eroberung Amerikas – eine Kritik europäischer Projektionen

Die Eroberung Mexikos und Perus wird häufig als „historische Leistung" herausragender Persönlichkeiten wie Hernán Cortés oder Francisco Pizarro betrachtet, und man fragt sich, wie es einem kleinen, „tollkühnen" Häuflein spanischer Soldaten gelingen konnte, Großreiche wie das aztekische und inkaische zu erobern. Je nach politischem und wissenschaftlichem Standpunkt wird zur Erklärung dieses „Rätsels" u.a. die Überlegenheit der europäischen Waffentechnik und Kriegskunst oder gar der europäischen Zivilisation insgesamt herangezogen. Die zivilisations- und imperialismuskritische Variante verlegt sich auf die besondere Skrupellosigkeit und Brutalität der *Conquistadoren*, die Dynamik des entstehenden kapitalistischen Weltsystems oder auch die spezifische Denkweise „der" amerikanischen Ureinwohner, die stärker religiös geprägt und somit den taktisch kalkulierenden Denkmustern „der" Spanier strategisch hoffnungslos unterlegen gewesen sei:

> „Die charakteristische Frage dieser [indianischen] Welt ist nicht, wie bei den spanischen Eroberern ..., praxeologischer Art: ‚Was tun?', sondern epistemologisch: ‚Wie erfahren?' Und die Interpretation eines Ereignisses geschieht weniger in Funktion zu seinem konkreten, individuellen und einzigartigen Inhalt als zur vorgegebenen und wiederherzustellenden Ordnung, zur Harmonie des Universums."[1]

So unterschiedlich die skizzierten Positionen auch sein mögen (sie reichen von der Rechtfertigung der Eroberung bis zum entschiedenen Anti-Imperialismus), sie stimmen doch insofern überein als ihnen ein „dichotomisches Geschichtsbild" zugrundeliegt:

Die Eroberung wird als Ereignis betrachtet, das sich zwischen zwei relativ homogenen Gruppen – „den" Spaniern auf der einen, „den" Indianern auf der anderen Seite – abgespielt hat. Spanier und Indianer erscheinen dabei nur als *Negation* des jeweils anderen, wobei die jeweilige Zuschreibung von Qualitäten (zivilisiert/barbarisch, gut/böse usw.) mit den Auffassungen des Betrachters wechselt. Die Perspektive von Las Casas mag uns sympathischer sein als die Sichtweise eines López de Gómara, der die amerikanischen Ureinwohner als Polygamie und Götzendienst betreibende, homosexuellen Ausschweifungen (*sodomía*) frönende Wilde charakterisiert, die tagtäglich Menschen zu opfern und zu verspeisen pflegen

69

(López de Gómara [1552] 1987:34). Las Casas' Beschreibung wird der indianischen Bevölkerung jedoch ebensowenig gerecht:

> „Sie waren sehr folgsam, äußerst treu, ... geduldig, friedliebend und ruhig; kannten weder Streit ... noch Zank; sie wußten nicht einmal, daß Groll oder Haß oder Zwietracht oder Rachsucht in der Welt vorhanden sei" (Las Casas [1552] 1981:9).

Das Moment des Handelns wird fast ausschließlich der spanischen Seite zugeordnet. Selbst kritischen Geistern erscheinen die indigenen („eingeborenen") Gesellschaften Amerikas meist lediglich als bedauernswerte *Opfer* der kolonialen Expansion, selten als die Ereignisse entscheidend mitbestimmende Akteure:

> „Dite Spanier rissen die Indios aus einer, kulturell höchst produktiven, ‚Zivilisation der Muße', in der sechzig bis siebzig Tage im Jahr zum Anbau von Maniok und Mais genügt hatten, heraus und spannten sie unter das Joch einer weltmarktorientierten Arbeitsgesellschaft. Aus der Mitte ihrer vorkolumbischen Kultur mit einem wenig materialistischen Naturverständnis gerieten die Indigenen an den Rand einer beutekapitalistischen Kolonialgesellschaft" (Niess 1991:6).

Schließlich ist eine *ahistorische* Sichtweise, was die indianische Vorgeschichte der Eroberung betrifft, weitverbreitet. Man hat sich ausführlich mit den Vorbedingungen der kolonialen Expansion in Europa beschäftigt, von der Lebensgeschichte eines Kolumbus oder Cortés bis zur Entstehung des kapitalistischen Systems. Die Voraussetzungen der Eroberung in Amerika haben jedoch vergleichsweise wenig Beachtung gefunden. Dies ist kein Zufall, sondern Produkt eines subtilen, häufig unbewußten *Eurozentrismus*. Was bei Apologeten der Kolonialisierung als Zivilisierung angeblich traditionaler, rückständiger und statischer Gesellschaften firmiert, spiegelt sich auf seiten der Kritiker allzuoft im Topos der friedliebenden, unschuldigen Ureinwohner, die durch die Eroberung aus einem quasi geschichtslosen *Naturzustand* gerissen worden seien.

Gegen dieses „dichotomische Geschichtsbild" müssen mehrere Einwände erhoben werden, die im folgenden näher begründet werden sollen:

Weder bei den spanischen Eroberern noch bei der amerikanischen Urbevölkerung handelte es sich um homogene Gruppen. Die Unterstellung von Homogenität verhindert ein angemessenes Verständnis der Eroberung und der Funktionsweise des Kolonialsystems. Für beide Prozesse war die kulturelle, soziale und politische Zersplitterung der Ureinwohner Amerikas von entscheidender Bedeutung.

Eroberung und Kolonialherrschaft sind entscheidend auch auf die Mitwirkung bestimmter indianischer Gruppen und Schichten zurückzuführen. Diese als „Kollaborateure" zu bezeichnen, ist angesichts des Völkermords an der indianischen Bevölkerung verständlich. Diese Beurteilung erfolgt jedoch aus der Perspektive der Gegenwart und verhindert ein Verständnis der Handlungslogik der Akteure des 16. Jahrhunderts.

Die Indianer, die sich mit den Spaniern verbündeten, suchten den neuen Machtfaktor in ihre eigenen politischen Strategien (z.B. die Austragung von Konflikten mit Nachbargruppen) einzubeziehen. Diese Handlungsstrategien sind nur zu verstehen, wenn man die Geschichte der amerikanischen Urbevölkerung nicht erst mit der „Entdeckung", ihrer Erweckung – je nach Standpunkt – aus der Barbarei oder einem idyllischen Dornröschenschlaf, beginnen läßt, sondern sie als Akteure der Geschichte zu verstehen sucht und ihre politische, wirtschaftliche und soziale Wandlungsfähigkeit *vor* der Eroberung zur Kenntnis nimmt.

Die indianischen Gesellschaften vor der Eroberung

Die „Indianer" verdanken ihren Namen dem Irrtum des genueser Seefahrers Cristobal Colón, der 1492 meinte, einen Seeweg nach Indien entdeckt zu haben, tatsächlich aber auf einen in Europa damals unbekannten Kontinent gestoßen war. 1537 entschied Papst Paul der III. in einer Bulle, daß es sich bei den Ureinwohnern Amerikas nicht um Tiere handelte, die sprechen können, sondern tatsächlich um Menschen. Diese „Indianer" waren allerdings keine homogene Bevölkerung, sondern unterschieden sich kulturell, in ihrer Wirtschaftsweise und den sozialen Organisationsformen, aber auch in ihrer Physis. Die zum Zeitpunkt der Eroberung etwa 40-50 Mio. Indianer Nord- und Südamerikas bedienten sich einer Vielzahl von Sprachen, die von Linguisten ca. 100 unterschiedlichen Sprachfamilien zugerechnet werden (Coe 1986:13, 42-45, 86, 156f). Das u.a. im Hochtal von Mexiko gesprochene *Nahuatl* z.B. gliedert sich in 19 untereinander nicht verständliche Einzelsprachen auf (Smailus 1990:263).

In den Kernzonen des Alten Amerika (Mesoamerika und Andenraum) hatten sich „Hochkulturen" entwickelt. Auf der Grundlage einer intensiven Agrarproduktion (Mais, Kartoffel u.v.a.m.) waren politisch hochorganisierte Gebilde (Staaten) entstanden, die intern eine ausgeprägte soziale Differenzierung aufwiesen. Diese Gesellschaften mit einer relativ hohen Bevölkerungsdichte verfügten über urbane Siedlungen mit Monumentalarchitektur und durchorganisierte Staatsreligionen.

Die indianischen „Häuptlingstümer" (*chiefdoms*) zwischen der Südgrenze Mesoamerikas und dem zentralen Andenraum (von El Salvador bis Nord-Ecuador), verfügten ebenfalls über eine zahlreiche Bevölkerung. Diese Rang-Gesellschaften (Fried 1967) kannten Reichtums- und Statusunterschiede, besaßen jedoch keine ausgeprägte Klassenschichtung. Auch diese Gesellschaften betrieben einen intensivierten Anbau von Mais, Maniok, Süßkartoffel u.a.m. (Helms 1984; Lleras Pérez und Langebaek Rueda 1987). Nördlich von Mesoamerika und südlich der Anden befanden sich im Vergleich zu den Kernzonen weniger komplexe, Bodenbau betreibende Kulturen (z.B. die Mississippi-Kultur im Osten und Südosten der USA).

In den Tieflandregionen östlich der Anden lebten die Menschen in Stammesgesellschaften (*tribes*) oder, v.a. in den fruchtbaren Schwemmlandbereichen (*varzea*) der größeren Flüsse (Orinoco und Amazonas), in Häuptlingstümern (Roosevelt 1987). Die Lebensgrundlage bildete (neben Jagd und Fischfang) der Anbau von Maniok und anderen Knollenfrüchten. In den Gebieten im Norden und Süden des Kontinentes, die aufgrund der klimatischen Bedingungen für Bodenbau nicht mehr geeignet waren, sicherten die Ureinwohner ihre Existenz vor allem durch Jagd, Fischfang und das Sammeln von Wildfrüchten usw..

Die soziale und kulturelle Verschiedenartigkeit der amerikanischen Ureinwohner beeinflußte den Verlauf der Eroberung und die Entwicklung der Kolonialherrschaft entscheidend. Den Spaniern gelang die Eroberung der indianischen Staaten in Mexiko und Peru relativ schnell. Hier mußten sie lediglich die oberste indianische Führungsschicht entmachten und sich selbst an die Spitze der bereits existierenden Zentralgewalt stellen. Gerade das weitgehende Fehlen zentralisierter Herrschaft machte eine Eroberung in anderen Regionen Amerikas bedeutend schwieriger. Jede der relativ kleinen politischen Einheiten mußte für sich besiegt werden. Ein beträchtlicher Teil dieser indianischen Bevölkerung wurde erst im 19. Jhdt. von den unabhängigen amerikanischen Staaten unterworfen (u.a. der Großteil der Indianer des westlichen Nordamerika, die Bewohner der Pampa, Patagoniens und des Amazonas-Tieflands). Im folgenden soll auf einige vorkolumbische Entwicklungen hingewiesen werden, die für ein Verständnis der *Conquista* zentral sind. Dabei werde ich mich auf die indianischen Großreiche in Mexiko und Peru beschränken.

1.) Die indianischen Gesellschaften in Mesoamerika und den Zentralanden lassen sich als „ständisch" charakterisieren, d.h. die sozialen Schichten waren gesetzlich definiert und verfügten über jeweils spezifische Rechte und Pflichten. Die wichtigste soziale Differenzierung bestand zwischen Adligen (*pipiltin* in Mexiko, *orejones* oder *curaca* in Peru) und Nicht-Adligen. Das Recht auf individuellen Landbesitz war auf die Adelsschicht beschränkt. Ihre Ländereien wurden von Abhängigen (unterschiedliche Bezeichnungen in Mexiko, *yana* in Peru) oder freien Bauern bearbeitet. Sie hatten Anspruch auf Tribute bäuerlicher Gemeinschaften oder abhängiger Siedlungen. Dem Adel, der in Mexiko vor der Eroberung etwa 10% der Bevölkerung ausmachte (Prem 1989:29), stand die Masse der ländlichen Bevölkerung gegenüber. Neben den landlosen Abhängigen bestand diese mehrheitlich aus korporativen Gruppen (*ayllu* in Peru, *calpulli* in Mexiko[2]) von Bauern, die über gemeinschaftlichen Landbesitz verfügten. Während für Gemeinschaftsaufgaben, den Unterhalt des örtlichen „Ältesten" (*curaca* in Peru, *calpuleque* in Mexiko) oder Tribute an höhere Adlige und den Staat bestimmte Areale kollektiv bewirtschaftet wurden, blieb der größte Teil des Bodens der Nutzung durch die einzelnen Haushalte vorbehalten (Carrasco 1982:31f; Prem 1989:31, 190f). Neben Sachabgaben mußten die Bauern auch Tribut in Form von Arbeitsleistungen entrichten.[3]

Angesichts der deutlichen Klassenstrukturen scheint es unangemessen, die indianischen „Hochkulturen" als einheitlich, homogen und widerspruchsfrei zu betrachten. Vielmehr sind soziale Konflikte nicht nur möglich, sondern wahrscheinlich und auch die kulturellen Praktiken, religiösen Vorstellungen und Weltbilder verschiedener sozialer Schichten müssen sich signifikant voneinander unterschieden haben. Ein Verständnis der vorkolumbischen Reiche ist schwierig, weil der größte Teil der Quellen aus der Feder von Europäern stammt, und auch die relativ wenigen Schilderungen indianischen Ursprungs geben nahezu ausschließlich die Sichtweise einer sozialen Schicht der indianischen Gesellschaften wieder, die der Elite.[4]

2.) Das aztekische Imperium und das inkaische Reich waren jeweils in weniger als 100 Jahren durch die fortgesetzte Eroberung und Unterwerfung anderer politischer Einheiten, denen Tribute und Arbeitsleistungen abverlangt wurden, entstanden. Die Einbeziehung der Randgebiete war häufig eher formal als real.[5]

Die herrschenden Fürsten in von den Azteken eroberten Städten wurden im Amt belassen, durch ein den Eroberern genehmeres Mitglied der lokalen Elite oder zuweilen auch einen Militärgouverneur ersetzt.[6] Das Tributsystem des aztekischen Staates hatte für die Oberschicht und die breite Bevölkerung des Kerngebietes durchaus auch positive Elemente, da der Staat in gewissem Umfang Güter zwischen ökologisch unterschiedlichen Zonen umverteilte (Redistribution). In den entfernten Tributprovinzen reduzierte sich das Verhältnis zum aztekischen Staat jedoch weitgehend auf eine einseitige Güterablieferung, zumindest was die ländliche Bevölkerung und den unteren lokalen Adel betraf (Smith 1986:82; Prem 1989:166f).

Auch der Inka-Staat bediente sich eines Systems indirekter Herrschaft, bei dem die Führer unterworfener politischer Einheiten meist im Amt belassen wurden, sofern sie die Oberhoheit des Inka anerkannten (Rowe 1982:96, 110; Murra 1986:51). Während die lokalen Eliten weiterhin umfangreiche Privilegien genossen, verschärfte sich die Belastung für die bäuerliche Bevölkerung signifikant. Sie mußte nicht mehr nur für den Unterhalt des lokalen Adels sorgen, sondern zusätzlich auf dem Staatsland arbeiten oder andere Arbeitsleistungen erbringen (Murra 1982). Schätzungen über den Umfang der für die Inka zu erbringenden Arbeitsleistungen (*mita*) gehen von einem Anteil von über 10% der erwachsenen Bevölkerung (zumindest in bestimmten Regionen) allein für den Militärdienst aus (Murra 1986:52f).

Die Betonung des *expansionistischen Charakters* der vorkolumbischen Großreiche ist wichtig, weil jeweils erst seit relativ kurzer Zeit unterworfene Gruppen (wie die Totonaken in Cempoala) oder Staaten, die von der Eroberung bedroht waren (wie Tlaxcala oder Huexotzinco durch die Azteken) zu den wichtigsten Verbündeten der spanischen Eroberer zählten. Ein ähnliches Muster findet sich in Peru, wo sich Cañari, Chachapoya und Huanca sehr schnell den Spaniern anschlossen (Rowe 1982:111; Murra 1984:124f).

3.) Im Becken von *Mexiko* war die politische Grundstruktur seit dem 13. Jahrhundert durch eine Vielzahl von Stadtstaaten bestimmt, deren Zentrum jeweils von einem mehr oder weniger ausgedehnten ländlichen Hinterland umgeben war. Größere politische Einheiten waren das Resultat von Eroberungen und wechselnden politischen Allianzen (Calnek 1982:43f; Smith 1986:71f). Das aztekische Reich war nur ein spezifisches Resultat dieses allgemeineren Prozesses. Es war aus der Verbindung dreier Stadtstaaten (Tenochtitlan, Texcoco und Tlacopan) entstanden, die sich 1428 zum sog. Dreibund zusammengeschlossen hatten. Jeder der drei Mitgliedsstaaten verfügte über ein Einflußgebiet, in dem er bei Eroberungen führend war. Während ein Teil der zu Abgaben verpflichteten Gebiete Tribute an alle drei Staaten zahlte, führten andere Leistungen lediglich an eines der Dreibund-Mitglieder ab (Gibson 1971:383-389). Die drei Staaten waren keineswegs gleichberechtigt. Die Kräfteverhältnisse hatten sich zunehmend zugunsten von Tenochtitlan verschoben, das seit dem Ende des 15. Jahrhunderts den Dreibund dominierte. Texcoco verlor in diesem Zusammenhang z.B. die Tributrechte über verschiedene eroberte Orte (Gibson 1971:385, 389).

Die Austragung politischer Konflikte und Erbfolgestreitigkeiten mit der Unterstützung äußerer Verbündeter war ein etabliertes Politikmuster in Mexiko. Tatsächlich gingen auch eine Reihe der Eroberungen der Azteken auf Hilfeersuchen lokaler Adliger bis dahin politisch unabhängiger Stadtstaaten zurück (vgl. z.B. Prem 1989:163). Als Moteuczoma II, der bis zur spanischen Eroberung Herrscher des aztekischen Reiches war, versuchte, seine Macht durch ein Eingreifen in die Erbfolge von Texcoco auszudehnen, stellte sich die unterlegene Fraktion schließlich auf die spanische Seite (Prem 1989:146f, 175).

Das Inka-Reich in *Peru* war von Einwanderern in die Region um Cuzco begründet worden. Die Umwandlung des inkaischen Gemeinwesens in einen expansiven Staat erfolgte vermutlich erst im frühen 15. Jahrhundert, insbesondere nach 1440. In nur 90 Jahren entwickelte sich die politische Einheit der Inka von einem kleinen, eher unbedeutenden Häuptlingstum von 20.000-30.000 Personen zu einem Herrschaftsbereich, der mehrere Millionen Menschen umfaßte und sich von Norden nach Süden über mehr als 4.000 km erstreckte (Murra 1986:50f; Coe 1986:196f).

Die Herrschaft über die unterworfenen Gebiete blieb immer prekär. Schnelle Expansion und immer wieder ausbrechende Rebellionen waren zwei Seiten des gleichen Prozesses. Insbesondere nach dem Tod eines Oberherrschers waren Konflikte um die Erbfolge häufig, und die Führer unterworfener Gruppen nutzten oft die Gelegenheit, die Inka-Herrschaft abzuschütteln, so daß viele Gebiete mehrfach unterworfen werden mußten (Spalding 1973:592; Murra 1986:51f). Auch die spanische Eroberung vollzog vor dem Hintergrund von Streitigkeiten um die inkaische Thronfolge. Nach dem Tod des Inka Huayna Capac (1525) war es zu Auseinandersetzungen zwischen seinen Söhnen Huascar und Atahualpa gekommen, die in einem

Bürgerkrieg eskalierten, den Atahualpa für sich entscheiden konnte. Der Auseinandersetzung zwischen den beiden Nachkommen des Inka lagen strukturelle Konflikte zugrunde. Der Norden des Reiches, das heutige Ecuador, hatte sich zu einem zweiten politischen und wirtschaftlichen Zentrum entwickelt, das die Vorherrschaft Cuzcos zunehmend in Frage stellte. Inmitten dieser Auseinandersetzungen landete Francisco Pizarro mit 180 Spaniern 1532 in Tumbes am äußersten Nordzipfel des heutigen Peru. Beide Bürgerkriegsparteien suchten, die Unterstützung der Spanier zu gewinnen, und Pizarro wußte die für ihn günstigen Umstände geschickt auszunutzen (Schmitz 1991:229-237, 247-249, 268f).

Die indianischen Großreiche waren keine Nationalstaaten. Ihre Oberherrscher waren keineswegs absolute Herrscher, sondern waren politisch in beträchtlichem Umfang vom Hochadel abhängig (Smith 1986:74-76, 84f; Prem 1989:70). Die Reiche blieben durch eine ausgeprägte sprachliche und kulturelle Heterogenität gekennzeichnet. Diese Bestand nicht nur zwischen verschiedenen Provinzen, sondern häufig auch innerhalb einzelner territorialer Segmente und zwischen den verschiedenen sozialen Schichten. Im aztekischen Herrschaftsbereich gab es keine gezielte Verbreitung des *Nahuatl*. Es wurde jedoch vielfach zur Sprache der Elite in Gebieten mit anderssprachiger Bevölkerung und war die Verkehrssprache der Händler (Carrasco 1982:30; Prem 1989:163). Die Inka-Herrscher verfolgten zwar in bestimmtem Umfang eine Politik kultureller Vereinheitlichung. Die lokale Elite in eroberten Gebieten mußte z.B. zur Vereinfachung der Verwaltung die Sprache der Inka (*Quechua*) erlernen und übernahm schnell inkaische Luxusgegenstände. Bei der Einteilung von Provinzen wurdem jedoch die vor der Unterwerfung bestehenden politischen und kulturellen Grenzen soweit wie möglich beibehalten. Den Vasallen war bei Androhung schwerer Strafen verboten, ihre traditionellen Trachten abzulegen, was auf eine Strategie des „teile und herrsche" verweist (Rowe 1982:95f, 110f). Die kulturelle Vereinheitlichung blieb, wie im Falle Mexikos, im wesentlichen auf die jeweiligen Eliten begrenzt.

Die spanischen Eroberer stießen also in Mexiko und Peru auf eine Situation, die durch unterschiedliche Unterdrückungs- und Ausbeutungszusammenhänge, politische Zersplitterung und eine ausgeprägte kulturelle Heterogenität charakterisiert war. Sie nutzten die Widersprüche innerhalb der autochthonen Reiche aus. Nur durch die massive Beteiligung indianischer Truppen, die sich von einer Allianz mit den Europäern eine Befreiung vom aztekischen bzw. inkaischen Joch oder andere Vorteile versprachen, war die Eroberung Mexikos und Perus durch eine handvoll spanischer Abenteurer überhaupt möglich. Dies gilt auch für andere Regionen: 12.000 Krieger des Inca Manco Capac begleiteten Diego de Almagro 1534 auf einer Expedition nach Chile, und in Guatemala waren Mam sprechende Indianer wichtige Verbündete Pedro de Alvarados bei der Unterwerfung der Quiché und anderer indianischer Fürstentümer (Hemming 1970:177f; MacLeod 1973:40, 43).

Erst wenn man zwischen früher und später Kolonialperiode differenziert, wird verständlich, warum ein beträchtlicher Teil der indianischen Elite mit den spanischen Eroberern zusammenarbeitete. Insbesondere in der Zeit der unmittelbaren Eroberung wurden die spanischen Gruppen in das etablierte Muster militärischer Konflikte mit häufig wechselnden Bündnissen einbezogen. Auch in der vorkolumbischen Zeit waren diese Allianzen in der Regel nicht Bündnisse zwischen gleichberechtigten Partnern, sondern Koalitionen, die Über- und Unterordnungsverhältnisse beinhalteten. Die indianischen Eliten konnten in dieser Periode die Spanier kaum als Repräsentanten eines von Europa ausgehenden übermächtigen Weltsystems betrachten, so wie dies heute häufig interpretiert wird. Die Spanier traten keineswegs immer als einheitliche Gruppe auf, sondern trugen ihre internen Konflikte oft auch mit Waffengewalt aus. Die Auseinandersetzungen unter den *Conquistadoren* Perus zogen sich über Jahrzehnte hin, und auch in Zentralamerika dauerte diese „anarchische Phase" z.T. bis zu 20 Jahren (Rowe 1982:111; MacLeod 1973).

Zur Rolle der indianischen Bevölkerung im Kolonialsystem

Bis zur Eoberung Amerikas gab es keine „Indianer", denn der Ursprung dieser Kategorie liegt im kolonialen System selbst. Die Betroffenen akzeptierten diese Kategorie für sich häufig nicht, sondern bedienten sich anderer Bezeichnungen. In Zentralmexiko wurde z.B. das *nahuatl*-Wort *macehualli*, was so viel wie „Untertan" oder „Vasall" bedeutet, benutzt (Lockhart 1984:286). Das spanische Recht definierte „Indianer" (*indios*) als separaten Stand, dem man durch Geburt angehörte und für den besondere Gesetze und Bestimmungen galten. Die *indios* galten als unmündig und konnten folglich ohne die Zustimmung der kolonialen Autoritäten keine rechtsgültigen Verträge abschließen. Die schwerste Last des Kolonialsystems drückte die indianischen Bauern, welche die große Masse der einheimischen Bevölkerung bildeten. Sie mußten Tributleistungen erbringen und wurden zur Zwangsarbeit herangezogen (McAlister 1963:354f, 358; Spalding 1970:646). In den ersten Jahrzehnten nach der Eroberung und in den Randgebieten des Kolonialreiches auch noch später war die Versklavung von Indianern verbreitet (Gibson 1955:591f; 1984:399-406).

Die Kolonialisierung Amerikas hatte einen demographischen Zusammenbruch der indianischen Bevölkerung zur Folge. In vielen Gebieten verloren in wenigen Jahrzehnten bis zu 90% der Indianer infolge von Seuchen, Krieg, Versklavung und Ausbeutung ihr Leben.[7] Es kam zu massivsten Veränderungen der Siedlungsstrukturen und der Lebensweise. Allein in Peru wurden nach 1570 in wenigen Jahren durch Vizekönig Francisco de Toledo möglicherweise 1,5 Mio. Indianer in sogenannte Reduktionen umgesiedelt, wo sie besser zu kontrollieren und leichter zu missionieren waren (Rowe 1957:156). Um der Zwangsarbeit zu entgehen und ihre Tributverpflichtungen zu reduzieren, verließen viele ihre Herkunftsdörfer und ließen sich als „Fremde" (*forasteros*) andernorts nieder, womit sie allerdings ihre Landrechte verloren (Spalding 1970:662f; Murra, Wachtel und Revel 1986:282).

Die Kolonialordnung beruhte jedoch nicht einfach auf der Beherrschung einer homogenen indianischen Bevölkerung durch wenige spanische Soldaten, Beamte usw., sondern nutzte die vorkolumbischen Traditionen sozialer Differenzierung. Die einzelnen Bevölkerungsgruppen waren von Eroberung und Kolonialismus unterschiedlich betroffen. Ebenso war ihre Haltung zur Missionierung keineswegs durchweg ablehnend. So beteiligten sich in den 1530er und 40er Jahren bekehrte Indianer in Mexiko an der von den spanischen Mönchen geplanten Ausrottung des „Götzendienstes" in den Städten (Gibson 1955:584).

Die Spanier waren nicht in der Lage, sofort die zur effektiven Herrschaftsausübung notwendige Verwaltung zu etablieren. Bis zur Ernennung spanischer Beamter und der Einführung einer Gemeindeselbstverwaltung (*cabildos*) in der zweiten Hälfte des 16. Jahrhunderts fungierte der indianische Adel als wichtigster Mittler zur indianischen Bevölkerung. Anfangs war er für die Einziehung der Tribute und die Bereitstellung von Zwangsarbeitern zuständig. Deshalb nahm zunächst die Macht eines Teils des indianischen Adels gegenüber der Zeit vor der *Conquista* sogar zu.[8]

Bis in das 18. Jahrhundert wurden in Peru und Mexiko der Rang und die Vorrechte des einheimischen Adels vom spanischen Königshaus häufig respektiert. Die Angehörigen dieser Schicht, die zwar zahlenmäßig relativ klein (Rowe 1957:157; Spalding 1973:585), politisch jedoch umso bedeutender war, genossen insbesondere in der frühen Kolonialzeit erhebliche Privilegien. Sie durften den Titel „don" führen, verfügten z.T. über großen Landbesitz, Ansprüche auf Tributanteile und das Recht, Waffen zu tragen, hatten Zugang zu Schulen der spanischen Aristokratie oder besonderen Bildungseinrichtungen u.a.m.. Der indianische Adel war von Tributzahlungen und, ebenso wie indianische Handwerker und Mitglieder der indianischen *cabildos*, von der Zwangsarbeit befreit. Ihre wirtschaftliche Stellung war oft besser als die vieler Spanier.[9] Ein Teil dieser Schicht gelangte im Handelssektor zu oft beträchtlichem Wohlstand (Spalding 1973:594f):

> „Many a highland lord [in Peru] found himself temporarily richer and more powerful than he had ever been; they took readily to horses, firearms, and silk hose. They also started plantations of European crops – vineyards or barley. Most of the internal, long-distance trade to the new mining centers was in their hands; they lent and borrowed money, employed Europeans as clerks and artisans, mastered reading and writing and even court behavior" (Murra 194:125).

Mit der Festigung des Kolonialregimes schwächte sich jedoch die Position des indianischen Adels, da er für eine „indirekte Herrschaft" über die indianischen Massen immer weniger erforderlich war. Die Diskriminierung begann verstärkt, nun auch diese Schicht einzubeziehen.[10]

Die sozialen Kategorien „Spanier", „Indianer" und „Mestize", waren keineswegs völlig eindeutig, sondern erlaubten eine gewisse soziale und „ethnische" Mobilität. So wurden z.B. Mestizen und hispanisierte Indianer mit einflußreichen Verwandten oder genügend Besitz oft als „Spanier" akzeptiert.[11] Mestizen und Mulatten konnten z.B. ihre juristische Anerkennung als „Weiße" durch den Kauf einer entsprechenden Urkunde (*gracias al sacar*) erreichen. Indianische Handwerker und Gewerbetreibende in den Städten gelangten zuweilen zu beträchtlichem Wohlstand, trugen europäische Kleidung und hatten sich zum Ende der Kolonialperiode kulturell häufig so stark hispanisiert, daß sie von Spaniern oder Mestizen nicht mehr zu unterscheiden waren. Phänotypische Unterschiede waren ohnehin nur unsichere Anhaltspunkte für die ethnische Zuschreibung gewesen und verloren zunehmend an Aussagekraft.[12] Der autochthone Adel ging ebenso in der aufgrund biologischer Vermischung und kultureller Hispanisierung schnell wachsenden Mestizenbevölkerung auf, wie die indianischen städtischen Handwerker und Gewerbetreibenden. In den indianischen Dörfern verringerten sich die Unterschiede in Rang und Einkommen (Spalding 1970:664; Gibson 1984:391, 394). Die Kategorie „Indianer" verwandelte sich in vielen Regionen zum Ende der Kolonialzeit und noch stärker nach der Unabhängigkeit von Spanien zu einem Synonym für die arme, „rückständige" und „ungebildete" Landbevölkerung. Der Rassismus erreichte im 19. Jhdt. eine neue Intensität, und die *indios* wurden für die fortschrittsorientierten neuen Eliten zum Inbegriff der Barbarei, eine Haltung, die bis heute weit verbreitet ist.

Fazit

1.) Die Eroberung Amerikas geht nicht nur auf die Handlungen spanischer *Conquistadoren* zurück, sondern ist maßgeblich auch ein, wenn auch unbeabsichtigtes, Ergebnis der Handlungen bestimmter Gruppen und Schichten innerhalb der amerikanischen Ureinwohner. Die Rolle von Indianern darf nicht auf die des passiven Opfers reduziert werden. Sie waren wichtige *Akteure*, die entsprechend ihrer oft durchaus unterschiedlichen Situation und Interessen den Eroberern Widerstand leisteten oder sich mit ihnen verbündeten. Dabei waren die vor der Ankunft der Spanier liegende Geschichte der verschiedenen indianischen Gruppen, die kulturelle und soziale Vielfalt, bestehende Konflikte, Bündnisse, Herrschaftsverhältnisse usw. von entscheidender Bedeutung.

2.) Das Bild der kolonialen Indianer als einer ihrer Elite beraubten, sozial homogenen Bauernbevölkerung ist schlicht falsch. Bis zum Ende der Kolonialperiode und z.T. darüber hinaus existierte eine indianische Elite, die innerhalb des Kolonialsystems eine wichtige Rolle spielte.

3.) Ein „dichotomisches Geschichtsverständnis" prägt bis in unsere Tage vielfach das Bild „des" Indianers. In der Modernisierungstheorie erscheint die indianische Bevölkerung als rückständig, statisch und vorkolumbischen Traditionen verhaftet. Die romantische Sichtweise stellt in vielerlei Hinsicht nur die Kehrseite dieser Vorstellung dar. In ihr erscheinen Indianer per se als Verkörperung von Harmonie, Naturverbundenheit und Bewahrer einer Tradition, die häufig als Gegenmodell zur westlichen Lebensweise verstanden wird. Der „barbarische Wilde" bleibt jedoch ebenso wie der „edle Wilde" das, was er schon immer war – ein Produkt *unserer* Köpfe.

Anmerkungen

1 Todorov 1985:86; s.a. S. 79-83, 92-94, 100-115, 120, 143f, 150.
2 Die Begriffe calpulli und ayllu wurden nicht ausschließlich zur Bezeichnung der korporativen nicht-adligen Gruppen benutzt (vgl. Carrasco 1971:363f, 368; Prem 1989:148-150, 187f).
3 Zu Mexiko vgl. Carrasco 1971:350-366; Gibson 1971:389; Rounds 1979:74-81; Smith 1986:74. Für Peru siehe Prem (1989:69, 72f, 190). Vergleichend Carrasco (1982:28-31).
4 Darauf haben bereits Prem (1989:75, 171, 198) und Schüren (1992:201) hingewiesen.
5 Vgl. für Peru Pease 1982:185f, 190; Prem 1989:71. Zu Mexiko siehe Zantwijk 1990:179-181.
6 Vgl. Gibson 1971:390; Rounds 1979:82f; Smith 1986:72.
7 Die eingeborene Bevölkerung Perus verringerte sich von 9 Mio. (1533) auf 500.000 im frühen 17. Jhdt. In Mexiko und Zentralamerika nahm ihre Zahl von 11-25 Mio. (vor der Eroberung) auf 1,25 Mio. (1625) ab (Coe 1986:20).
8 Vgl. Gibson 1955:590f; 1984:390f, 394f, 399; Spalding 1970:655; Chance 1978:64; Rowe 1982:111-113.
9 Vgl. Gibson 1955:587, 590-592; 1984:412; Rowe 1957:156f; McAlister 1963:358f; Spalding 1970:647f, 656-659, 661f; 1973:585, 591; Chance 1978:163; Murra 1984:125f.
10 Vgl. Spalding 1970:648; Chance 1978:124-126; Gibson 1984:412f.
11 Vgl. McAlister 1963:355, 366; Chance 1978:97-100f, 128-142, 173-176, 189f, 194-196.
12 Vgl. McAlister 1963:368f; Spalding 1970:646f; Chance 1978:174; Gibson 1984:416-418.

Literaturverzeichnis

Bethell, Leslie (Hg.) (1984) The Cambridge History of Latin America. Cambridge. Vol. I und II.

Calnek, Edward E. (1982) Patterns of Empire Formation in the Valley of Mexico, Late Postclassic Period, 1200-1521. In Collier, Rosaldo und Wirth 1982:43-62.

Carrasco, Pedro (1971) Social Organization of Ancient Mexico. In Wauchope 1971:349-375.

ders. (1982) The Political Economy of the Aztec and Inca States. In Collier, Rosaldo und Wirth 1982:23-40.

Chance, John K. (1978) Race and Class in Colonial Oaxaca. Stanford.

Coe, Michael D. (Hg.) (1986) Weltatlas der Kulturen: Amerika vor Kolumbus. München.

Collier, George A.; Renato I. Rosaldo und John D. Wirth (Hgg.) (1982) The Inca and Aztec States, 1400-1800. Anthropology and History. New York und London.

Drennan, Robert D. und Carlos A. Uribe (Hgg.) (1987) Chiefdoms in the Americas. Lanham, London, New York.

Fried, Morton H. (1967) The Evolution of Political Society. New York.

Gibson, Charles (1955) „The Transformation of the Indian Community in New Spain, 1500-1810." *Journal of World History* 2:581-607.

ders. (1971) Structure of the Aztec Empire. In Wauchope 1971:376-394.

ders. (1984) Indian Societies under Spanish Rule. In Bethell 1984, Vol. II:381-419.

Helms, Mary (1984) The Indians of the Caribbean and Circum-Caribbean at the End of the Fifteenth Century. In Bethell 1984, Vol I:37-57.

Hemming, John (1970) The Conquest of the Incas. San Diego, New York und London.

Köhler, Ulrich (Hg.) (1990) Altamerikanistik. Eine Einführung in die Hochkulturen Mittel- und Südamerikas. Berlin.

Las Casas, Bartolomé (1981) Kurzgefaßter Bericht von der Verwüstung der Westindischen Länder. Frankfurt a.M.. [Original 1552].

Lleras Perez, Roberto und Carl Langebaek Rueda (1987) Producción Agrícola y Desarrollo Sociopolítico entre los Chibchas de la Cordillera Oriental y Serranía de Mérida. In Drennan und Uribe 1987:251-270.

López de Gómara, Francisco (1987) La conquista de México. Madrid. [Original 1552].

McAlister, L.N. (1963) „Social Structure and Social Change in New Spain." *Hispanic American Historical Review* 43, 3:349-370.

MacLeod, Murdo J. (1973) Spanish Central America. A Socioeconomic History, 1520-1720. Berkeley.

Murra, John V. (1982) The mita Obligations of Ethnic Groups to the Inka State. In Collier, Rosaldo und Wirth 1982:237-262.

ders. (1984) „Andean Societies." *Annual Review of Anthropology* 13:119-141.

ders. (1986) The Expansion of the Inka State: Armies, War, and Rebellion. In Murra, Wachtel und Revel 1986:49-58.

Murra, John V.; Nathan Wachtel und Jacques Revel (Hgg.) (1986) Anthropological History of Andean Politics. Cambridge.

Niess, Frank (1991) „Das Erbe der Eroberung. Kolumbus, die Conquista und ein geplünderter Kontinent." *ila* 148:5-9.

Pease, Franklin (1982) The Formation of Tawantinsuyu: Mechanisms of Colonization and Relationship with Ethnic Groups. In Collier, Rosaldo und Wirth 1982:173-198.

Prem, Hanns J. (1989) Geschichte Altamerikas. München.

Roosevelt, Anna C. (1987) Chiefdoms in the Amazon and Orinco. In Drennan und Uribe 1987:153-185.

Rounds, J. (1979) „Lineage, Class, and Power in the Aztec State." *American Ethnologist* 6, 1:73-86.

Rowe, John H. (1957) „The Incas Under Spanish Colonial Institutions." *Hispanic American Historical Review* 37:155-199.

ders. (1982) Inca Policies and Institutions Relating to the Cultural Unification of the Empire. In Collier, Rosaldo und Wirth 1982:93-118.

Schmitz, Claudia (1991) Zur Akkulturation und Staatsentwicklung im Inka-Reich. Unveröffentl. MA, FB Altertumswissenschaften, Freie Universität Berlin.

Schüren, Ute (1992) Heirat und Expansion: Die Bedeutung von Frauen in der Bündnispolitik von Yaxchilán, Chiapas, Mexiko." *Das Altertum* 38:199-213.

Smailus, Ortwin (1990) Sprachen. In Köhler 1990:255-273.

Smith, Michael E. (1986) „The Role of Stratification in the Aztec Empire: A View from the Provinces." *American Anthropologist* 88:70-91.

Spalding, Karen (1970) „Social Climbers: Changing Patterns of Mobility among the Indians of Colonial Peru." *Hispanic American Historical Review* 50, 4:645-664.

ders. (1973) „*Kurakas* and Commerce: A Chapter in the Evolution of Andean Society." *Hispanic American Historical Review* 53, 4:581-599.

Todorov, Tzvetan (1985) Die Eroberung Amerikas. Das Problem des Anderen. Frankfurt a.M..

Wauchope, Robert (Hg.) (1971) Handbook of Middle American Indians. Austin. Vol. 10.

Zantwijk, Rudolf A.M. van (1990) Mesoamerika bei der Ankunft der Spanier. In Köhler 1990:170-188.

Leo Kreutzer

Thomas Morus' „Utopia" – Anfang vom *Ende* des utopischen Denkens?[1]

> *Das sind schlechte Entdecker, welche denken, da ist kein Land, wenn sie nur das Meer sehen.*
> Francis Bacon

Kommt man gegenwärtig mit dem 1516 erschienenen „wahrhaft goldenen Büchlein von der besten Staatsverfassung und von der neuen Insel Utopia" daher, dann scheint das nichts anderes bedeuten zu können, als daß man vom *Ende* einer halbtausendjährigen Tradition auf deren Anfang zurückblicken möchte. Thomas Morus hat mit seiner phantasievollen Reaktion auf die europäische Entdeckung Amerikas das neuzeitliche politische Hoffnungsdenken begründet. Er hat dieses Denken mit dem von ihm erfundenen Namen für die in die Neue Welt projizierte Trauminsel ein für allemal auf den Begriff gebracht. Aber erklärt nicht das jetzt allenthalben verkündete Ende eines „utopischen Denkens" auch das „erste neuere Gemälde demokratisch-kommunistischer Wunschträume", als das Ernst Bloch die „Utopia" gefeiert hat,[1] zu einer definitiv vergangenen Zukunft?

Es gilt als nahezu ausgemacht, daß es sich bei der „Utopia" um einen politischen Traktat, einen staatsphilosophischen Dialog handele. Wo läge aber da eine Kompetenz der Literaturwissenschaft? Wurde dem Literaturwissenschaftler, der ich bin, dieser Gegenstand hier vielleicht nur deshalb überlassen, weil Sozialwissenschaftler derzeit ein bißchen Schwierigkeiten haben, sich zur Utopie und zum utopischen Denken zu äußern, es sei denn, sie wären von der Art, daß sie es auch ungefragt und nicht ohne Schadenfreude für beendet erklären?

Zur fachlichen Zuständigkeit für die „Utopia" und für Utopien überhaupt hat sich Norbert Elias in einer sehr hilfreichen Analyse geäußert, mit der er Morus' Staatskritik in ihren sozialgeschichtlichen Kontext, das England der Tudor-Zeit, eingeordnet hat. Utopien, so hat Elias dort grundsätzlich zu bedenken gegeben, seien „nun

---

[1] Erstdruck: Welfengarten. Jahrbuch für Essayismus. 3 (1993), S. 31-44. Zitiert wird nach der Ausgabe: Thomas Morus. Utopia. Übersetzt von Gerhard Ritter. Nachwort von Ebehard Jäkkel. Stuttgart 1994. Auf Seitenangaben zu den Zitaten wird verzichtet.

einmal Beispiele für eine Art von Forschungsobjekten, die schlechterdings in vieler Hinsicht die Grenzen einer einzelnen akademischen Disziplin transzendieren. Sie eignen sich besonders wenig für Zerstückelung in verschiedene Aspekte und zur Behandlung von einzelnen dieser Aspekte mit Hilfe einer speziellen Fachsprache (...)".[2] So beklagt Elias die „akademische Neigung", die Utopie „spezialistisch zu parzellieren. Jedes Fach, das sich mit diesem Problembereich beschäftigt, möchte ihn ganz für sich besitzen. Die Literaturwissenschaftler möchten die Utopie gern ausschließlich als literarische Gattung definieren, die Historiker möchten sie vielleicht als einmaliges geschichtliches Gebilde verstanden wissen, die Philosophen als ewige philosophische Gegebenheit und die Soziologen als gesellschaftliche Gegebenheit."[3]

Die Frage sei aber, meint dann der Soziologe Elias, „ob in diesem Falle die Soziologen nicht recht haben". Und zugunsten einer Privilegierung seines Faches auch in diesem Falle macht er geltend, bei Utopien handele es sich doch um „soziogenetische Phantasiebilder", also könne man ihre Bedeutung und Struktur nur dann mit Gewißheit und Klarheit bestimmen, wenn man zugleich die Struktur der realen Gesellschaft kennt, aus der diese Phantasiebilder einer Gesellschaft hervorgehen". Das, so Elias, sei „die Basis". Wenn man sie kenne und ihrer gewiß sei, dann könne man auf die verschiedensten Weisen über sie hinausgehen. „Man kann z.B. die spezifisch literarische Struktur oder den einzigartigen künstlerischen Wert einer Utopie zu bestimmen suchen. Aber wenn man nicht zugleich klar und unzweideutig den gesellschaftlichen Topos einer Utopie (...) vor Augen hat, fehlt allen weiteren Untersuchungen die feste Orientierungsgrundlage."[4]

Nun habe ich aber durchaus die Absicht, diese Warnungen in den Wind zu schlagen, ja für meinen Versuch über die „Utopia" von Thomas Morus den Spieß umzudrehen und zu behaupten: Die *Basis* für ihre Auslegung ist nicht die Kenntnis der gesellschaftlichen Verhältnisse ihrer Entstehungszeit, auch wenn diese und andere Kenntnisse für ihr Verständnis sehr wichtig sind. Aber die Basis ist *der Text*. Eine „feste Orientierungsgrundlage" für alle weiteren Untersuchungen erhält man nur, wenn man die Textverhältnisse in der „Utopia" genau beachtet. Insofern habe ich keine Bedenken, für eine Auslegung der „Utopia" meinerseits das Fach zu privilegieren, das nicht ganz zufällig das meine ist. Ich habe jedenfalls in den Deutungen der „Utopia", welche aus dem Gesichtswinkel anderer Disziplinen vorgelegt wurden, alles Mögliche wiedergefunden, was in dem Text vorkommt, und ich habe dabei viel über diesen lernen können; aber ich habe dort kein auch nur annähernd zureichendes Verständnis dafür gefunden, wie der Text organisiert ist und was das über ihn aussagt. Das habe ich allerdings auch nicht in den literaturwissenschaftlichen Auslegungen gefunden, die ich zur Kenntnis nehmen konnte.

Mit den folgenden Ausführungen gedenke ich plausibel zu machen, daß es sich bei der „Utopia" von Thomas Morus um einen Roman, daß es sich bei den Textverhältnissen in dem Buch mithin um romangemäße *Erzähl*verhältnisse handelt. Für das

Verständnis des Textes hat das vor allem die Konsequenz, daß das Erste Buch in den Blickpunkt rückt. Bekanntlich wird das Phantasiebild der utopischen Gesellschaft erst im Zweiten Buch der „Utopia" entfaltet, und so gilt denn dieses seit jeher als der eigentliche Text, dem seit jeher fast sämtliche Bemühungen gelten, ganz so als ob man nur das Zweite Buch lesen und verstehen müsse. So hat es ja bereits die erste Übersetzung ins Deutsche gehalten, die 1524 in Basel erschien und das Erste Buch, als zum Verständnis des „Utopianischen Wesens" nicht vonnöten, gar nicht erst enthielt.

Es verhält sich nun so, daß auch die Entstehungsgeschichte des Buches einem derartigen Umgang mit ihm Recht zu geben scheint. Bereits Erasmus von Rotterdam hatte in dem langen Brief, mit dem er Ulrich von Hutten 1519 Leben, Werk und Entwicklung seines Freundes Thomas Morus schilderte, ausgeplaudert, dieser habe das Zweite Buch der „Utopia" vor dem Ersten geschrieben. Philologische Untersuchungen haben das erhärtet und auf eine sehr aufschlußreiche Weise differenziert. Aus ihnen läßt sich schließen, daß das, was ich die romangemäßen Erzählverhältnisse in dem Werk genannt habe, erst in einer zweiten Arbeitsphase entstanden ist. Das ist ein wichtiges Faktum für die Auslegung.

Ich möchte nun zunächst so vorgehen, daß ich den „Gang der Handlung" in der gebotenen Kürze skizziere und in diesem Zusammenhang herausarbeite, was ihn denn romangemäß macht.

Die „Utopia" umfaßt Diskussionen und Erzählungen eines einzigen Tages, die beiden Bücher verteilen sich auf die beiden Tageshälften: vormittags wird überwiegend debattiert, der Nachmittag ist der Erzählung von der „neuen Insel Utopia" vorbehalten. Der Erzählung dieses Tagesablaufs ist knapp die Vorgeschichte vorgeschaltet sowie, vor Beginn des Ersten Buches, eine „Vorrede zu dem Werke über die beste Staatsverfassung". Sie besteht aus einem Brief, den Morus vor der Veröffentlichung der „Utopia" an seinen Freund Peter Aegidius in Antwerpen geschrieben haben will. Ihm ist das Werk gewidmet. Der Brief erfüllt die Funktion, die in der Geschichte des Romans die Einleitung eines fingierten Herausgebers hat. Mit einem fiktionsironischen Feuerwerk sucht der Autor seine Geschichte zu beglaubigen, sie kunstvoll beglaubigend macht er ihre Fiktionalität kenntlich.

Thomas Morus entschuldigt sich bei Peter Aegidius für die unverständlich lange Entstehungszeit des Werkes, da er doch der Mühe des Erfindens enthoben gewesen sei und nur habe wiedergeben müssen, was er seinen Gewährsmann habe erzählen hören, nämlich jenen Amerikafahrer, den er durch den Freund in Antwerpen kennen gelernt habe. Er bittet Peter Aegidius, der bei den Erzählungen von der Insel Utopia zugegen gewesen sei, einige Details zu prüfen, die ihm, Morus, nicht mehr zuverlässig in Erinnerung seien. Er erwägt, ob sein weitgereister Gewährsmann nicht daran denke, seine Erfahrungen selbst zu veröffentlichen, und bittet Peter Aegidius schließlich, das nach Möglichkeit herauszufinden und mit dem Mann zu verhandeln, um sein Einverständnis mit der Veröffentlichung der „Utopia" zu erwirken. So kennt man das seit dem „Don Quijote" aus vielen Romanen, und nicht oft ist es literarisch so gelungen wie in der Vorrede der „Utopia".

Ohne daß wir erfahren haben, wie Peter Aegidius auf die Bitten des Widmungsbriefes reagiert hat, beginnt das Erste Buch mit einem kurzen Bericht darüber, auf welche Weise Morus nach Antwerpen geraten ist, wo er Peter Aegidius kennen gelernt hat und von diesem mit dem Amerikafahrer bekannt gemacht wurde. Der Autor Morus stattet hier die Romanfigur gleichen Namens mit einem Stück seiner eigenen Lebensgeschichte aus. Als Anwalt der Londoner City gehörte Morus 1515 einer Gesandtschaft Heinrichs VIII. an, die in Brügge mit spanischen Unterhändlern Handelsverträge abzuschließen hatte. In einer längeren Verhandlungspause habe er sich nach Antwerpen begeben, und der dortige Stadtschreiber Peter Aegidius sei ihm in dieser Zeit ein stets willkommener Gast gewesen.

Dann beginnt endlich die Geschichte selbst. Morus erzählt, wie er nach dem Besuch der Messe in der Antwerpener Liebfrauenkirche seinen Freund Peter Aegidius im Gespräch mit einem Fremden angetroffen habe, „einem älteren Mann mit sonnverbranntem Antlitz, stattlichem Vollbart und nachlässig über die Schulter geworfenem Umhang, nach Aussehen und Kleidung zu urteilen einem Seemann". Peter Aegidius weiß, wie er Morus auf den Mann neugierig machen kann. Es gebe, sagt er zu Morus, „heute niemanden auf der ganzen Welt, der dir so viel von fremden, unbekannten Menschen und Ländern erzählen könnte". Er heißt Raphael Hythlodeus und ist nicht etwa ein einfacher Seemann, sondern ein Humanist wie Peter Aegidius und Morus selbst, denn er versteht „nicht wenig Latein und sehr viel Griechisch" und kennt seinen Plato. Er ist Portugiese und hat sich dem Amerigo Vespucci auf dessen Reisen in die Neue Welt angeschlossen, ist aber von der letzten nicht mit ihm zurückgekehrt, sondern hat auf eigene Faust weitere unbekannte Gegenden erkundet.

Klar, daß Thomas Morus den Mann kennen lernen möchte. Und als Peter Aegidius sie einander vorgestellt hat, nimmt Morus die beiden mit sich nach Hause. Es beginnen die Erzählungen und Diskussionen des Vormittags. Der Antwerpener Stadtschreiber und der englische Diplomat sind begierig, von dem Amerikafahrer vor allem zu hören, was „nützlich zu wissen ist", was also „unsern Städten, Nationen, Völkern und Herrschaften als Beispiel dienen könnte, unsere eigenen Fehler zu verbessern". Der Erzähler Morus bekundet die Absicht, „an anderer Stelle" einmal davon zu sprechen, meint aber fürs erste: „Für jetzt will ich nur das wiedergeben, was er von Sitten und Einrichtungen der Utopier erzählte, indem ich jedoch vorausschicke, welche Wendung des Gespräches ihn auf die Erwähnung dieses Staates brachte."

Jack H. Hexter, Mitherausgeber der großen Yale-Ausgabe der Gesammelten Werke von Thomas Morus, der sich in seinen Morus-Forschungen vor allem um die Entstehungsgeschichte der „Utopia" gekümmert hat,[5] macht glaubhaft, daß bis zu diesem Satz die ursprüngliche Einleitung der Erzählung von der Insel Utopia reichte, an welche sich, in der ersten Arbeitsphase, das jetzige Zweite Buch unmittelbar anschloss. Nach diesem Satz beginnt also die Erweiterung der Einleitung zum Ersten Buch, die erst in einer zweiten Arbeitsphase erfolgte. Genauer: Die ursprüngliche Einleitung in die Erzählung von der Insel Utopia endete mit dem Satz : „Für jetzt will ich nur das wiedergeben, was er von Sitten und Einrichtungen der Utopier erzählte." Mit der Erweiterung dieses Satzes – um den Halbsatz „indem ich jedoch vorausschicke, welche Wendung des Gespräches ihn auf die Erwähnung dieses Staates brachte" – hat Morus in der zweiten Arbeitsphase die Erweiterung der Einleitung zum Ersten Buch der endgültigen Fassung in Gang gebracht.

Ich schildere das so detailliert, weil das wichtig ist für die Wahrnehmung der „Utopia" als *Roman*. Er wolle, läßt der Autor Morus den Erzähler Morus bekunden, vor der Wiedergabe von Raphaels Erzählung von der Insel Utopia nur noch eben den Gesprächsverlauf rekonstruieren, der zu dieser Erzählung geführt habe. Aber in diesem Ersten Buch der „Utopia" geschieht weit mehr. Im Verlauf der dort mitgeteilten Vormittagsgespräche charakterisiert sich der spätere Erzähler der Sitten und Einrichtungen der Utopier; durch die Debatten vor allem zwischen ihm und Thomas Morus bekommen wir ein ziemlich deutliches Bild von beiden, also auch von Morus, aber als erzählten Figuren, als Roman-Protagonisten. Als Figuren, deren Romanhandeln vor allem im *Reden* besteht, es handelt sich schließlich um einen Humanisten-, um einen Intellektuellen-Roman.

Ich möchte jetzt, wiederum sehr verkürzt, darlegen, wie im Verlauf dieser Vormittagsgespräche des Ersten Buches Raphael Hythlodeus als Romanfigur konturiert wird, nachdem er vom Erzähler Morus als späterer Erzähler von der Insel Utopia avisiert worden ist und dadurch an Interesse noch gewonnen hat.

Thomas Morus und Peter Aegidius kommen aus dem Staunen darüber, was alles Raphael gesehen hat, gar nicht mehr heraus. Aber in ihrem Enthusiasmus christlicher Humanisten drängt sich ihnen alsbald die Frage auf, warum der Mann mit seinem fulminanten Wissen nicht in die Praxis gehe: in die Politik. Der Welt- und Menschenkenner weist das zurück, und ich kann mir nicht versagen, im Rahmen einer akademischen Veranstaltung eines seiner Argumente wörtlich zu zitieren. Bringe einer, sagt Raphael unter anderem, etwas vor, „das er aus der Lektüre von den Geschehnissen anderer Zeiten oder aus der Anschauung fremder Länder kennt, so tun die Zuhörer so, als geriete der ganze Ruhm ihrer Weisheit ins Wanken, wenn sie nicht gleich etwas finden können, um das Fündlein der anderen damit herabzusetzen."

Als Raphael dann meint, besonders in England sei er auf derlei verquere Einstellungen und Verhaltensweisen gestoßen, ist das das Stichwort für Morus, ihn nach seinen englischen Erfahrungen zu fragen. Raphael berichtet dann ausführlich von einem Tischgespräch im Hause des Kardinals und Lordkanzlers John Morton, den auch Morus persönlich gut kennt, da er in dessen Haus einst als Page gedient hat. Man hat mit Recht darauf hingewiesen, daß es eine Vorsichtsmaßnahme des Autors war, die nun fällige Kritik an englischen Zuständen auf den Ausgang des 15. Jahrhunderts zurückzudatieren, also den Aufenthalt Raphaels in England deutlich lange vor den Regierungsantritt Heinrichs VIII. zu legen. Aber für das Bild der *Roman*figur Raphael ist daran doch auch wichtig, daß ihr ein genauer kritischer Einblick in europäische Verhältnisse *vor* ihrem Aufbruch in die Neue Welt und damit eine romangemäß-persönliche Geschichte „angedichtet" wird.

In den Gesprächen an der Mittagstafel des englischen Lordkanzlers, von dem Raphael, als Gespräch im Gespräch, an dem Antwerpener Vormittag berichtet, lernen wir ihn als scharfen Analytiker gesellschaftlicher Mißstände kennen. Wir erfahren: Er ist an jenem Tage, fast zwanzig Jahre zuvor, mit einem juristischen Schulfuchs aneinandergeraten, der die Todesstrafe für Diebe und Räuber rechtfertigte, gar rühmte. Er, Raphael, habe dem entgegengehalten, daß die so drakonisch bestraften Delikte gesellschaftlich ständig reproduziert würden und insofern durch Strafen gar nicht abgestellt werden könnten. Er habe aufs heftigste die zeitgenössischen Vorgänge der „Einzäunungen" angegriffen, die Vertreibung der Bauern zugunsten einer für die Grundbesitzer profitableren Schafzucht. Es ist ja richtig, wenn immer wieder darauf hingewiesen wird, daß das Bild englischer, aber auch kontinentaleuropäischer Verhältnisse, das in diesem eingeschobenen Gespräch aus dem Jahre 1497 entfaltet wird, mit dem später vermittelten Bild von der Insel Utopia kontrastiert. Aber die Art und Weise, wie der Erzähler Morus Raphael sich als Gast des englischen Lordkanzlers darstellen läßt, wirft doch auch ein Licht auf Raphael selbst, ich meine: als Romanfigur.

Diese gewinnt weiter an Profil in der anschließenden Fortsetzung der Debatte über die Frage, ob nicht ein Mann mit Raphaels Einsichten und Kenntnissen sich als Politik-Berater zur Verfügung stellen müsse. Raphael kontert wiederum, diesmal mit einer ebenso durchdachten wie phantasievollen Skizze dynastischer Politik in Europa. Er geht die wichtigsten Politik-Felder durch, also Außen- und Finanzpolitik, und fragt, wie bei der hemmungslosen Expansions- und unersättlichen Finanzpolitik der Fürsten ein Berater, der für territoriale Selbstbescheidung und menschenfreundliches Wirtschaften eintrete, überhaupt Gehör finden solle. Bereits jetzt läßt Morus – kompositorisch kunstvoll auf das Zweite Buch vorbereitend – Raphael seine Ausführungen mit kleinen Beispiel-Erzählungen von entlegenen Völkerschaften ausstaffieren, die er auf seinen Reisen kennen gelernt habe und deren vernünftige Einrichtungen ihm im Vergleich zu Europa maßstäblich geworden seien.

Er scheint schon zu glauben, daß er seine Zuhörer überzeugen konnte, denn er fragt eigentlich nur noch rhetorisch: „welch tauben Ohren würde ich predigen?" Und Morus scheint ihm in der Tat beizupflichten, indem er ihm bestätigt, er, Raphael, werde als Politik-Berater „stocktauben" Ohren predigen. Dann stellt sich jedoch heraus, daß Morus das anders meint, als Raphael es verstehen möchte. Bislang hat Morus den Mann nur angestaunt, jetzt nimmt das Vormittagsgespräch insofern eine entscheidende Wendung, als Morus eine Strategie-Debatte anzettelt, in deren Verlauf er sich von Raphael immer entschiedener distanziert.

Er sagt zu Raphael, er halte es „nicht für richtig, derartige Reden zu halten und solche Ratschläge zu geben, von denen du sicher bist, daß sie kein Gehör finden werden! Was für Nutzen könnte denn eine so unerhörte Predigt stiften, oder wie sollte sie überhaupt Leuten eingehen, in deren Köpfen eine ganz andere Überzeugung vorherbestand und längst festsitzt? Unter lieben Freunden, im vertraulichen Gespräch ist solche akademische Spekulation ja ganz schön; aber im Rate der Fürsten, wo schwerwiegende Fragen mit gewichtiger Autorität verhandelt werden, ist für solche Dinge kein Platz." Die Romanfigur Morus wirft der Romanfigur Raphael eine „doktrinäre Art" vor, eine Art, „die da meint, jeder beliebige Satz sei überall anwendbar". Demgegenüber hält Morus dafür, die verschiedenen Öffentlichkeiten, in denen man sich zu bewegen habe, sehr genau auseinanderzuhalten und das jeweilige Vorgehen auf sie einzustellen. Und er hält Raphael entgegen: „Du mußt auch nicht den Menschen eine ungewohnte und maßlose Rede mit Gewalt aufdrängen, die ja doch, wie du weißt, bei Andersdenkenden kein Gewicht haben kann, sondern es lieber auf Umwegen versuchen, dich bemühen, nach besten Kräften alles recht geschickt zu behandeln, und was du nicht zum Guten wenden kannst, wenigstens vor dem Schlimmsten zu bewahren. Denn es ist ausgeschlossen, daß alle Verhältnisse gut sind, solange nicht alle Menschen gut sind, worauf wir ja wohl noch eine hübsche Reihe von Jahren werden warten müssen."

Bei der Strategie-Debatte, die hier im Gange ist, geht es ersichtlich um das Problem des Fundamentalismus. Nichts anderes wirft die Romanfigur Morus der Romanfigur Raphael vor, und diese kontert mit der Schelte, Morus vertrete mit seinem Plädoyer für eine Politik des kleineren Übels den schieren Sozialdemokratismus. Denn was jenen Umweg betreffe, den Morus empfehle, so sehe er, Raphael, nicht ein, was er solle: „Du meinst, man müsse so zu erreichen suchen, daß die Verhältnisse, wenn man sie einmal nicht von Grund auf reformieren kann, wenigstens vernünftig behandelt werden und sich, soweit das geht, möglichst wenig übel gestalten." Aber damit, meint Raphael, werde man nur „fremder Bosheit und Dummheit zum Deckmantel dienen."

Aus dieser Debatte über Fundamentalismus oder Pragmatismus in politischer Praxis und hinsichtlich gesellschaftlicher Veränderung ergibt sich die Richtung des Gesprächs, welche zur Erzählung von der Insel Utopia führt. Raphael wundert sich, was denn an seinen bisherigen Reden schon so „unerhört, bis zur Unschicklichkeit" gewesen sei. Denn bislang ist er noch gar nicht aufs Ganze gegangen, er kann noch ganz anders. Er sagt, zum eigentlichen Tabu-Thema kommend: „Gewiß, wenn ich etwa das vorbrächte, was Plato in seinem Staate fingiert, oder das, was die Utopier in Wirklichkeit tun, so möchte das, obgleich es an sich das Bessere wäre – das ist es wirklich –, doch sonderbar erscheinen, weil es hierzulande Privateigentum gibt, dort aber alles Gemeinbesitz ist."

Tatsächlich ist Raphael durch die von Morus angezettelte Strategie-Debatte so in Fahrt gebracht, daß er am Ende des Vormittagsgesprächs bereit ist, seine geheimsten und subversivsten Gedanken zu offenbaren. Das tut er, indem er sich ausdrücklich und direkt an Morus wendet. Wenn er *ihm* seine „letzte Überzeugung" offen sage solle, so denke er folgendes: „Wo es noch Privatbesitz gibt, wo alle Menschen alle Werte am Maßstab des Geldes messen, da wird es kaum jemals möglich sein, eine gerechte und glückliche Politik zu treiben." Und als Morus ihm auch in diesem Punkte widerspricht und meint, ihm scheine umgekehrt, daß eine vernünftige Lebensordnung niemals dort möglich sei, wo Gütergemeinschaft bestehe, beruft Raphael sich auf den Augenschein und sagt zu Morus: „Es wundert mich nicht, daß du so denkst; du kannst dir ja auch kein Bild davon machen oder nur ein falsches. Aber wärest du mit mir in Utopien gewesen und hättest mit eigenen Augen die dortigen Sitten und Einrichtungen gesehen, wie ich, der ich über fünf Jahre dort gelebt habe und gar nicht wieder hätte fortgehen mögen, außer um diese neue Welt hierzulande bekannt zu machen, dann würdest du ohne weiteres zugeben, nirgends anderswo ein wohl regiertes Volk gesehen zu haben außer dort." So vereinbart man denn, nach dem Mittagessen Raphael alle Zeit die er braucht zu lassen, um von Utopia zu erzählen. Und er dürfe glauben, versichert Morus ihm, „daß uns alles bisher Unbekannte interessieren wird".

Ich habe den Ablauf der Vormittagsgespräche so ausführlich, wenn auch immer noch fast unzulässig vereinfachend, geschildert, weil gerade dieses Erste Buch aus den Textverhältnissen in der „Utopia" romangemäße *Erzähl*verhältnisse macht. Wir haben es mit handelnden, mit aufeinander einwirkenden Protagonisten zu tun, mit einer Roman-Konstellation, die aber darin einen Grenzfall darstellt, daß die Protagonisten ausschließlich *redend* handeln und aufeinander einwirken. Inwiefern aber auch das romangemäß sein kann und weshalb es das in der „Utopia" in besonderem Maße ist, werde ich noch darlegen.

Romangemäß bleibt nun aber auch das Zweite Buch, obwohl es als Monolog eingerichtet ist und, für sich betrachtet, eher den Charakter eines Traktats über die Beste Staatsverfassung hat. Es bleibt aber romangemäß, weil das Bild Utopias, welches das Zweite Buch vermittelt, sich in einer Erzähler-Figur bricht, deren Herkunft, Geschichte und Ansichten wir zuvor ziemlich gut kennen gelernt haben. Es ist ganz sinnlos zu fragen, wo Raphaels Bericht Ansichten und Optionen von Thomas Morus wiedergibt, wo der Autor sich andererseits von seinem Berichterstatter distanzieren würde, eine Spekulation, mit der sich die Auslegungen der „Utopia" überwiegend befassen. Die Zusammenarbeit eines Autors mit einer Romanfigur ist indessen nicht von der Art, daß die Anteile beider auf diese Weise im nachhinein auseinandergerechnet und getrennt verbucht werden könnten. Ich gedenke mich jedenfalls an diesen Spekulationen nicht zu beteiligen und werde mich stattdessen bei meinen Beobachtungen und Schlüssen auch weiterhin an die Textverhältnisse in dem Werk halten.

Nachdem Raphael seine lange Erzählung von der Insel Utopia beendet hat, wenn der Nachmittag und das Zweite Buch und damit das ganze „wahrhaft goldene Büchlein" von Thomas Morus ihrem Ende entgegengehen, ergreift der Erzähler Morus noch einmal das Wort. Sich an Raphaels vormittäglichen Ausfall gegen gewisse Leute erinnernd, „die Angst hätten, man würde sie nicht für gescheit genug halten, wenn sie nicht geschwind etwas fänden, womit sie an den Einfällen anderer Leute herumzausen könnten", beschränkt er sich darauf, die Verfassung der Utopier und Raphaels Bericht zu loben, beeilt sich aber im übrigen, den vom Erzählen gewiß Ermüdeten ins Speisezimmer zu führen. „Doch bemerkte ich vorher, wir würden wohl noch später Zeit finden, über dieses Thema tiefer nachzudenken und ausführlicher mit ihm darüber zu sprechen." Die Diskussion über Raphaels Bericht von Utopia ist dann aber wohl nicht mehr zustandegekommen, denn das Werk endet mit Morus' Wunsch, es möge noch einmal dazu kommen. Bis dahin werde er, Morus, gewiß nicht allem zustimmen können, was Raphael gesagt habe. Dieser etwas hinterhältige Hinweis ist als Aufforderung zum Ostereier-Suchen verstanden worden, zum Auseinandersortieren von mutmaßlichem Einverständnis *des Autors* mit einzelnen Momenten der utopischen Verfassung und mutmaßlicher Zurückweisung anderer. Aber Morus wird gewußt und gewollt haben, daß dabei, wie das in der Literatur über die „Utopia" unschwer festzustellen ist, nichts anderes zutage tritt als die Optionen *der Ausleger*.

Nun sollte ich aber endlich damit herausrücken, warum ich es für gerechtfertigt halte, das Werk als *Roman* zu lesen. Bislang habe ich nämlich nur dargelegt, daß die Erzählverhältnisse im Text roman*gemäß* seien, und das berechtigt ja noch nicht dazu, ihn vollends zum Roman zu erklären. Tatsächlich entspricht er auch wenig den landläufigen Vorstellungen von diesem Genre, und er entspricht vor allem nicht den Vorstellungen, die im 16.Jahrhundert selbst mit der Gattung Roman verbunden wurden.

In der Wahrnehmung der Zeitgenossen und entsprechend in der frühneuzeitlichen Romantheorie umfaßt die Gattung Roman im wesentlichen drei Genres, den Schelmenroman, den Schäferroman als Erbe des Ritterromans und den höfischen Roman. Es handelt sich dabei um Romangenres mit, im Vergleich zur „Utopia", beträchtlicher narrativer Opulenz, mit mehr oder weniger großem Aufwand an Handlung.[6] Demgegenüber wird bei Morus, wie ausgeführt, nur geredet, es wird dort debattiert und monologisiert.

Als Roman wahrnehmbar wird die „Utopia" im Lichte der semiotisch begründeten Romantheorie des russischen Literaturwissenschaftlers und Kulturtheoretikers

Michail Bachtin. Nach Bachtin ist für den Roman charakteristisch eine „Orchestrierung der Autorwahrheit", ein „Kampf der Standpunkte, Wertungen und Akzente, die von den Helden repräsentiert werden".[7] Der Mensch im Roman, so Bachtin, sei „wesentlich ein sprechender Mensch", er und sein Wort seien der „grundlegende, ‚spezifizierende' Gegenstand der Romangattung, der die stilistische Besonderheit des Romans begründet".[8] So sei der Roman weniger Medium von Handlungen, als vielmehr Medium einer „Redevielfalt", einer vielfältig „fremden Rede", welche dem „gebrochenen Ausdruck der Autorintention" diene.[9]

Von solchen Einsichten her wird die „Utopia" in der Tat als Roman beschreibbar. Es wird erkennbar, daß es sich bei dem Werk nicht um ein Lehrbuch über die „beste Staatsverfassung" handelt, sondern um einen Roman, in dem die beste Staatsverfassung Gegenstand eines romanhaft-redevielfältigen *Verständigungsversuchs* ist und der aus heutiger Sicht eher darin als ein *utopischer* erscheinen kann. Wie wäre ein Roman, bei dessen Protagonisten es sich um Humanisten handelt und der einen solchen zum Verfasser hat, auch anders vorstellbar? Das sind Leute, die erzählen einander nur, „was nützlich zu wissen ist". So heißt es ja ausdrücklich zu Beginn des Ersten Buches, nachdem die Herren sich in Thomas Morus' Antwerpener Domizil zu ihrer Vormittagssitzung zusammengefunden haben. Und der Erzähler Morus stellt dort sofort klar, was man in diesem Milieu an nützlichem Wissen von jemandem erwartet, der sich an der Erkundung einer Neuen Welt beteiligen konnte. Dazu gehöre „vor allem, was er an trefflichen und klugen politischen Maßnahmen bei allerhand gesitteten Völkern wahrgenommen hat. Nach solchen Dingen fragten wir ihn am eifrigsten, von ihnen sprach er auch am liebsten, während von den üblichen Reiseungeheuern (es gibt nichts Langweiligeres!) nicht weiter die Rede war. Denn an Scyllen und habgierigen Celänonen, an menschenfressenden Lästrigonen und dergleichen abscheulichen Ungetümen fehlt es fast nirgends in der Welt; aber eine heilsame und weise Staatsverfassung – das ist ein gar seltenes Ding."

Weder hat der Weltreisende, den Thomas Morus zur Hauptfigur seines Humanisten-Romans macht, selbst Lust, sich als Abenteurer aufzuspielen, noch richtet sich die beträchtliche Neu- und Wißbegier seiner Zuhörer auf die gängigen Reiseabenteuer. Die übereinstimmenden Interessen des Milieus konstituieren das Medium. Es gerät Morus darin zum Roman, daß die Autorwahrheit, wie Bachtin das ausdrückt, „orchestriert", die Autorintention in „fremder Rede" gebrochen wird. Es ist wahr, die Orchestrierung ist hier eher karg, die „Redevielfalt" minimalistisch: drei Figuren, von denen die dritte, Peter Aegidius, nicht recht in den „Kampf der Standpunkte, Wertungen und Akzente" eingreift, welcher von einem bestimmten Punkt an zwischen Raphael und Morus entbrennt. Auch ist die Redevielfalt noch nicht, was doch bei Bachtin eine große Rolle spielt, *sozial* ausdifferenziert, der Engländer, der Niederländer und der Portugiese kommunizieren miteinander in ihrem Humanisten-Latein. Gleichwohl meine ich, daß die Art und Weise, wie Morus in der „Utopia" mit dem „fremden Wort" umgeht, wie er es zur Brechung der Autorwahrheit inszeniert, romanhaft im Bachtinschen Sinne ist.

Ich möchte kurz auf zwei mögliche Einwände gegen diesen Befund eingehen. Norbert Elias hat sich in der Weise an den Spekulationen darüber beteiligt, was denn nun Morus' wahre Meinung sei, daß er die Inszenierung des fremden Wortes in der „Utopia" für eine Schutzmaßnahme des Autors halten möchte. Morus habe die ganz heißen Sachen dem Raphael Hythlodeus in den Mund gelegt, um sich vor Nachstellungen durch Krone und Kirche zu schützen; im übrigen sei es aber doch *er* gewesen, der sich die „neue Insel Utopia" ausgedacht habe.[10] Selbst wenn es Morus' ursprüngliche Vorstellung gewesen wäre, sich zu befürchtenden Nachstellungen dadurch entziehen zu können, daß er die Verantwortung für revolutionäre Forderungen an das fremde Wort delegierte, würde das nichts an der Feststellung ändern, daß das Ergebnis in einer ästhetischen Struktur besteht, die als solche Ernst genommen werden muß. Die „Utopia" wäre in diesem Falle ja auch nicht das einzige Beispiel dafür, wie das, was Bertolt Brecht „Sklavensprache" genannt hat, ästhetisch produktiv werden kann.

Ein anderer Einwand könnte darin bestehen, freundlich aber bestimmt anzufragen, weshalb es denn nicht dabei bleiben dürfe, das Werk ganz einfach als *Dialog* zu lesen. Das Buch hat ja auch thematisch einiges mit Platos „Politeia" zu tun, außerdem sei Morus' Vorliebe für die Lukianischen Dialoge bekannt, von denen er einige aus dem Griechischen ins Lateinische übersetzt hatte.[11]

Bei dem Nachweis, bei der „Utopia" handele es sich um einen Roman, geht es indessen nicht um einen bloßen Streit um Worte. Es geht um mehr als um die Frage, mit welchem Etikett – Traktat, Dialog, Roman – das Werk zu versehen sei. Gewiß steht dieses auch in der Tradition des literarischen und des philosophischen Dialogs. Aber die Dialogform ist in der „Utopia" unversehens etwas Neues geworden. Sie ist dort nicht länger nur Form literarischer Darstellung und Medium philosophisch-pädagogischer Erkenntnisarbeit, sondern sie ist in der „Utopia" gleichsam zu einer *kulturellen* Form geworden. Sie ist dort Ausdruck des historischen Zusammenhangs zwischen, einerseits, der Entdeckung der Neuen Welt als Beginn der Neuzeit und eines neuzeitlich-utopischen Denkens und, andererseits, dem Roman als dem literarischen Medium des neuzeitlichen Bewußtseins par excellence.

Als literarisches Medium des neuzeitlichen Bewußtseins schlechthin hat Michail Bachtin, den ich damit noch einmal bemühen möchte, die Gattung Roman gedeutet. Der Roman sei Medium einer „radikalen Wende in der Geschichte des menschlichen Wortes", literarischer Ausdruck der „Dezentralisierung der verbal-ideologischen Welt" des Mittelalters,[12] einer Dezentralisierung eben „in der Epoche der großen astronomischen, mathematischen und geographischen Entdeckungen, die die mittelalterliche verbal-ideologische Zentralisierung zerstört haben".[13]

In genau diesem Sinne ist Thomas Morus' Büchlein „von der besten Staatsverfassung und von der neuen Insel Utopia" ein paradigmatisch-neuzeitlicher Roman. Er ist das, weil Utopia dort romanhaft-redevielfältig *umstritten* ist. Bevor Raphael von den demokratisch-gemeinwirtschaftlichen Einrichtungen der Insel berichtet, hat es über das fundamentale Prinzip der Gütergemeinschaft eine im Ton freundschaftliche, in der Sache harte Auseinandersetzung zwischen ihm und dem Erzähler Morus gegeben.

Anlaß der Erzählung von der Insel Utopia ist der Wunsch der Zuhörer im Werk, sich ein Bild von der in Europa unbekannten Verfassung dieser Gesellschaft machen zu können. Raphael vermittelt den Freunden dieses Bild in der Erwartung, sie dadurch zu seiner „letzten Überzeugung" zu bekehren, zur Überzeugung, Privatbesitz und Geldwirtschaft seien die Wurzel allen Übels. In der kurzen Schlußsequenz nach Beendigung von Raphaels Bericht ist der Erzähler offenbar *nicht* überzeugt, was aber die Streithähne nicht daran hindert, einträchtig zum Abendessen zu schreiten. Morus hofft, ich habe das dargestellt, auf weitere Diskussionen und schließt seine Erzählung mit dem Eingeständnis, daß es in der Verfassung der Utopier vieles gebe, was er in Europa eingeführt sehen möchte. Das freilich sei „mehr Wunsch als Hoffnung". „Utopia", die Frage nach der besten Staatsverfassung, bleibt bis zum Schluß *umstritten*.

Dieser Schluß erst macht den Roman im Sinne der Textverhältnisse zu einem utopischen. Während im Zweiten Buch einer der *Handlungsbeteiligten* die beste Staatsverfassung inhaltlich ein für allemal festzuschreiben sucht, gibt der Roman insgesamt zu verstehen, wie man mit utopischem Denken umgehen sollte. Die neuesten Entwicklungen scheinen uns nahezulegen, jeden Umgang mit ihm endgültig abzubrechen, und besonders solche Herrschaften, die auch bislang nicht durch utopisches Denken auffällig geworden waren, fordern uns mit verstärktem Nachdruck auf, uns endlich an „die" Wirklichkeit zu halten. Aber was ist das, „die" Wirklichkeit, neuzeitlich gesprochen? Ist sie nicht *umstritten* und wird sie das nicht auch weiterhin bleiben, bleiben *müssen*?

Die romanhaft-redevielfältigen Textverhältnisse der ersten neuzeitlichen Utopie, der „Utopia" von Thomas Morus, geben uns diesbezüglich folgendes zu verstehen: Im neuzeitlich-dezentralisierten Bewußtsein ist die Wirklichkeit kein gegebenes oder dekretierbares Faktum, sie ist vielmehr vielfältig umstritten. Aber um sich ernsthaft und gründlich mit ihr und über sie auseinanderzusetzen, bedarf es der Neugier auf Erfahrungen in Neuen Welten, es bedarf des utopischen Denkens. Utopisches Denken ist aber, neuzeitlich, erst recht kein gegebenes oder dekretierbares Faktum. Es kann gar nicht weniger umstritten sein als die Wirklichkeit, aus der es erwächst und auf die es sich bezieht. Und genau so, will mir scheinen, können wir es künftig mit der Entdeckung Neuer Welten und mit dem utopischen Denken halten.

Anmerkungen

1. Ernst Bloch. Freiheit und Ordnung. Abriß der Sozialutopien. Mit Quellentexten. Reinbek 1969. S.61
2. Norbert Elias. Thomas Morus' Staatskritik. Mit Überlegungen zum Begriff Utopie. In: Wilhelm Voßkamp (Hg.). Utopieforschung. Interdisziplinäre Studien zur neuzeitlichen Utopie. Stuttgart 1982. Bd. 2. S. 103
3. Norbert Elias. A.a.O. S.101
4. Ebd. S.101f
5. Vgl.zum folgenden Jack H.Hexter. Einleitung zu: The Complete Works of St.Thomas More. Vol.4: Utopia, ed.by E. Surtz and J.H.Hexter. New Haven/London 1965
6. Vgl. dazu Jörg Jochen Berns. Roman und Utopie. Ein typologischer Versuch zur Literatur des 16. und 17.Jahrhunderts. In: Utopieforschung. A.a.O. S.210ff. Berns meint dort S.224, es sei „etwas gewagt, die Inselutopie emphatisch als Roman zu bezeichnen". Aber dieses „Fazit" seines Vergleichs der verschiedenen Genres des frühneuzeitlichen Romans kommt dadurch zustande, daß er nach Art einer Insektenkunde mit einem Katalog von „Merkmalen" arbeitet, in den die „Utopia" in der Tat nicht recht passen will. - In ihrer Studie „Der utopische Roman"(München 1983) behandelt Hiltrud Gnüg zwar auch die „Utopia", aber sie meint bereits in ihren einleitenden Bemerkungen, das Werk sei „in strengem Sinne kein Roman". (S.9)
7. Michail Bachtin. Die Ästhetik des Wortes. Hg.v. Rainer Grübel. Frankfurt a.M.1979. S.205
8. Ebd.S.220
9. Ebd.S.213
10. Norbert Elias. A.a.O. S.128 und S.130f.
11. Vgl.dazu: T.S.Dorsch, Sir Thomas Morus und Lukian. Eine Interpretation der *Utopia*. In: Englische Literatur von Thomas Morus bis Laurence Sterne. Interpretationen Bd.VII, hg.v.Willi Erzgräber. Frankfurt a.M.1970. S.16ff.
12. Michail Bachtin. A.a.O. S.252
13. Ebd. S.293

Wolfgang Kreutzberger

Das Gottesvolk in der Wildnis. Vom Ursprung des politischen Messianismus in den USA

1. Im „*Kolumbusjahr*" 1992 wird die Frage nach der Bedeutung der „Entdeckung" des Kontinents für die „alte" wie die „neue Welt" von den Bewohnern Süd-, Mittel- und Nordamerikas sehr unterschiedlich beantwortet. Selbst in den nach Sprache, Kultur und Wirtschaftsweise in vielem so ähnlichen Staaten Nordamerikas – in den USA und in Kanada – wird das historische Ereignis in sehr verschiedener Weise mit der Gegenwart in Beziehung gesetzt.[1] In Quebec und Montreal wird es weniger leicht fallen als in Columbus/Ohio, an eine die *WASP-Tradition* (White Anglo-Saxon Protestants) beherrschende mythologisch-heilsgeschichtliche Interpretation anzuknüpfen, wonach erst die „Entdeckung" des amerikanischen Kontinents das Tor zu Freiheit und Fortschritt für die Menschheit schlechthin eröffnet habe. Im Zeichen des vorrückenden „Multikulturalismus" oder (nach Arthur Schlesinger) „Kulturseparatismus" kann auch in den USA nicht mehr wie vor hundert Jahren mit der ungebrochenen Geltung dieser Tradition gerechnet werden, wenngleich die Präsidenten des Landes bis hin zu *Bush* sie bei hervorgehobenen Gelegenheiten immer wieder zitiert und variiert haben.[2] Dennoch kann die tiefe Verwurzelung der Idee einer besonderen „amerikanischen Bestimmung" und ihre Bedeutung für den nationalen Zusammenhalt kaum unterschätzt werden. Das gilt selbst für jene Schichten und Gruppen des amerikanischen Volkes, die nach Herkunft, kollektiver Erfahrung und gegenwärtiger Stellung in der Gesellschaft wenig prädestiniert erscheinen, den mit diesem Weltbild einhergehenden Verheißungen sonderlichen Glauben zu schenken.

2. Es erscheint von daher nicht als Zufall, wenn eine der glühendsten Beschwörungen der amerikanischen Mission sich bei einem großen amerikanischen Autor findet, dessen Realismus in der Wiedergabe elender und die Menschen gänzlich fordernder Umstände kaum übertroffen werden kann. *Herman Melville*, der vor hundert Jahren starb, beschreibt in seiner 1850 erschienenen, halb autobiographischen Erzählung „*White Jacket*" das Dasein an Bord eines amerikanischen Kriegsschiffes, das er als „überlebte Barbarei" und „Ansammlung von Übeln" bezeichnet.[3] Wie in einem

Akt des „sperare contra spem" schließt er an die Beschreibung brutaler und demütigender Disziplinierung folgende Passage an:

> „Die Vergangenheit ist das Lehrbuch des Tyrannen, die Zukunft die Bibel der Freien. ... Laßt uns also die Vergangenheit verlassen... Dem Hause der Knechtschaft entronnen, nahm sich Israel ehedem nicht die Sitten der Ägypter zum Vorbild. Ihm wurde eine eigene Ordnung verliehen; neue Dinge unter der Sonne wurden ihm zuteil. Und wir Amerikaner sind das besondere, das auserwählte Volk – das Israel unserer Zeit. ... Gott hat Großes für unser Volk vorherbestimmt, die Menschheit steht in Erwartung; und wir bewegen große Dinge in unseren Herzen. ... Wir sind die Pioniere der Welt; die Vorhut, ausgesandt durch die Wildnis des Unerprobten, um in der Neuen Welt, die uns gehört, einen neuen Pfad zu bahnen. ... Lang genug waren wir von Selbstzweifeln geplagt und fragten uns, ob der politische Messias wirklich gekommen ist. Aber er ist gekommen, in UNS, wenn nur wir seinen Eingebungen Stimme verleihen würden. Und laßt uns immer daran denken, daß mit uns – wohl zum ersten Mal in der Geschichte der Erde – nationaler Egoismus gleichbedeutend mit schrankenloser Menschenliebe ist; denn wir können Amerika nichts Gutes tun, außer wir spenden Liebesgaben an die Welt."[4]

Hier sind in höchster Verdichtung Metaphern, Bilder, Typen, Symbole, Präfigurationen und Mythen versammelt, die aus der puritanischen Tradition stammen.[5] Längst nach dem Scheitern des puritanischen Modells theokratischer Ordnung und geheiligter Lebensführung waren und sind sie noch immer Bestandteil des amerikanischen Gemeinbewußtseins. Um diese *Deutungen und Bedeutungen* geht es mir hier mehr als um historische Fakten und Abläufe; mit *Bercovitch* zu reden: es geht um die Ursprünge einer „Form individueller, gesellschaftlicher und kultureller Identität".[6] Ich nehme ernst, daß den ersten Siedlern in Neuengland die „Entdeckung" Amerikas gleichbedeutend war mit „Offenbarung", mit *der* Offenbarung – das griechische Wort ist Apokalypse. Daß sie folglich wie ihre Nachfahren ihr Leben und ihre Zeit absuchten nach den Anzeichen für das verwirklichte oder kommende Gottesreich, aber auch nach den teuflischen Umständen, die Gott bewegen könnten, sein dem amerikanischen Volk gegebenes Versprechen zurückzunehmen. Mit Beharrlichkeit, ja religiöser Sorge, die auf das Vor- und Einverständnis der Leser rechnen kann, werden noch heute zahllose Bücher über den „amerikanischen Glauben", den „amerikanischen Traum" oder „Alptraum", den „Mythos" oder die „Utopie Amerika", die „amerikanische Tragödie" oder die „Fehlgeburt der amerikanischen Idee" geschrieben. Das unterstreicht die Beharrungskraft dieser einzigartigen Fixierung des kollektiven Bewußtseins auf Wesen und Bestimmung des amerikanischen Experiments.

3. Die „Entdeckung" Nordamerikas wurde freilich nicht von Anfang an und nicht überall als eschatologische „*Christianographie*" begriffen. So geschah es zwar bei *Cotton Mather* in seinem berühmten Geschichtswerk von 1702 „*Magnalia Christi*

Americana" (Die Wunderwerke Christi in Amerika) oder ein halbes Jahrhundert vor ihm bei *Edward Johnson* in seinem *„Wonder-Working Providence".*[7] Mather sah „die Vorsehung des großen Gottes" am Werke „sowohl im Verbergen Amerikas...wie in seiner Entdeckung, als die Zeit erfüllt war" (als nämlich Reformation und Bibeldruck der Kirche Gottes einen wahrhaft neuen Ort zuwiesen).

Diese *teleologische Vision* eines neuen Paradieses, einer „erweiterten Genesis"[8] bedurfte zur Verwirklichung der tätigen, wenngleich vom steten Scheitern bedrohten Mithilfe der bekehrten Frommen. Sie steht in merklichem Kontrast zur *profanen Utopie* der Abenteurer, Unternehmer, bäuerlichen Siedler und Idealisten, die noch vor oder zeitgleich mit den Puritanern den Boden der südlichen Kolonien – Virginia (1607) und Maryland (1634) – betreten hatten. Ob dort das Versprechende der Neuen Welt in grenzenlosem Reichtum gesehen wurde, in der Möglichkeit eines kirchlichen, humanistischen oder aristokratischen Musterstaates, in ertragreichem Landbau oder arkadischer Idylle – nie war es ein göttliches Versprechen, immer war dieser Garten Eden gedüngt mit den weltlichen Sehnsüchten und Legenden der klassischen Antike, des feudalen Mittelalters oder der expansiven Renaissance.[9] Man vergleiche die rhapsodische Begeisterung im Süden über üppige Ernten, zahlloses Wild („zahmer und reichlicher als die Dirnen in London..."), über reiche Baustoff- und Edelmetallvorkommen mit der trübseligen Beschreibung der Ankunft der Pilgerväter in Massachusetts (1620). Ihr langjähriger Gouverneur William Bradford gibt die Stimmung der Siedler, nachdem sie die Küste von Virginia irrtümlich verfehlt hatten, so wieder:

> „Nachdem sie so den weiten Ozean überquert hatten..., hatten sie nun keine Freunde, die sie begrüßten, keine Gasthäuser, um ihren wettergebeugten Körper zu nähren und aufzurichten, keine Häuser, geschweige denn Städte, um sich hineinzubegeben und Schutz zu suchen. Die Schrift belegt die Gnade, wie die Barbaren dem Apostel und seiner schiffbrüchigen Mannschaft mit Erfrischungen keine geringe Freundlichkeit erwiesen; aber als sie [die Siedler] diese wilden Barbaren trafen..., hatten jene vor allem im Sinn, ihnen die Körper mit Pfeilen vollzupumpen. Außerdem war es Winter, und diejenigen, die die dortigen Winter kennen, wissen, daß sie bitterkalt und heftig sind, mit grausamen und grimmigen Stürmen... Was auch konnten sie sehen als eine gräßliche und trostlose Wildnis, voller wilder Tiere und wilder Menschen?... Noch konnten sie, nach Lage der Dinge, auf den Pisga steigen [den Berg, von dem Moses das gelobte Land sehen sollte, 5.Mose, 3.27], um von dieser Wildnis aus ein bekömmlicheres Land zu sehen, das ihre Hoffnung hätte nähren können... Wenn sie hinter sich blickten, war da nur der mächtige Ozean, den sie überquert hatten und der nun Hürde und Abgrund war, der sie von allen zivilisierten Teilen der Welt trennte."[10]

4. Was aber dachten die Siedler von Plymouth (1620) und Boston (1630) von den „zivilisierten Teilen", die sie verlassen hatten? Sie waren gewiß bewußte Engländer, nannten ihr neues Land „Neu-England" und hatten teil an dem protestantisch-

nationalen Selbst- und Sendungsbewußtsein des elisabethanischen England.[11] Wie andere protestantische Sekten dort, mit denen sie im übrigen im erbitterten Streit über die politischen und theologischen Konsequenzen dieser Lehre lagen, lebten sie im Bewußtsein einer Endzeit. In einer Art Konvergenztheorie nahmen sie an, daß geistliches und irdisches Reich bald geheiligt zusammentreffen würden und damit die nahende Apokalypse sich ankündige.

Wie andere calvinistische Sekten betonten die Puritaner (in der presbyterianischen oder kongretationalistischen Variante) die *Notwendigkeit persönlicher Heiligung* im Unterschied zur Kultusfrömmigkeit der anglikanischen Kirche. Von jenen unterschieden sie sich darin, daß sie auf der Beteiligung des Menschen an Gottes Erlösungswerk bestanden. „Für sie war die Gegenwart und das Mögliche wichtiger als das Unvermeidliche. Indem sie Gottes laufende Signale der Gunst oder des Mißfallens besonders beachteten, befürworteten sie konkrete Verbesserungen, Disziplin in Kirche und Staat, ein angemessenes Verantwortlichkeitsbewußtsein – die Pflichten also, die von der Vorsehung verlangt waren, eher als den von Erwartungen des zweiten Kommens [Christi] inspirierten Enthusiasmus".[12] Wenn *Cotton Mather* später in einer Predigt ausrief: „Sirs, you must get up and be doing" (neudeutsch: „kriegt euren Hintern hoch und klotzt ran!"), so brach eben an dieser Stelle auch einer der heftigsten Konflikte der jungen Kolonie auf. Im Gegensatz zu ihm hatte nämlich die enthusiastische *Anne Hutchinson* als Grundpfeiler der Erlösungsfähigkeit verkündet: der Mensch müsse „nichts in sich sehen, nichts haben, nichts tun, nur stillhalten und warten, daß Christus alles für ihn tut"[13]

Diese Haltung stand im Gegensatz zu der Ausprägung des *covenant-Gedankens* bei den Presbyterianern:

– der Lehre, daß Gott aus souveränem Willen und zu seinen eigenen Zwecken den einst mit Israel geschlossenen Bund mit einer neuen Gemeinschaft der Heiligen erneuert habe;

– daß die Berufung in diesen Bund zwar auf dem Weg individueller Bekehrung und Heilserfahrung erfolge, daß die Früchte dieser Berufung aber auch sichtbar sein müßten in einem richtig geführten Leben;

– daß dieses heiligmäßige Leben nicht um des individuellen Lohns willen geführt werden dürfe, sondern damit die Gemeinschaft der Erwählten (congregation) insgesamt vor der Gnade Gottes bestehen könne.[14]

Was immer der Kolonie in Neu-England später zustieß – Pocken und andere Seuchen, Erdbeben, Kriege, Feuersbrünste – es wurde analog zu den in der Bibel gegebenen Beispielen als Konsequenz des menschlichen Versagens angesehen und mit kollektiver Gewissenserforschung begleitet.

Die Radikalität und mehr noch die Widersprüche in Glaube und Programm der Puritaner trieben einige von ihnen schon vor der Revolution in England außer Landes. Wie sollten sie, die Gottes Königreich und die Welt in der Ordnung ihres Bundes zusammenbringen wollten, die kirchliche Gewalt von Bischöfen, katholisierende Tendenzen und das absolutistische Gottesgnadentum in ihrem Weltbild unterbringen? Wie sollten sie, nach den gewonnenen Schlachten der Revolution, *Cromwells* Pragmatismus mit ihrem rigiden Anspruch auf Gottes, d.h. der Erwählten Regiment über die Nation versöhnen? Und wie schließlich sollten die besonders Halsstarrigen der Restauration begegnen, die allen in der Revolution doch eher schreckens- als hoffnungsvoll ausgelebten endzeitlichen Stimmungen ein Ende machte? „Die ständige Auflehnung gegen Gottes Gesetz, religiöse Laschheit und Halbherzigkeit, der willkürliche Umgang mit Gottes Geboten war den Puritanern Beweis dafür, daß die alte Welt notwendig dem Untergang geweiht war."[15]

Daher also die Flucht aus dem „anglikanischen Babylon", „aus Ägyptenland durch Seen mit Mauern aus Wasser" (2.Mose, 14.22), durch „dickste Nebel und schwärzeste Nacht", durch eine Wasserwüste in eine neue Welt.[16] Sie würde den tätigen Aufbau unabhängiger Urgemeinden endlich erlauben. Die Analogie zum Auszug der Kinder Israel erscheint in der puritanischen Literatur in ungezählten Varianten, bisweilen wird das Vorbild sogar übertrumpft: „der krummste Weg, der jemals begangen wurde; selbst Israels Wanderung durch die Wildnis kann ein gerader Weg genannt werden, so war der Weg dieses kleinen Israel, das nun in die Wildnis ging."[17]

5. Angesichts der Sündigkeit des Menschen und der Unvorhersagbarkeit von Gottes Erwählung waren die Puritaner dennoch voller Zweifel, ob ihre amerikanische Siedlung nicht wie Israel zuvor Gottes Zorn anheimfallen könnte. So versicherte zwar der erste Gouverneur der Massachusetts Bay Siedlungen, *John Winthrop*, vor der Landung in Cape Cod 1630 in einer Predigt:

„Wir werden den Gott Israels unter uns finden, wenn zehn der unseren tausend unserer Feinde widerstehen können, wenn er uns Lobpreis und Ruhm einbringen wird, so daß Menschen von künftigen Siedlungen sagen werden: möge der Herr sie wie die von Neu-England machen. Denn wir müssen in Betracht ziehen, daß wir *wie eine Stadt auf dem Hügel* sein werden, die Augen aller Welt auf uns gerichtet."

Das aber bürdet der Gemeinschaft eine große, ihre Existenz berührende Verantwortung auf:

„Denn wenn wir unseren Gott in der Aufgabe, die wir übernommen haben, betrügen und ihn veranlassen, seine jetzt gewährte Hilfe von uns abzuziehen, werden wir ein Gespött und ein warnendes Beispiel für die ganze Welt sein, wir werden die Mäuler der Feinde öffnen, um Übles von den Wegen Gottes und seiner Bekenner zu reden; wir werden das Antlitz vieler würdiger Gottesdiener vor Scham erröten lassen, so daß ihre Gebete sich in Flüche auf uns verwandeln, bis wir aus dem guten Land hinweggerafft sein werden, wohin wir jetzt gehen."[18]

Sodom und Gomorrha sind nicht fern! Jedoch konnte sich eine gewisse Zuversicht wiederum auf die antike und mittelalterliche Tradition gründen, wonach es eine zyklische *Abfolge der Weltreiche* und des geistig-kulturellen Fortschritts vom Orient über Griechenland und Rom zum nördlichen Europa gebe. Auch daß dieser Zyklus eine Richtung *von Ost nach West* aufwiese, war Gemeingut der Aufklärung im 18. Jahrhundert.[19] „Wir haben nun die Sonne im Westen aufgehen sehen" (gemeint war mit dem Wortspiel sun/son auch der Gottessohn), schrieb schon *Cotton Mather*.[20] Aber erst im Lauf des 18.Jahrhunderts, im Gefolge der chiliastischen Bewegung des Great Awakening und der revolutionären Begeisterung des Unabhängigkeitskampfes, warfen sich die Amerikaner mit zuversichtlicher Inbrunst auf die Verheißung, daß ihr Land End- und Höhepunkt des geschichtlichen Ablaufs sein würde. So schrieb der große Theologe der Erweckungsbewegung, *Jonathan Edwards*, im Jahr 1742:

„Die Sonne der Gerechtigkeit ist lange von Ost nach West niedergegangen; und wenn die Zeit für die Rettung der Kirche vor ihren Feinden...kommt, wird das Licht wahrscheinlich im Westen aufgehen, bis es die ganze Welt überstrahlt wie die Sonne in ihrem mittäglichen Glanz." Und an anderer Stelle: „Es ist nicht unwahrscheinlich, daß dieses so außerordentliche und wunderbare Werk von Gottes Geist die Morgendämmerung oder zumindest ein Vorspiel jenes herrlichen Gotteswerkes ist, das so oft in der Schrift vorhergesagt ist...und die Menschenwelt erneuern wird. Wenn wir bedenken..., wie die Dinge in der Kirche Gottes und der Welt der Menschen jetzt und seit geraumer Zeit stehen, können wir vernünftigerweise nur annehmen, daß der Anfang dieses großen Werks Gottes nahe sein muß. Und viele Dinge machen es wahrscheinlich, daß dieses Werk in Amerika beginnen wird."[21]

In den Propagandaschriften der Revolution taucht diese Idee vielfach in säkularisierter Form auf. Noch gibt es die evangelikale Begründung, daß Gott schon um der Christianisierung der westlichen Hemisphäre willen eine Versklavung Amerikas nicht zulassen werde.[22] Neben sie tritt zunehmend die profane Version, daß die amerikanische Unabhängigkeit die von der Vorsehung gewollte Folge des Fortschritts von „Freiheit, Wissenschaft und Empire" sei.[23] Für *Thomas Paine* war es schlichter amerikanischer *„Common Sense"*, wenn er im Vorgriff auf die Inschrift am Sockel der Freiheitsstatue im Jahr der Unabhängigkeitserklärung schrieb:

„O Ihr, die Ihr die Menschheit liebt! ...tretet vor! Jeder Ort der alten Welt ist von Unterdrückung niedergewalzt. Die Freiheit ist um den Globus gejagt worden. Asien und Afrika haben sie seit langem vertrieben, Europa sieht sie wie eine Fremde an, und England hat ihr den Ausweisungsbefehl geschickt. O!, empfange den Flüchtling und bereite der Menschheit beizeiten eine Zufluchtsstätte."[24]

Hier ist nicht im einzelnen zu verfolgen, wie sich die Vorstellung von der westwärts ziehenden Freiheit und von der Verlagerung des Empire in die Neue Welt mit der Eroberung des nordamerikanischen Kontinents – der Westexpansion – verbanden, später mit der sozialdarwinistischen Behauptung der Überlegenheit einer angelsächsischen Rasse oder mit der Gewinnung einer hegemonialen Position in der Welt. Aus der Perspektive des sogenannten „*Manifest Destiny*" jedenfalls schienen die säkularen Utopien der Vergangenheit in fast wörtlicher Erfüllung biblischer Prophezeiungen von der Wirklichkeit noch übertroffen.[25] Ob es zunächst darum ging, den Kontinent mit „Zivilisation" zu überziehen; um die Wende zum 20. Jahrhundert, „die Bürde des weißen Mannes" auf sich zu nehmen (das bekannte Gedicht *Kiplings* mit diesem Titel war auf die Besetzung der Philippinen durch die USA gemünzt) oder spanische und mittel-südamerikanische Regime mit dem „dicken Prügel" Botmäßigkeit zu lehren; in unserem Jahrhundert, die Welt „für die Demokratie sicher" zu machen, der Dritten Welt beim „nation-building" zu helfen oder wie jüngst im Golfkrieg dem „dunklen Chaos der Diktatoren" zu begegnen: immer schwang in säkularisierter Form die Vorstellung von Gottes erwähltem Volk Israel mit, das in der ihm zugewiesenen Neuen Welt „Leuchtfeuer" für die irrende Menschheit entzündet.[26]

6. Die historisch sich keineswegs zwangsläufig einstellende Voraussetzung dieser Entwicklung war allerdings die Etablierung des puritanischen Ordnungsmodells in einer derart prägenden Weise, daß auch die Auflösung seiner strikten Form ein halbes Jahrhundert später wesentliche Spuren im amerikanischen Sozialcharakter nicht verwischen konnte. Von Beginn an errichteten die Puritaner ein strenges Regiment sozialer Kontrolle, extrem hohe Standards spiritueller Qualifikation und eine enge Verknüpfung politischer und religiöser Ordnungen. So kam es ihrer Meinung nach einer Gemeinschaft zu, die eine prophetische Mission anzugehen und durchzustehen hatte. Eben dieser Versuch einer totalen Verschmelzung der Normen verschiedenster Lebensbereiche bewirkte letztlich jedoch die Unhaltbarkeit des Modells als Ganzem bei überragendem „Erfolg" seiner einzelnen Elemente, sie bewirkte die *Umwandlung des Puritaners in den Yankee*:
– Die puritanische Technik der Lebensführung – Fleiß, Disziplin, strenge Selbstkontrolle – erzeugte in einem kargen Landstrich, wo neben bäuerlicher Subsistenzwirtschaft Handel und Gewerbe die einzige Lebensgrundlage bildeten, frühkapitalistische Sozialcharaktere.
– Die Aufmerksamkeit für sichtbare Zeichen der Prädestination – der Erwähltheit oder Verdammnis, der Segnung oder des Mißfallens Gottes –, wandelte sich in die Heiligung des weltlichen Erfolgs. Dieser wiederum stellte die auf eine rein geistliche Hierarchie gegründete politische Herrschaftsordnung in Frage.
– Der Anspruch auf strenge Gewissenserforschung und der damit verbundene egalitäre Zugang zu Gott förderten den Enthusiasmus konkurrierender Sekten – der Quäker, Baptisten, Methodisten unter anderen – und unterminierten den von kirchlichen und weltlichen Institutionen auferlegten Zwang zur Konformität und Unter-

ordnung bei gleichzeitiger religiöser Durchsäuerung des amerikanischen Lebens auch da, wohin der Puritanismus nie gedrungen war.

– Der allein in Gottes Willen liegende Bund (covenant) mit der Gemeinschaft der Heiligen wandelte sich in einen naturrechtlich gedachten Vertrag (contract) der mit Besitz Begabten. Dieser enthielt schon im Keim die später in der Unabhängigkeitserklärung formulierten irdischen „unveräußerlichen Rechte" „life, liberty, and the pursuit of happiness".

– Der Gedanke, daß das geistliche Erbe von einer Generation zur nächsten weitergegeben werden müsse, bis die 1630 begonnene zweite Flucht aus Babylon in das zweite Kommen des Herrn, das tausendjährige Reich und den Sturz des Antichrist münden würde, schuf ein immerwährendes Schwanken zwischen Zweifel und Gewißheit über die Zukunft. Würde Amerika als Ganzes seiner Bestimmung gerecht werden, würde es die Mächte der Finsternis im Innern (Mammon und Sittenverfall) und in der Welt rundum (die Regime der Tyrannis) durch eine vereinte Anstrengung niederhalten können? [27]

– Der erwartungsvolle Blick in die Zukunft und die Suche nach Beweisen für das Wirken Gottes in der äußeren Welt schließlich versahen den zur gleichen Zeit sich entfaltenden weltlichen Erfahrungsbegriff eines *Newton* oder *Locke* mit religiöser Energie. Eine „Philosophie des Unerwarteten" (*Boorstin*) vertraute darauf, daß sich im Experiment, im lebenspraktischen Herangehen an Probleme, im erfolgsorientierten Ergreifen neuer, unbekannter Möglichkeiten, im Fortschritt und nicht im Beharren auf überlebten Traditionen die Chancen dieser Neuen Welt am besten erschließen ließen.[28]

7. Nun war aber diese Welt in den Augen der ersten Siedler vor allem eine *Wildnis*, bevölkert von Menschen, die sie „Wilde" nannten, ehe jene in den Topf „Indianer" geworfen, rassistisch als „Rothäute" deklassifiziert oder als „native Americans" wiederentdeckt wurden. Den Puritanern war zunächst die ganze diesseitige Welt eine „Wildnis". Überall lief der Mensch Gefahr, von den Versuchungen der Schlange ins Abseits gelockt, vom Strom der Leidenschaften hinweggeschwemmt zu werden und im Dickicht der Orientierungslosigkeit verloren zu gehen; und über allem dräute wie ein furchtbares Gewitter der Kampf Gottes mit Satan. Die „Stadt auf dem Hügel" sollte eine Enklave in dieser Wildnis schaffen, der Garten der Kirche, Weinberg des Herrn sollte gegen das Chaos der Welt abgeschirmt werden.[29] Von der umgebenden Natur sprachen die Puritaner nur in den schreckbeladensten Adjektiven: dunkel, heulend, gräßlich, endlos, trostlos, satanisch, verlassen. Andererseits war diese Wildnis oder Wüste geheiligt durch Israels vorbildhaftes Beispiel; auch hatte man einen „Auftrag" (errand), diesen „entlegenen, felsigen,..., unfruchtbaren, mit Wildwuchs versehenen" Boden zu bearbeiten und ihn gemäß der biblischen Prophezeiung zum Blühen zu bringen wie eine Rose.[30] Wenn man aus dem Exil der babylonischen

Gefangenschaft wirklich heimgekehrt war, dann mußte diese Wildnis angenommen und in einen der eigenen Bestimmung würdigen Zustand überführt werden. Diesen Zustand nannten schon die Puritaner „*Zivilisation*".

Damit konnte nicht einfach das zurückgelassene Europa gemeint sein. Europäisches wurde während der beiden folgenden Jahrhunderte in zahllosen Äußerungen bis hin zu *Franklin* und *Jefferson* (die immerhin geraume Zeit in Europa zugebracht hatten und sich ihres Verkehrs mit erlauchten europäischen Geistern rühmten) mit Irrglaube, Unterdrückung, Korruption, Frivolität und Dekadenz identifiziert.[31] „Zivilisation" bedeutete neben den festgehaltenen Errungenschaften Europas und besonders Englands (im Rechtswesen, in Kunst und Wissenschaft, soweit sie religiös adaptierbar waren) die besondere Qualität dessen, was die *Neue Welt* hinzufügte. Und das war neben dem Auftrag, den Heiden das Evangelium zu verkünden,[32] die Möglichkeit und Pflicht, das biblische Gebot zu erfüllen, das Land zu bestellen und es mit Menschen zu bevölkern.[33] Den Puritanern galt Amerika in diesem Sinne, weil angeblich nicht durch Arbeit angeeignet, als eigentumsfreies Land – ein Zustand der Unordnung, den sie so rasch wie möglich zu beseitigen trachteten.

Die Entwicklung der Naturvorstellungen im Amerika der nächsten Jahrhunderte kann ich in diesem Kontext nur in Stichworten andeuten:
– wie die Irritation durch die Wildnis in der Periode der Aufklärung überlagert wurde durch das Wohlgefallen an den Naturgesetzen und an der Klassifikation natürlicher Artenvielfalt;
– wie man anfing, statt in der Bibel im „Buch der Natur" als einer „second scripture" zu lesen;
– wie die Transzendentalisten (*Emerson* und *Thoreau*)) gerade in der Wildnis und ihrer inneren Aneignung durch den Menschen die Chance zur Rettung der Zivilisation sahen;
– wie heute in den Nationalparks effizientes Management und Pioniersehnsüchte der Besucher zusammenwirken, um die Fortexistenz einer wilden, unberührten, gefahrvollen Natur inmitten einer industrialisierten, von Verkehrsströmen durchzogenen Welt vorzugaukeln.[34]

An die zwieschlächtige Auffassung der Wildnis als bedrohlicher sowohl wie spendender und regenerierender Natur knüpfte sich auch der bis heute virulent gebliebene *Mythos der „frontier"*. Er steht für die unabsehbaren Gefahren der Natur, ihre Bewältigung mit Hilfe individueller Tüchtigkeit und Glaubensinbrunst und das in solchem Erfolg sich offenbarende immer weitere Ausgreifen und die Evidenzerfahrung der kollektiven amerikanischen Bestimmung. Die Grenze hat die zwei Seiten des Schutzes von Umhegtem und des Ausblicks in noch Unerschlossenes. Als Symbol wirkt sie fort bis zu den vielen „*new frontiers*", die in diesem Jahrhundert über den Erdball und in die Stratosphäre hinein verlegt worden sind. Daß diese nur wenig noch mit Natur und individueller Auseinandersetzung darin zu tun haben, viel dagegen mit Konzernstrategien, kapitalintensiver Hochtechnologie und bürokratischen Großorganisationen, scheint die fortzeugende Phantasiewirkung eines der amerikanischen Gründungsmythen kaum zu berühren. Die Vermutung eines amerikanischen Autors geht dahin, daß eine ähnliche Antiquiertheit auch die Wahrnehmung von den Menschen beherrscht, die jenseits der Grenze mit den „Gefühlen der Barbaren" leben.[35] Wie stand es aber in der Periode der Herausbildung einer amerikanischen Nationalität um das Verhältnis der „Amerikaner" zu den sog. „Wilden" (savages, barbarians)?

8. Anders als die europäischen Kolonisatoren in Mittel- und Südamerika betrachteten sich die siedelnden Engländer als die wahren und einzigen *Amerikaner*. Es fällt auf, daß die angestammten Einwohner des Landes schon in frühen Zeugnissen oft nicht zur Kenntnis genommen werden, weil sie in ihrer Mehrzahl dem oben angesprochenen biblischen und im übrigen auch *Lockeanischen* Arbeits- und Eigentumsbegriff nicht entsprachen. Noch anderthalb Jahrhunderte später, als an die 5 Millionen dieser Ureinwohner vernichtet waren, tauchen in den berühmten Thesen von *Frederick Jackson Turner* zur Bedeutung der Grenze (frontier) in der amerikanischen Geschichte die „Indianer" nur als spiegelbildlicher Gegenpart auf: in ihrer Bedeutung für die gefahrvolle Lebensweise der weißen Händler, Pioniere und *frontiersmen*.[36]

Den „Wilden" – wo sie denn nicht zu ignorieren waren – begegneten die weißen Siedler mit einer Mischung aus Ratlosigkeit, Bekehrungs- und Zivilisierungseifer, Vernichtungswut und verschiedenen Formen mißverstehender Aneignung. Die *Ratlosigkeit* bezog sich darauf, daß man nicht wußte, wen man vor sich hatte. Waren das überhaupt Menschen oder nur „verworfene Geschöpfe, die nichts Menschliches ihr eigen nennen können als ihre äußere Gestalt;... viehischer als die Tiere, die sie jagen, wilder und ungezähmter als die menschenleere Wildnis, in der sie mehr umherschweifen, als daß sie sie bewohnen"?[37] So galten die „Wilden" Amerikas als befremdliche, mißgebildete Halbmenschen (wie *Caliban* in *Shakespeares* „Sturm"), wenn sie nicht rundheraus wie bei manchen *founding fathers* als „Bluthunde" (*John Adams*) bezeichnet oder mit Wölfen und Beutetieren (*George Washington*) verglichen wurden.[38] Es gab auch die Vermutung, daß die „Indianer" heimliche Weiße seien, unter deren Bärenfett, Dreck und Sonnenbräune eine zivilisierungsfähige Person nur darauf wartete, blankgeputzt zu werden.[39] Oder waren etwa, wie eine unter den Puritanern gängige Spekulation lautete, die „Wilden" Abkömmlinge der zehn verlorenen Stämme Israels, an denen daher Rettungsversuche nicht von vornherein vergebliche Mühe zu sein brauchten?[40]

Denn *Bekehrung* galt von Anfang an als erster Schritt der Zivilisierung und damit als Instrument, die Bereitwilligkeit zur unkriegerischen Landabtretung bei den „Wilden" Amerikas zu fördern.[41] Wie konnte es auch sein, daß Gottes Versprechen, sein Wort werde die ganze Menschheit erreichen, nicht bei ihnen angekommen war? Andererseits ließ ihre Charakterisierung als „Schlangen der Wildnis" und „Wohnstätte des Teufels" die Aufgabe als besonders schwierig erscheinen.[42] Zwar konnte die Existenz dieser Menschen an die eigene Hinfälligkeit und Sündhaftigkeit erinnern. Wenn sie sich jedoch allen Bekehrungsversuchen, wie sie v.a. die Quaker in ihrer (durchgehaltenen) friedlichen Gestimmtheit unternahmen, so außerordentlich hartnäckig widersetzten, dann schlug das herablassende Wohlwollen in Ausrottungsbereitschaft um. Nicht nur konnte man sich im Einzelfall der „erbarmungslosen indianischen Wilden" (so die Unabhängigkeitserklärung) unter Zuhilfenahme des Naturrechts auf Selbsterhaltung erwehren; und wo konnte dieses Naturrecht ausgiebiger zur Anwendung kommen, als an dem von der Vorsehung den Weißen zugewiesenen Ort? Man konnte auch im Auftrag Gottes zur Vernichtung der hartnäckigen Heiden schlechthin schreiten. War nicht Gott selbst mit einer tödlichen Seuche unter den Indianern vor Ankunft der Pilgerväter darin vorausgegangen?[43]

Je mehr sich der Optimismus der naturrechtlichen Aufklärung durchsetzte, umso stärker kam auch die *Dialektik der Aufklärung* zum Zuge. Als im Naturzustand verbliebenen Völkerschaften wurde „den Wilden" nun zwar eine eigene, früheren Perioden der Menschheitsgeschichte durchaus entsprechende Humanität und Vergesellschaftsform zugesprochen. Doch galt diese als eine überwundene oder in ihren Restbeständen zu überwindende Stufe des Fortschritts.[44] „Tod oder Zivilisation" – so lautete immer deutlicher der Schlachtruf, je weiter die Weißen nach Westen vorrückten, und immer häufiger hieß er *nur noch* Tod und Vertreibung. Alle Widerstandsformen der indianischen Stämme – bewaffnete Abwehr, hinhaltendes Ausweichen oder Anpassung[45] – vermochten dagegen *nach* der amerikanischen Unabhängigkeit nichts mehr auszurichten. Das galt selbst da, wo indianische Stämme wie etwa die *Cherokee* mit Errungenschaften wie Seßhaftigkeit, Ackerbau, Monogamie, Arbeitsteilung und Tauschhandel wesentliche entré-billets in vermeintlich höhere Stufen der Zivilisation vorzuweisen hatten, ja hinsichtlich der Anbaumethoden den Weißen darin vorangegangen waren. In der summarischen Bewertung dieses Vorgangs unterscheidet sich das Raubein *Andrew Jackson* nicht von dem preußischen Universitätsprofessor *Hegel*: hier handelt es sich eben um einen Untergang zum Fortschritt. Präsident *Jackson*, der eine große Verantwortung für den Übergang zu systematischer Vertreibung und Ausrottung unter den indianischen Stämmen hatte, formulierte 1830, im Jahr des „Indian Removal Act", folgende alltagsphilosophischen Sätze:

„Menschlichkeit hat manche Träne vergossen über das Schicksal der Ureinwohner dieses Landes, und Nächstenliebe hat sich lange darum bemüht, Mittel und Wege zu ersinnen, wie man dieses Schicksal abwenden könne; der Lauf des Schicksals aber konnte nicht aufgehalten werden; und viele einst mächtige Völker sind nach und nach von der Erde verschwunden. ... Aber die wahre Menschenliebe versöhnt das Gemüt mit solchen Schicksalsschlägen, so wie es versöhnlich ist, daß eine Generation durch ihren Untergang Platz macht für die nachfolgende. ... Die Menschenliebe konnte nicht darauf sinnen, diesen Kontinent in den Zustand zurückzuversetzen, den unsere Vorfahren bei seiner Entdeckung vorfanden. Welcher aufrechte Mensch würde ein von ein paar tausend Wilden bewohntes Waldland unserer weitläufigen Republik vorziehen, die...von mehr als zwölf Millionen glücklicher Menschen bevölkert wird und mit den Segnungen der Freiheit, der Zivilisation und der Religion versehen ist?"[46]

Nun gibt es *Formen mißverstehender Aneignung*, die offener Feindschaft zwar entgegenstehen, aber am Ende das Wesen des Gegenübers nicht minder verfehlen. Im Keim sind sie bereits im geschichtsphilosophischen Gedanken des zivilisatorischen Fortschritts enthalten, wo das „heroische Zeitalter" als in der eigenen Entwicklungsstufe „aufgehoben" gilt. So finden wir in der amerikanischen Literatur des späten 18. und frühen 19. Jahrhunderts vielfältige Zeugnisse der Analogiebildung zwischen den „Sitten der Indianer" und der heroischen Lebenswelt der Antike: Vergleiche mit den Griechen, den Römern, ja selbst mit den Hebräern sind nicht selten, um Würde, Mut und Schicksalsergebenheit der indianischen Krieger ins rechte Licht zu rücken. Beim Anblick des Apoll von Belvedere ruft man dann schon einmal aus: „Mein Gott, ein Mohawk!"[47]

Die weißen Amerikaner hatten freilich ihre eigenen Gründe, das in der europäischen Aufklärung gängige Bild des *„edlen Wilden"* ebenfalls zu kultivieren.[48]

– Wenn sie schon aus der europäischen Perspektive (etwa bei dem vielgelesenen *Abbé Raynal*) um ihrer primitiven Lebensumstände willen mit den „Wilden" in einen Topf geworfen wurden, war es nützlich, die Existenz auch „edler" Wilder nicht vergessen zu lassen und deren ungebrochene Vitalität gegen die höfische Eleganz des zeitgenössischen Europa auszuspielen.

– Wenn schon die Grundannahmen des organischen Agraridealismus eines *Jefferson* oder *Paine*, die der feudal abhängigen europäischen Bauernschaft ihre „Degenerierung" vorwarfen, von allem Anfang an durch die Kommerzialisierung unterminiert waren, bot es sich an, die benötigten republikanischen Tugenden (Selbstlosigkeit, Patriotismus, Aufopferung für den Stammesgott) nicht dem Fortschritt, sondern dem Vorbild primitiver Gesellschaften zu entnehmen. des zeitgenösssischen Europa auszuspielen.[49]

– Wenn schon der Pionier, der Grenzer als ein Wesen beschrieben wurde, das, zwischen Wildnis und Zivilisation angesiedelt, selbst alle negativen Merkmale des „Wilden" aufwies[50] und das doch der Bannerträger des Fortschritts sein sollte, dann lag es nahe, den „edlen Wilden" in der Nachbarschaft dieses Zwischentypus anzusiedeln. Einen Hinweis darauf kann man der Dioskurenschaft des Pfadfinders Natty Bumppo und des letzten Mohikaners Chingachgook in *J.F. Coopers „Lederstrumpf"*-Serie entnehmen: der eine flieht die vorrückende Zivilisation, die seine der

Wildnis angepaßten Tugenden funktionslos macht, der andere beweist seine potentielle Zivilisiertheit in der Anerkennung der historischen Notwendigkeit seines Schicksals.

– Die Spannung schließlich zwischen den amerikanischen Selbstentwürfen des rastlos-expansiven, zukunftsgläubigen Sozialexperimentators und des neuen Adam,[51] des im Reiche der Natur unschuldig und glücklich wirkenden Landmanns, brachte immer wieder die Utopie einer vermeintlich originären und vorgesellschaftlichen Freiheit hervor. In ihr konnte auch der „edle Wilde" seinen angestammten Platz haben.

Mein *Résumé* liegt auf der Hand: der „barbarische" ebenso wie der „edle Wilde" sind Produkte interessengeleiteter Phantasie, einer kulturellen Egozentrik, die den fremden Menschen und seine ungewohnte Daseinsform in das Raster der eigenen aggressiven Selbstbehauptung und Vorbildhaftigkeit spannt. Es wäre weit gefehlt, solche projektiven Zuschreibungen für eine Eigentümlichkeit nur des amerikanischen Denkens zu halten; die Geschichte des europäischen Kolonialismus und seiner Nachwirkungen bis in den „alltäglichen Rassismus" unserer Gegenwart hinein wären sonst nicht zu verstehen. Sicher aber ist die puritanische Botschaft der Erwähltheit und Beispielhaftigkeit – ungeachtet aller dadurch entfachten Emphase für Freiheit, Gleichheit und das Streben nach Glück – für das Lernen an der Welt der Anderen besonders wenig geeignet (gewesen). Es mag daher auch besonders beeindrucken, gerade bei *Herman Melville*, den der Leser dieses Textes bisher nur als Visionär einseitiger amerikanischer Wohltaten für die Welt zu Gesicht bekommen hat und der das Scheitern dieser Vision ansonsten in Bildern hoffnungsloser Verdammnis gemalt hat, ein „multikulturelles" Verständnis von Fortschritt angedeutet zu finden. In seinem *„Moby Dick"* (1851) läßt er den „Wilden" Queequeg sagen: „Die Welt ist doch unter allen Breiten ein Unternehmen auf Gegenseitigkeit. Wir Menschenfresser müssen euch Christen schon manchmal beispringen."[52] Lassen wir uns das in den Tagen und Nächten, da die als *„Fidschis"* und *„Kanaken"* Beschimpften dem *deutschen Wesen* und seinen Weltgenesungswünschen ausgesetzt sind, ohne allen antiamerikanischen Hochmut gesagt sein!

Anmerkungen

1. Der vorliegende Text erschien zuerst in „Leviathan. Zeitschrift für Sozialwissenschaft" 20 (1992), S.252ff. – Zu den Unterschieden der politischen Kultur allgemein zwischen den USA und Kanada vgl. *Seymour Martin Lipset*, Continental Divide. The Values and Institutions of the United States and Canada. New York, London 1990 sowie die Analyse des kanadischen Amerikanisten *Sacvan Bercovitch*, Konsens und Anarchie – die Funktion der Rhetorik für die amerikanische Identität, in: *Frank Unger*, Hrsg.: Amerikanischen Mythen. Zur inneren Verfassung der Vereinigten Staaten. Frankfurt, New York 1988, S.16-43
2. Siehe dazu *Dante Germino*, The Inaugural Addresses of the American Presidents: The Public Philosophy and Rhetoric. Lanham, MD und London 1984. - *Bush*s Antrittsrede: Congressional Quarterly, Jan.21, 1989, S.142f. - Zum Stand der Auseinandersetzung mit Kolumbus in den USA: *Jürgen Koar*, Der Entdecker am Pranger. Kolumbus ist im Jubiläumsjahr in den Vereinigten Staaten umstrittener denn je, in: Hannoversche Allgemeine Zeitung vom 15.2.92; E. Wehrmann, Weg mit der weißen Kultur! Fünfhundert Jahre nach Columbus begehren die Opfer auf, in: Die Zeit, Nr.11, 6.3.92, S.56
3. *Herman Melville*, White Jacket or The World in a Man-of-War. Edited with an Introduction by *A.R. Humphreys*, London 1966, S.XI und 391.
4. Melville (Anm.3), S. 157f. - Hier wie im folgenden werden *Zitate aus englischsprachiger Literatur* in meiner Übersetzung wiedergegeben, ohne daß dies im einzelnen angemerkt wird.
5. Zur Unterscheidung der erwähnten Begriffe vgl. *Ursula Brumm*, Die religiöse Typologie im amerikanischen Denken. Ihre Bedeutung für die amerikanische Literatur- und Geistesgeschichte. Leiden 1963, S.6ff.; auch *Bercovitch* (Anm.1), S.17ff (S.24 der Hinweis auf die zitierte Passage aus Melville). - Zur Beeinflussung Melvilles durch ein Hauptwerk puritanischer Geschichtsschreibung, *Cotton Mathers* „Magnalia Christi Americana" (1702, Anm.7) vgl. *Brumm*, S.145f.
6. *Bercovitch* (Anm.1), S.17
7. Ich zitiere nach der folgenden Ausgabe: *Cotton Mather*, Magnalia Christi Americana or The Ecclesiastical History of New England, edited and abridged by *Raymond J. Cunningham*. New York 1970, S.15f. - *Edward Johnson*, Wonder-Working Providence of Sions Saviour. Being a Relation of the First Plantation in New England, in the Yeare, 1628, ed. by *J.F. Jameson*. New York 1910; Auszüge in *Perry Miller*, *Thomas H. Johnson*, eds.: The Puritans. A Sourcebook of Their Writings (1938), New York 1963, S.143ff.
8. *Georg Kamphausen*, Hüter des Gewissens? Zum Einfluß sozialwissenschaftlichen Denkens in Theologie und Kirche. Berlin 1986, S.83ff.
9. Vgl. dazu den Abschnitt „Utopia/Millenium" in *Sacvan Bercovitch*, The Puritan Origins of the American Self. New Haven und London 1975, S.137ff. Umfassender zur Wechselwirkung europäischer Weltbilder und der frühen Entdeckungen: *Edmundo O'Gorman:* The Invention of America. An Inquiry into the Historical Nature of the New World and the Meaning of Its History. Bloomington, Ind. 1961; *Howard Mumford Jones*, O Strange New World. New York 1964 ; *F. Chiapelli*, ed.: First Images of America: The Impact of the New World on the Old. 2 Bde., Berkeley 1976
10. *William Bradford*, History of Plymouth Plantation, ed. by *Worthington C. Ford*. Boston 1912, zitiert nach den Auszügen in *Miller, Johnson* (Anm.7), S.91ff., hier S.100f.

11 Zum Gedanken nationaler Erwähltheit in England, aber auch schon bei Luther siehe *Bercovitch* (Anm.9), S.74,78,97
12 *Bercovitch* (Anm.9), S.82
13 *James A. Reichley*, Religion in American Public Life. Washington, D.C. 1985, S.62 und 59
14 *Bercovitch* (Anm.9), S.80; *Charles H. Lippy*, Waiting for the End: The Social Context of American Apocalyptic Religion, in: *Lois Parkinson Zamora*, ed., The Apocalyptic Vision in America. Interdisciplinary Essays on Myth and Culture. Bowling Green, Ohio 1982, S.37-63, hier S.67
15 *Kamphausen* (Anm.8), S.84
16 Zit. nach *Brumm* (Anm.5), S.76 (zum „Typus" Babylonische Gefangenschaft) und *Bercovitch* (Anm.9), S.117
17 Zit. nach *Brumm* (Anm.5), S.41
18 Zit. nach *Miller, Johnson* (Anm.7), S.199.
19 Schon mit Anklängen an die spätere amerikanische Tonlage schrieb der englische Bischof Berkeley um 1726 (veröffentlicht 1756): „Man wird singen von einem neuen Goldenen Zeitalter, vom Aufstieg des Reiches und der Künste... Westwärts nimmt der Kurs des Empire seinen Weg. Die vier ersten Akte sind schon vorüber, ein fünfter wird das Drama schließen, der edelste Sproß der Zeiten ist der letzte." Zit. nach *Karl Dietrich Bracher*, Providentia Americana: Ursprünge des demokratischen Sendungsbewußtseins in Amerika, in: Politische Ordnung und menschliche Existenz. Festgabe für *Eric Voegelin* zum 60. Geburtstag, hrsg. von *Alois Dempf u.a.*, München 1962, S.26-48, hier S.35
20 Zit. nach *Bercovitch* (Anm.9), S.146
21 Zitiert nach *Brumm* (Anm.5), S.76 und *Lippy* (Anm.14), S.41.
22 John Jay, zitiert in *Martin Kilian*, Die Genesis des Amerikanismus. Zum Verhältnis von amerikanischer Ideologie und amerikanischer Praxis 1630-1789. Frankfurt, New York 1982, S.218
23 Zeugnisse bei *Melvon Yazawa*, Creating a Republican Citizenry, in: *Jack P. Greene*, ed.: The American Revolution. Its Character and Limits. New York und London 1987, S.282-308, hier S.291f. Umfassend zum amerikanischen Freiheitsbegriff in dieser Periode: *Clinton Rossiter*, Seedtime of the Republic, New York 1953, dort S.III auch die komprimierte, berühmt gewordene Formel von John Adams: das Wunder der Besiedlung Amerikas als „opening of a grand scheme and design in Providence for the illumination and emancipation of the slavish part of mankind all over the earth".
24 *Thomas Paine*, Common Sense, Philadelphia 1776, zit. nach *Ernest Cassara*, The Development of America's Sense of Mission, in: *Zamora* (Anm.14), S.64-96, hier S.79. - Freiheitsstatue: Die bekannten letzten Zeilen aus dem Gedicht von *Emma Lazarus* „The New Colossus" lauten:
„Give me your tired, your poor,
Your huddled masses yearning to breathe free,
The wretched refuse of your teaming shore,
Send these, the homeless, tempest-tost to me,
I lift up my lamp beside the golden door!"
25 Siehe das Zitat eines führenden Sachwalters von „Manifest Destiny", James Sullivan Cox, in *Bercovitch* (Anm.9), S.147

26 Gemessen an der Bedeutung des Themas ist die Literatur zum „Manifest Destiny" eher bescheiden zu nennen. Die wichtigsten Titel scheinen zu sein: *A.K. Weinberg*, Manifest Destiny. A Study of Nationalist Expansionism in American History (1935), Chicago 1963; *E. McNall Burns*, The American Idea of Mission. Concepts of National Purpose and Destiny. New Brunswick, N.J. 1957; *F. Merck*, Manifest Destiny and Mission in American History. New York 1963; *Ernest Tuveson*, Redeemer Nation. Chicago 1968

27 Siehe dazu *Paul C. Nagel*, This Sacred Trust. American Nationality 1798-1898. Westport, Conn. 1971; enger auf die geistesgeschichtliche Tradition des Puritanismus bezogen: *Sacvan Bercovitch*, The American Jeremiad. Madison, Wisconsin 1978.

28 Neben der klassischen Arbeit *Max Webers* zur „protestantischen Ethik" vgl. zu diesen letzten Abschnitten v.a. *Bercovitch* (Anm.9 und Anm.27); *Perry Miller*, Errand into the Wilderness. Cambridge, Mass.1956; *Ralph B. Perry*, Puritanism and Democracy. New York 1944; *Max Lerner*, Amerika. Wesen und Werden einer Kultur. dtsch. Frankfurt 1960; *Daniel J. Boorstin*, The Americans. The Colonial Experience. 9.Aufl. New York 1968

29 *Reichley* (Anm.13), S.67 zitiert Roger Williams, der von einer „wall of separation between the garden of the church and the wilderness of the world" spricht.

30 *Johnson*, Wonder-Working Providence (Anm.7), zit. bei *Bercovitch* (Anm.9), S.102f.

31 Vgl. etwa die Äußerungen Jeffersons aus 1785 und 1786 bei *Cassara* (Anm.24), S.82f.

32 So schon in den Freibriefen für Virginia von 1606: es geht um ein gutes Werk, das „die christliche Religion bei all denen verbreitet, die jetzt noch in Finsternis und jammervoller Unkenntnis Gottes leben" und das „die Ungläubigen und Wilden, die jene Landesteile bevölkern, zur rechten Zeit der menschlichen Zivilisation und einer gefestigten und friedlichen Ordnung zuführen möge". Zit. nach *Roy H. Pearce*, Rot und Weiß. Die Erfindung des Indianers durch die Zivilisation. Stuttgart 1991, S.29 (die amerikanische Erstausgabe erschien Baltimore 1953, eine erweiterte Neuauflage in Berkeley 1988)

33 So schon bei John Winthrop, aber auch vielfach später, etwa bei John Quincy Adams in der Auseinandersetzung um den Besitz von Oregon (zit. in Weinberg, Anm.26, S.74f., 149). - Das Gebot der Genesis war übrigens auch ein gängiges Argument in der Debatte um die Fortexistenz der Sklaverei: da man um des Gebots Gottes Willen nicht zulassen könne, daß bebautes Land wieder der Wildnis anheim falle, müsse man die der Plantagenökonomie einzig entsprechende Ressource von Arbeitskraft eben zwangsweise erhalten.

34 Zu Jeffersons Naturbegriff siehe *Garry Wills*, Inventing America. Jefferson's Declaration of Independence, New York 1978, S.91ff., 361ff. Zur Fusion eines romantischen Naturalismus und puritanischer Hermeneutik bei Emerson, Thoreau, Whitmann und anderen siehe *Bercovitch* (Anm.9), S.148ff. Vgl. auch James O. *Robertson*, American Myth, American Reality, New York 1980, S.113ff. - Für Whitman könnte man übrigens mit einer gewissen Berechtigung behaupten, daß er in den „Leaves of Grass" auch den „Dschungel der Städte", den Reiz „moderner" Agglomerationen zum Thema gemacht habe, was *Lorca* (Oda to Walt Whitman) deutlicher als andere herausgefühlt hat.

35 *William Pfaff*, Barbarian Sentiments. How the American Century Ends. New York 1989. Deutsch: Die Gefühle der Barbaren. Über das Ende des amerikanischen Jahrhunderts. Frankfurt a.M. 1989

36 *Frederick Jackson Turner*, The Significance of the Frontier in American History (1893), in: *George R. Taylor*, ed.: The Turner Thesis Concerning the Role of the Frontier in American History, revised edition Boston 1956, S.1-18. - Den vielfältigen ideologischen wie realhistori-

schen Aspekten der Frontier geht *Richard Slotkin* in den beiden Werken nach: Regeneration Through Violence: The Mythology of the American Frontier, 1660-1860. New York 1973 und The Fatal Environment. The Myth of the Frontier in the Age of Industrialization, 1800-1890. New York 1985

37 So Samuel Purchas (1625), zit. nach *Pearce* (Anm.32), S.31
38 *Leslie A. Fiedler*, The Return of the Vanishing American. New York, Toronto 1968, S.42ff. (zu Shakespeare); *James H. Merrell*, Declarations of Independence: Indian-White Relations in the New Nation, in: *Greene* (Anm.23), S.197-223, hier S.198f. -
39 *Pearce* (Anm.32), *S.39; Merrell* (Anm.38), S.209
40 *Bercovitch* (Anm.9), S.101; *Pearce* (Anm.32), S.96
41 *Pearce* (Anm.32), S.61ff.; *Merrell* (Anm.38), S.204
42 *Brumm*(Anm.5), S.41; *Pearce* (Anm.32), passim
43 So Edward Winslow (1621), zit. nach *Pearce* (Anm.32), S.45f.
44 *Pearce* (Anm.32), S.149ff.; *B.W. Sheehan*, Seeds of Extinction. Jeffersonian Philanthropy and the American Indian. Chapel Hill, N.C., 1973. - Als Argument für die „Umsiedlung" indianischer Stämme wurde deshalb nicht selten behauptet, man wolle sie vor den „Übeln der Zivilisation" schützen.
45 Dazu *Merrell* (Anm.38), S.211
46 Zitiert nach *Pearce* (Anm.32), S.90. - Zu Hegels zynischen Äußerungen über die amerikanische Urbevölkerung und ihre Ausrottung siehe bei *Manfred Henningsen*, Der Fall Amerika. Zur Sozial- und Bewußtseinsgeschichte einer Verdrängung. Das Amerika der Europäer. München 1974, S.89ff. - Aus Anlaß der Debatte um das Kolumbusjahr 1992 schreibt der Kolumnist *Charles Krauthammer*: „Heißt es nun also ‚Lebewohl Kolumbus'? Balzac sagte einst, daß sich jedes große Vermögen auf ein Verbrechen gründet. Das gilt auch für alle großen Zivilisationen. Die Eroberung Amerikas durch die Europäer war, ebenso wie die anderer Zivilisationen, von großer Grausamkeit begleitet. ... Die wirkliche Frage ist: Was wuchs schließlich auf dieser blutigen Erde? Die Antwort ist: eine neue Welt individueller Rechte, ein sich immer weiter ausdehnender Kreis der Freiheit und - zweimal in diesem Jahrhundert - ein Retter der Welt vor totalitärer Barbarei."(zit. nach *Leo Wieland*: Amerika entdeckt Kolumbus - und schüttelt sich, in: Frankfurter Allgemeine Zeitung vom 12.10.91.)
47 *Pearce* (Anm.32), S.74, 79, 152, 223; *Wills* (Anm.34), S.367
48 *Pearce* (Anm.32), S.188ff. *Urs Bitterli*, Die „Wilden" und die „Zivilisierten". Grundzüge einer Geistes- und Kulturgeschichte der europäisch-überseeischen Begegnung. 2.Aufl. München1991, S.367ff.
49 *Pearce* (Anm.32), S.103, 210; *Kilian* (Anm.22), S.182f.; *Heide Gerstenberger*, Zur politischen Ökonomie der bürgerlichen Gesellschaft. Die Bedingungen ihrer Konstitution in den USA. Frankfurt a.M. 1973, S.161ff.
50 Siehe etwa die Charakterisierung durch President Dwight vom Yale College (um 1820): „Die Klasse der Pioniere kann in der normalen Gesellschaft nicht existieren. Sie sind zu träge, zu sehr dem Reden zugetan, zu leidenschaftlich, zu verschwenderisch und zu wenig fähig, Eigentum oder Charakter zu erwerben. Sie können die Beschränkungen durch Gesetz, Religion und Moral nicht ertragen...", zit. bei *Turner* (Anm.36), S.23
51 *R.W.B. Lewis*, The American Adam. Innocence, Tragedy and Tradition in the Nineteenth Century. Chicago and London 1955
52 *Herman Melville*, Moby Dick. Zürich 1977, S.87

Klaus Meschkat

Zur Kontinuität des kolonialen Staates

In der Rückbesinnung auf 1492 fehlt es nicht an Versuchen, das fünfhundert Jahre zurückliegende Ereignis der Eroberung der „Neuen Welt" mit der Gegenwart zu verknüpfen. Ich will in meinem Beitrag danach fragen, ob und wie die politische Ordnung, die aus der Eroberung hervorgegangen ist, der koloniale Staat also, immer noch die Gegenwart der lateinamerikanischen Länder beeinflussen oder prägen kann. Zu dieser Frage wurde ich zuerst durch die Lektüre eines Buches angeregt, das in vielen Ländern Lateinamerikas Verbreitung gefunden hat und diskutiert worden ist: das Werk von Hernan de Soto, „El Otro Sendero", also ‚der andere Pfad', eine Anspielung auf den „leuchtenden Pfad", der stärksten peruanischen Guerillaorganisation, zu dem der Autor eine Alternative aufzeigen möchte. De Soto bietet mit seinem Buch eine sehr eindrucksvolle Beschreibung und eine nicht ganz so eindrucksvolle Analyse des sogenannten informellen Sektors, also jener Überlebensaktivitäten, die sich abseits von der formalisierten Lohnarbeit herausgebildet haben. Als Beispiele wählt er die durch illegale Besetzung entstandenen Elendsvierteln, den nicht legalisierten Straßenhandel und das nicht genehmigten Transportwesen der peruanischen Hauptstadt Lima. Für de Soto ist diese Ausbreitung eines informellen Wirtschaftssektors nichts anderes als eine sehr naheliegende Reaktion auf die erstickende Reglementierung der Wirtschaft durch einen ebenso selbstherrlichen wie inkompetenten Staat, der die freie Initiative des Einzelnen in allen Bereichen behindert. Wie es einem ergeht, der sich weniger realitätsgerecht verhält, indem er als gesetzestreuer Bürger alle Vorschriften des Staates respektiert, hat de Soto in seinem Institut wissenschaftlich untersuchen lassen. So hat er z.B. herausgefunden, daß zur Einrichtung eines kleinen Unternehmens einem einzigen Eigentümer zur Einholung aller existierenden Genehmigungen ein Aufwand von 289 Arbeitstagen erforderlich wäre, um elf Genehmigungen zu erhalten, mit einem Kostenaufwand, der sich aus den Gebühren und den entgangenen Profiten während einer zweimonatigen Wartezeit summiert, und der das 32-fache eines monatlichen Mindestlohns ausmacht. Die absolute Nutzlosigkeit des ganzen Verfahrens wird auch dadurch belegt, daß in keiner der vielen mit der Genehmigungsprozedur befaßten Behörden – Industrieministerium, Stadtrat, Arbeits- und Wirtschaftsministerium, Polizei, Sozialversicherung und Gesundheitsministerium – irgend jemandem auffiel, daß es sich um einen simulierten Fall handelt, obwohl dies nur notdürftig verschleiert war. Ähnlich erschreckende Ergebnisse zeitigen die Untersuchungen in anderen Bereichen, wie denen des Landerwerbs und der Einrichtung eines Transportunternehmens.

Nicht nur für diese Mißstände, sondern für die wirtschaftliche und soziale Misere Lateinamerikas überhaupt hat De Soto eine einfache Erklärung anzubieten: Es ist das Fortbestehen eines dem Geist des Merkantilismus entstammenden kolonialen Staates, das alle Übel hervorbringt. Und entsprechend eindeutig ist auch die empfohlene Entwicklungsstrategie: Es genügt, die Fesseln dieses Staates zu sprengen und dem Geist freien Unternehmertums freie Bahn zu gewähren, um einen unglaublich erscheinenden Entwicklungsschub zu erreichen. Dies steht in Peru noch aus, als De Soto schreibt, dies ist aber im Chile Pinochets schon weitgehend erreicht, woraus sich auch De Sotos Anerkennung für die Leistung dieses Diktators ergibt: Unter dessen Regime ist der Staat endlich zurückgedrängt worden. Vieles, was früher wohlfahrtsstaatlich geregelt war, hat man nun privaten Unternehmen anvertraut, von der Gesundheitsversorgung bis hin zum Grundschulwesen, das zum Teil von kleinen Schulunternehmern betrieben wird, die dafür Zuschüsse aus Steuermitteln erhalten. So scheint im Modelland Chile im Unterschied zu den von De Soto geschilderten Zuständen der Abschied vom reglementierenden Staat weitgehend gelungen.

Hat Chile auf diese Weise den kolonialen Staat endgültig überwunden? Bleibt den anderen Ländern Lateinamerikas nichts anderes zu tun, als dem leuchtenden Vorbild des chilenischen Wirtschaftswunders zu folgen? Um dieser Frage auf den Grund zu gehen, scheint mir ein Wechsel der Perspektive nötig: Kolonie, Kolonialismus und Neokolonialismus lassen sich nicht nur in Hinblick auf das Vorhandensein oder das Zurücktreten eines intervenierenden und reglementierenden Staates behandeln. Heute wie in der kolonialen Vergangenheit muß die Staatstätigkeit, die Form der Ausübung staatlicher Herrschaft, doch immer in Beziehung gesetzt werden zu der Art und Weise, wie die natürlichen Ressourcen eines Landes genutzt oder geplündert werden, und wie die Ausbeutung der menschlichen Arbeitskraft kurz- oder langfristig gestaltet wird. Ohne den Versuch, in dieser Weise Politik und Ökonomie miteinander zu verbinden, bleiben alle Erklärungen und Rezepte an der Oberfläche.

Wie hat sich die koloniale Ordnung Lateinamerikas unter diesem Gesichtspunkt des Zusammenhangs von Herrschaft und Ausbeutung herausgebildet? Es kann wohl kaum ein Zweifel daran bestehen, daß es nach der ersten Phase einer einfachen Plünderung vorhandener Reichtümer durch die ankommenden Eroberer, mit den wenig erbaulichen Begleiterscheinungen von organisierter Erpressung und Grabschändung, darum gegangen ist, die Ausbeutung der vorhandenen Reichtümer der Kolonien dauerhaft zu organisieren. Vor allem Edelmetalle mußten abgebaut und in die Mutterländer transportiert werden, wobei der spanischen bzw. portugiesischen Krone ein gesicherter Anteil zufallen sollte. Exemplarisch in Hochperu und Mexiko ist diese Ausbeute von Edelmetallen die Achse der Wirtschaft, und die verfügbaren einheimischen Arbeitskräfte werden durch organisierte Zwangsarbeit (Mita der Indianer) in den Dienst dieser vorrangigen Aufgabe gestellt. Dem kolonialen Staat, der kolonialen Verwaltung fällt dabei die Aufgabe zu, eine kontinuierliche Fortführung dieses Ausbeutungsverhältnisses zu garantieren. Dazu gehören natürlich auch Vorkehrungen, um den schnellen und unwiederbringlichen Verschleiß der vorhandenen Arbeitskraft zu bremsen: Will man vermeiden, daß indianische Arbeitskraft wie in der Karibik vollständig durch importierte Sklaven ersetzt werden muß, bedarf sie natürlich bis zu einem gewissen Grade des Schutzes, damit die Kolonie gedeihen kann. Hier gibt es zweifellos einen partiellen Interessengegensatz zwischen den ersten Eroberern und ihren Nachkommen, die als Encomenderos eine schnelle Bereicherung durch schrankenlose Ausbeutung indianischer Arbeitskraft anstreben, und den langfristigen Interessen der Krone, die durch eine weitsichtige Gesetzgebung wenigstens den Erhalt der indianischen Arbeitskraft erreichen will. Die sogenannten Resguardos, eine Art von garantierten Rückzugsgebieten für die indianische Bevölkerung, der kollektiver Landbesitz und ein gewisses Maß überkommener Selbstverwaltung zugestanden wurden, sind Ausdruck einer solchen Kolonialpolitik. Zum Mißvergnügen der Encomenderos, später der Großgrundbesitzer, griff der Staat in dieser Weise reglementierend ein, um die indianische Bevölkerung vor schneller Ausrottung zu bewahren und solcher Art die Fortsetzung geregelter Ausbeutungsverhältnisse zu ermöglichen. In einem begrenzten Maß erfüllt also der koloniale Staat auch eine Schutzfunktion.

Trotz des partiellen Interessengegensatzes von Krone und einheimischer Oberschicht hatte der koloniale Staat auf Grund seiner ökonomisch bedingten Funktionen jene Gestalt, die der brasilianische Sozialwissenschaftler und Politiker Darcy Ribeiro wie folgt resümiert:

„Die Prosperität der Kolonialwirtschaft ... erlaubte es, eine umfangreiche militärische, verwaltungsmäßige und kirchliche Bürokratie aufzubauen, die das soziale Leben bis in das kleinste Detail hinein regelte. Die Wirtschaftsunternehmen wurden nach genauen Plänen aufgebaut. Die Städte wurden genau konzipiert; die Straßen wurden nach einem fertigen Muster gezogen und die Gebäude nach vorgeschriebenen Bauplänen errichtet. Selbst der ethno-soziale Bereich wurde völlig reglementiert. Es wurde bestimmt, wer welche Berufe ergreift, welche Kleidung und sogar welchen Schmuck tragen und wer wen heiraten durfte. Diese ganze künstliche und geplante Ordnung verfolgte als oberstes Ziel, die Kolonie zum Nutzen des Mutterlandes zu verteidigen und zu entwickeln." (Ribeiro 1980, S. 324)

Gegen diese koloniale Ordnung richteten sich schon Ende des 18. Jahrhunderts antikoloniale Aufstandsbewegungen der Unterdrückten. Am bekanntesten ist der Aufstand des Inka-Nachfolgers Tupac Amaru in Peru, andere Aufstandsbewegungen derselben Zeit, so die von Tupakatari in Hochperu, dem heutigen Bolivien, aber auch der Aufstand der Comuneros in Kolumbien richten sich ebenfalls gegen den kolonialen Staat. In Kolumbien war das indianische Element nicht mehr so vorherrschend: eine mestizische Bevölkerung hatte sich in bestimmten Landesteilen im Rahmen der kolonialen Wirtschaft Freiräume erobert und eine prosperierende Handwerker- und Bauernökonomie entwickelt, die fortwährend durch die schikanöse Reglementierung der Kolonie und die immer wieder erhöhten Steuern behindert wurde. Der Aufstand der Comuneros wurde ebenso blutig niedergeschlagen wie der des Tupac Amaru in Peru.

Mit der Niederlage der Volksrevolutionen der 80er Jahre des 18. Jahrhunderts scheiterte auch der Versuch, die Kolonie und den kolonialen Staat revolutionär zu überwinden. Die Unabhängigkeitsbewegung zu Beginn des 19. Jahrhunderts, aus der dann die Mehrzahl der heute unabhängigen lateinamerikanischen Staaten hervorgegangen sind, hatte einen völlig anderen Charakter: zu Recht wird immer wieder hervorgehoben, daß sie die Grundstruktur der kolonialen Ordnung nicht verändert hat. Die Abhängigkeit vom spanischen oder portugiesischen Mutterland wurde lediglich ersetzt durch neue Formen der Außenabhängigkeit, im Sinne einer Eingliederung in den damals von England beherrschten Weltmarkt. Im Inneren der Länder traten nun die Nachkommen der Encomenderos, einheimische Handelskapitalisten und Großgrundbesitzer, vollends an die Stelle der spanischen oder portugiesischen Kolonialbeamten, die Lebensverhältnisse der von ihnen ausgebeuteten Unterschichten, zumal der indianischen Bevölkerung, verschlechterten sich eher durch diesen Wechsel. Natürlich erscheint eine solche grobschlächtige Zusammenfassung der Resultate der Unabhängigkeitsbewegung für den kundigen Historiker kaum zulässig: zu viele Momente werden vernachlässigt, sowohl die Ansätze eines Aufstands von unten, wie sie zu Beginn der Unabhängigkeitsbewegung in Mexiko auftraten, aber auch die spezifische Rolle des von Bolivar geführten Befreiungsheers, das in sich selbst als Möglichkeit sozialen Aufstiegs für Männer aus den mestizischen Unterschichten eine Art Negation der kolonialen Ordnung darstellte – und folglich auch beseitigt werden mußte, als es seine Funktion erfüllt hatte. Dennoch ist die hier gebotene Vereinfachung nicht einfach falsch: es ist festzuhalten, daß die Unabhängigkeit in Lateinamerika die Kolonie nicht beseitigt, sondern modifiziert fortgesetzt hat. Dies galt in den meisten Ländern sogar für die Einnahmequellen des republikanischen Staates, die denen der Krone glichen: Tribute und Steuern, die der spanische Fiskus hatte, wurden beibehalten oder wieder eingeführt, fortbestehen blieben auch Einrichtungen wie das Tabakmonopol. Noch immer gab es bis zur Jahrhundertmitte Sklaverei, noch immer waren Indianer Einwohner minderen Rechts, wobei dies freilich einen minimalen Schutz bot: das Land der Resguardos durfte nicht ohne weiteres auf dem freien Bodenmarkt veräußert werden.

Gegen diese fortbestehende Ordnung der Kolonie formierte sich nun nach der Unabhängigkeit eine liberale Opposition, die freilich von vornherein in durchaus gegensätzliche Tendenzen geschieden war. Vereinfacht gesagt gab es einen volksverbundenen Liberalismus, gewissermaßen die Linke der damaligen Volksbewegung, die sich vor allem auf das städtische Handwerk stützte und in gewisser Weise die Tradition und die kolonialen Vor-Unabhängigkeitsbewegungen fortsetzte. Man forderte Befreiung von den drückenden Lasten des fortbestehenden kolonialen Staates, zugleich aber auch Schutz durch den Staat, und zwar vor allem durch ein Verbot der Konkurrenz billiger englischer Waren, die damals in die Länder einströmten und die Ansätze eines einheimischen Handwerks und einheimischer Manufakturen zugrunde richteten. Die andere Strömung des Liberalismus, die doktrinären Liberalen, wollten die Kolonie auf ganz andere Weise liquidieren. Sie sind wohl als die legitimen Vorfahren der gegenwärtigen Verfechter einer neoliberalen Politik in Lateinamerika anzusehen. Das Programm dieser doktrinären Liberalen des 19. Jahrhunderts bestand, kurzgefaßt, nach außen hin in einer vollständigen Öffnung gegenüber dem Weltmarkt, im Inneren in einer Beseitigung aller Schranken, die einer Verallgemeinerung der Warenwirtschaft im Wege standen, vor allem hinsichtlich des Landbesitzes: Die dem Bodenmarkt entzogenen umfangreichen Ländereien der Kirche sollten ebenso privatisiert werden wie das noch existierende Land der indianischen Resguardos.

Lassen wir einen kolumbianischen Vertreter dieses doktrinären Liberalismus, nämlich Florentino Gonzales, zu Wort kommen, wenn er sich gegen jeden Schutz der einheimischen Industrie wendet:

„In einem Land, das so reich an Bergwerken und Landwirtschaftsprodukten ist und einen beträchtlichen und gewinnbringenden Exporthandel hervorbringen kann, dürfen die Gesetze nicht darauf abzielen, Industrien zu fördern, die die Einwohner von der Beschäftigung in der Landwirtschaft und den Minen abziehen, aus der sie mehr Nutzen ziehen können. Die Bürger Neu-Granadas können in ihren Fabriken der Konkurrenz der Europäer und Nordamerikaner nicht standhalten, und die Vorkehrungen, die sie dazu veranlassen könnten sich der verarbeitenden Industrie zu widmen, ... gründen sich nicht auf die Prinzipien, die eine auf das Wohl der Nation bedachte Regierung beachten muß ... Europa, mit seiner intelligenten Bevölkerung, im Besitz der Dampfmaschine und ihrer Nutzungsmöglichkeiten und im Fabrikgewerbe geschult, erfüllt seine Mission in der industriellen Welt, indem es die Rohstoffe zu Fertigwaren verarbeitet. Wir müssen die unsere erfüllen, und wir können keinen Zweifel haben, welche sie ist, wenn wir die verschwenderische Fülle sehen, mit der die Vorsehung diesem Land Naturschätze zugeteilt hat. Wir müssen Europa unsere Rohstoffe anbieten und die Tür für seine Fertigwaren öffnen ..." (zit. n. Meschkat u.a. 1980, S. 72f).

Dieses Konzept eines radikalen Freihandels, gewissermaßen einer „Strukturanpassung" des 19. Jahrhunderts, ging bei den doktrinären Liberalen einher mit der konsequenten Beseitigung aller Schranken, die einer freien Marktwirtschaft im Inneren entgegenstanden: wo sie an die Macht kamen, wurden in der Regel sowohl staatliche Monopole wie auch etwa noch fortbestehende Sklaverei abgeschafft, und die Kirche verlor ihre Privilegien, darunter auch den Landbesitz. Wichtig ist, daß die Liberalen aber auch das Verbot der Veräußerung von Resguardoland außer Kraft setzten und damit die Enteignung der noch bestehenden indianischen Gemeinschaften zu Gunsten eines Großgrundbesitzes beschleunigten, der sich teilweise auch auf die Exportwirtschaft umstellte, wo dies möglich war.

Die Durchsetzung liberaler Prinzipien im Namen des Fortschritts bedeutete für die indianische Bevölkerung eine Katastrophe: das Land, das ihnen nach allen Angriffen des Großgrundbesitzes in der Kolonie und danach noch geblieben war, wurde jetzt zur frei veräußerlichen Ware. Es ist bezeichnend, daß die Zeiten konservativer Regierungen oft besser für das einfache Volk waren: beispielhaft nenne ich aus einer solchen Periode das Gesetz 89 vom Jahre 1890, das eine konservative kolumbianische Regierung für die Indianer des Landes erlassen hat. Es verbürgt den fortbestehenden indianischen Gemeinschaften einen Schutz auch vor der nationalen Gesetzgebung: sie geniessen einen Ausnahmestatus, weil man sie als Minderjährige ansieht, die kein Land erwerben oder veräussern dürfen. Bezeichnenderweise beruft sich die gegenwärtige kolumbianische Indianerbewegung auf dieses Gesetz, um späteren Landerwerb auf Kosten indianischer Resguardos für hinfällig zu erklären.

Die Wirtschaftsgeschichte der lateinamerikanischen Länder im 19. Jahrhundert ist immer auch die Geschichte des Suche nach dem richtigen Exportprodukt, das eine erfolgreiche Eingliederung im Weltmarkt ermöglicht: die traditionellen Edelmetalle, die bei vielen Ländern noch eine wichtige Rolle spielten, wurden ergänzt durch andere Produkte, die oft nur eine vorübergehende Konjunktur hatten: man denke an den kolumbianischen Tabakboom von 1850 bis 1870, an den späteren Salpeterboom in Chile, der durch die Erfindung des synthetisch hergestellten Salpeter sein Ende fand, schließlich auch an den Kautschukboom im Brasilien der Jahrhundertwende. War diese Suche nach dem richtigen Exportprodukt schließlich erfolgreich, so war damit für die Oberschicht des betreffenden Landes eine Quelle des Reichtums erschlossen, die nie zu versiegen schien: man denke an die Bedeutung des Kaffees für Brasilien, Kolumbien und einige mittelamerikanische Länder, oder an das Rindfleisch aus Argentinien und Uruguay. Zu einer solchen arbeitsteiligen Einfügung in die Weltwirtschaft schien es keine Alternative zu geben – auch wenn dieses Modell von marxistischen Kritikern als „neokolonial" gebrandmarkt wurde.

Dies änderte sich erst, als eben diese Weltwirtschaft mit der großen Wirtschaftskrise des Jahres 1929 zusammenbrach. Rohstoffe und „Kolonialwaren" fanden plötzlich keine kaufkräftigen Abnehmer mehr, und die lateinamerikanischen Exporte nach Europa und Nordamerika schrumpften auf einen Bruchteil ihres einstigen Umfangs. Die Reaktion auf diese Erfahrung führte in einer Reihe von Ländern zu dem Versuch, ein neues Wirtschaftsmodell importsubstituierender Industrialisierung zu verwirklichen. Entscheidend war dabei die Rolle eines aktiv in die Wirtschaft intervenierenden Staates, der die einheimische Industrie auch dadurch gezielt fördern wollte, daß er die Nachfrage der städtischen Massen durch verordnete Lohnerhöhungen ankurbelte – worauf übrigens auch die langdauernde Reputation populistischer Politiker wie Perón bei den Arbeitern ihres Landes beruhte. Hier kann nicht dargelegt werden, woran die importsubstituierende Industrialisierung schließlich gescheitert ist, die Gründe beginnen damit, daß auch die importierten Maschinen schließlich bezahlt werden mußten, so daß die Abhängigkeit von devisenbringenden Rohstoffen bestehen blieb. Mit der neoliberalen Reaktion schlägt jedenfalls das Pendel zurück, und die heutigen Neoliberalen ähneln viel stärker ihren doktrinären Vorläufern als sie dies selbst als angebliche Überwinder des 19. Jahrhunderts wahrhaben möchten.

Nirgends läßt sich dies besser zeigen als im gegenwärtigen Chile, das auch nach der Ablösung Pinochets die Wirtschaftspolitik einer schrankenlosen Öffnung gegenüber dem Weltmarkt fortsetzt. Eine konsequent exportorientierte Wirtschaft, wie sie sich unter der Diktatur ausgebildet hat, beruht auf einer rücksichtslosen Ausplünderung der natürlichen Ressourcen des Landes und ist darauf angelegt, dessen unwiderbringliche Reichtümer zu erschöpfen. Das Abholzen der Naturwälder und das Überfischen der Meere sind auch unter der demokratisch legitimierten Regierung nicht zum Stillstand gekommen. Zur Umweltverwüstung kommt hinzu, daß gerade in den gewinnträchtigsten Zweigen der exportorientierten Wirtschaft Formen der Ausbeutung menschlicher Arbeitskraft existieren, die mit „Modernität" wenig zu tun haben, wenn man so vermessen ist, menschenwürdige Arbeits- und Entlohnungsbedingungen für Kennzeichen moderner Arbeitsverhältnisse zu halten. Ich denke hier besonders an die Saisonarbeiterinnen in der neu entstandenen Fruchtindustrie, also im Anbau und in der Verpackung bestimmter Früchte wie Weintrauben und Kiwi für den Konsum in den Ländern des Nordens. Die Lebens- und Arbeitsbedingungen dieser Frauen haben wenig zu tun mit den bei uns (noch) vorherrschenden Formen geregelter Lohnarbeit.

Allerdings ist in Chile der reglementierende Staat geschrumpft, der Sachzwang Weltmarkt ersetzt die ständige staatliche Intervention. Die Bürokratie, die vorschreibt und reglementiert, ist auf ein Minimum reduziert – dies bedeutet natürlich nicht nur den Abbau eines parasitären Staatsapparats, sondern auch den Abbau des Sozialstaats und seines bezahlten Personals im Erziehungs- und Gesundheitssektor. Der Rückzug des Staates entzieht der Mehrheit der Bevölkerung elementare Dienstleistungen, die früher wenigstens Teilen der Unterschichten zugute kamen, von der unentgeltlichen Erziehung bis hin zu einer einkommensunabhängigen Versorgung im Krankheitsfall.

Der bevormundende und schützende Staat ist verschwunden – allerdings bis auf den harten Kern aller Staatlichkeit, nämlich die Streitkräfte, deren privilegierte Stellung auch nach der Rückkehr zur Demokratie nicht angetastet worden ist. Dabei handelt es sich nicht nur um die Vorkehrungen, die Pinochet getroffen hat, um sich eine Schlüsselstellung im Machtgefüge zu sichern und sich und seine Spießgesellen davor zu schützen, für die Verbrechen der Diktatur zur Rechenschaft gezogen zu werden. Ebenso wichtig ist die gesetzliche Festlegung, daß 10% der Verkaufserlöse des Kupfer (nach wie vor das wichtigste Exportprodukt Chiles) automatisch den Streitkräften zuflißen, ohne jede demokratisch legitimierte Kontrolle ihrer Verwendung. Dem Militär bleiben nicht nur seine Privilegien erhalten, es bleibt als eine autoritär verfaßte, das heißt antidemokratische Kaste unversehrt bestehen. (Wie man schon angesichts dieser Ausnahmestellung der Streitkräfte ernsthaft davon sprechen kann, der Übergang zur Demokratie sei in Chile schon abgeschlossen, bleibt das Geheimnis der Apologeten der gegenwärtigen Mitte-Links-Regierung.)

Kehren wir zurück zu unserer Frage nach der Kontinuitität des kolonialen Staates. Wir sind dahin gelangt, eine enge und eine weitere Bedeutung des kolonialen Staates zu unterscheiden. Im engeren Sinne handelt es sich um den reglementierenden Staat, der im Grenzfall auch die Fortexistenz der Auszubeutenden schützt – im weiteren Sinn um jenes Prinzip von Raub und Plünderung, von dem sich die iberischen Eroberer in der Neuen Welt in ihrem Handeln bestimmen ließen. Das Prinzip der schrankenlosen Ausplünderung von Mensch und Natur, so wollten wir zeigen, ist ein wichtigeres Kriterium für das Fortleben der Kolonie als das reglementierende Eingreifen des Staates. Es ist uns bei der Skizzierung der Position der doktrinären Liberalen im 19. Jahrhundert, die doch die Kolonie überwinden wollten, unerwartet wiederbegegnet. Die konsequente Durchsetzung des Freihandels bedeutet auch, daß die vorhandenen, damals noch für unerschöpfbar gehaltenen Naturreichtümer der Neuen Welt schrankenlos augebeutet werden müssen. Und auch *die* Schranken müssen fallen, die der Ausbeutung der Arbeitskraft noch im Wege stehen: die Mitglieder der Dorfgemeinschaften müssen von ihren Gemeinschaftsbindungen befreit werden, um als freie Verkäufer ihrer Arbeitskraft (und eventuell auch ihres Anteils am vorher kollektiven Boden) in die universelle Marktwirtschaft einbezogen zu werden.

Die Neoliberalen von heute, deren Grundpositionen übrigens von vielen ihrer einstigen linken Kritiker inzwischen übernommen wurden, können an ihre Vorgänger im 19. Jahrhundert nahtlos anknüpfen. Was die Ausplünderung der Natur betrifft, die mit der Suche nach der Weltmarktnische fast zwangsläufig verbunden zu sein scheint, so ändern sich im Grunde nur die Exportprodukte. Die Folgen von Monokultur sind bei Einsatz von Düngemitteln und Pestiziden sogar gravierender, die verfügbaren Ressourcen der Erschöpfung näher.

Die neuen Sektoren der Exportwirtschaft mögen wegen des Einsatzes modernster Hilfsmittel etwa in weltweiter Marktforschung, Transport und Kommunikation als äußerst modern erscheinen: in Hinblick auf das Schicksal der unmittelbaren Produzenten kann man sie eher als eine zeitgemäße Fortführung kolonialer Ausbeutungsformen verstehen – gewiß nicht mehr im Gewand der Zwangsarbeit, sondern drapiert als weltmarktsadäquate „Flexibilisierung" der Arbeit. Schrankenloser Verschleiß menschlicher Arbeitskraft (und ungehemmter Raubbau an der Natur) sind erst dann möglich, wenn keine regulierenden Eingriffe eines als fortschrittshemmend und quasi-kolonial denunzierten Staates mehr zugelassen werden.

Literaturverzeichnis

De Soto, Hernan 1989: The Other Path. The Invisible Revolution in the Third World, Cambridge.

Meschkat, Klaus /Rohde, Petra /Töpper,Barbara 1980: Kolumbien. Geschichte und Gegenwart eines Landes im Ausnahmezustand, Berlin (Verlag Klaus Wagenbach).

Ribeiro, Darcy 1980: Unterentwicklung, Kultur und Zivilisation, Frankfurt am Main (Edition Suhrkamp).

Claus Füllberg-Stolberg

Der transatlantische Sklavenhandel

Die traditionelle Geschichtsschreibung verbindet wichtige historische Vorgänge – auch solche von welthistorischer Bedeutung wie Sklavenhandel und Sklaverei – gern mit dem geschichtswirksamen Handeln großer Männer.
In diesem Fall geht es um das Wirken des Dominikaner-Priesters Bartolome de las Casas, der mit seinem energischen Einsatz für die Indianer Iberoamerikas direkt und indirekt die Versklavung von Millionen Afrikanern wenn nicht initiiert, so doch billigend in Kauf genommen haben soll.
Nach H. M. Enzensberger, der Las Casas berühmteste Schrift, den „Bericht von der Verwüstung der Westindischen Länder" neu herausgegeben hat, soll der Priester

> „auf die zarte Konstitution der Indianer hingewiesen und geäußert haben, die Einwohner Afrikas seien den physischen Strapazen der Gruben- und Plantagenarbeit weit eher gewachsen. Dieser Hinweis ist aufgegriffen worden. ... Der Sklavenhandel, eines der größten Geschäfte der Weltgeschichte, berief sich auf die Worte, die Las Casas 1520 vorgebracht hatte, und ernannte ihn zu seinem Schutzpatron. Er hat sich nicht verteidigt, aber in seiner Historia de las Indias stehen die lapidaren Sätze:
> ‚Der Priester Las Casas hat als erster dazu geraten, daß man Afrikaner nach Westindien einführe. Er wußte nicht, was er tat. Als er vernahm, daß die Portugiesen wider alle Rechtlichhkeit in Afrika Menschen fingen und sie zu Sklaven machten, bereute er bitter seine Worte... Das Recht der Schwarzen ist dem Recht der Indianer gleich.'", [Enzensberger, S.143f.]

Hier irrt Enzensberger, denn Las Casas beschreibt in dieser vermutlich um das Jahr 1550 entstandenen Schrift, bereits in der Rückschau und mit autobiographischen Zügen, wie es dazu kam, daß er die Einfuhr afrikanischer Sklaven befürwortete und sogar propagierte:

> „Einige Spanier erklärten ... gegenüber dem Kirchenman Las Casas, daß – wenn er ihnen die Erlaubnis des Königs verschaffte, ein Dutzend Negersklaven aus Kastilien zu holen – sie auf die Indios verzichten würden. Dessen eingedenk forderte der Kirchenmann in seinen Memoranden, daß man den spanischen Siedlern dieser Inseln die Gnade erweisen sollte, ungefähr ein Dutzend Negersklaven von Spanien holen zu dürfen, da sie sich mit diesen im Land würden behaupten und die Indios freilassen können. ... Inzwischen [sind] – wie mir scheint – auf diese Insel [Hispaniola] mehr als dreißigtausend und in die gesamten westindischen Kolonien mehr als einhundert-

tausend Neger gebracht worden, ohne, daß jemals das Los der Indios erleichtert noch daß diese befreit worden wären."

Schon zu diesem frühen Zeitpunkt als in Spanisch-Amerika von Plantagenkolonien keine Rede sein konnte, erkannte Las Casas den auffälligen Zusammenhang von Zuckeranbau und seiner Verarbeitung in den noch relativ primitiven Mühlen mit der rapide steigenden Zahl afrikanischer Sklaven in den westinischen Kolonien, ihr Leiden unter der schweren Arbeit, aber auch den Widerstand gegen ihre Versklavung. Ebenso weitsichtig wirkt seine klare Analyse des kapitalistischen Funktionszusammenhangs von Angebot und Nachfrage auf dem Weltmarkt des frühen 16.Jh. bezüglich der menschlichen Ware. Zugleich sieht er auch die Auswirkungen auf die innerafrikanischen Verhältnisse, die sich in zunehmenden Sklavenjagden ausdrückten:

> „Da die Zahl der Zuckermühlen von Tag zu Tag zunahm, wuchs auch die Notwendigkeit, Neger in ihnen einzusetzen ... Es folgte daraus ebenfalls, daß die Portugiesen, die schon seit vielen Jahren Raubzüge nach Guinea unternahmen un die Neger auf sehr ungerechte Weise zu Sklaven machten, als sie sahen, daß wir einen so großen Bedarf an Negern bewiesen unsd daß wir sie so gut bezahlten, sich von Tag zu Tag mehr beeilten, sie auf jede nur mögliche üble und ruchlose Weise zu stehlen un dzu versklaven. So führten die Neger, da sie ja merken, daß sie so eifrig gesucht und begehrt werden, miteinander Kriege und stehlen und verkaufen sich gegenseitig auf unrechtmäßige Weise an die Portugiesen ... . Früher bevor es Zuckermühlen gab, waren wir auf dieser Insel der Ansicht, daß die Neger, wenn sie nicht gehenkt würden, niemals stürben, denn man hatte niemals einen Neger an einer Krankheit sterben sehen ...; aber nachdem sie in die Zuckermühlen gesteckt wurden, erkrankten und starben sie an den schweren Arbeiten, die man ihnen aufbürdete, ... Deswegen fliehen sie in bewaffneten Gruppen, wenn sie können, und sie erheben sich."

Der Mönch, nun schon in hohem Alter, hatte längst die verhängnisvollen Konsequenzen seiner damaligen Einlassung erkannt, wie er an gleicher Stelle schreibt:

> „Las Casas bedauerte bald darauf, diesen Ratschlag gegeben zu haben; fühlte sich schuldig, weil er nicht bemerkt hatte, daß ... es ebenso ungerecht sei, die Neger wie die Indios in Gefangenschaft zu halten. ... er war dennoch nicht sicher, daß die Unwissenheit, die er dabei bewahrte, wie auch die gute Absicht, ihn in den Augen Gottes freisprechen würden." [zit. nach Martin, S. 27ff.]

Ich habe Las Casas ausführlich zu Wort kommen lassen, weil ich ihn vor dem weitverbreiteten aber falschen Vorwurf in Schutz nehmen möchte, er habe für die Rettung der amerikanischen Urbevölkerung die Versklavung der Afrikaner als Kompensation angeboten. Ohne seinen unbestreitbaren Einsatz für die Indianer schmälern zu wollen, halte ich es jedoch für einen Mythos, anzunehmen, daß sein Wirken – gewollt oder ungewollt – nachhaltigen Einfluß auf die Entwicklung des transatlantischen Sklavenhandels genommen hat.

Sklavenhandel und Zuckeranbau in Amerika

Las Casas hat bereits den entscheidenden Hinweis auf den Zucker, die – abgesehen von Edelmetallen – zentrale Kolonialware sowie seine Produktions- und Distributionsbedingungen gegeben. Der weltweite Expansions- und Verwandlungsprozeß von einem Luxusprodukt für die oberen Klassen zu einem Massenkonsumartikel hat, wie kein anderes Produkt aus der Neuen Welt, die Geschichte des Sklavenhandels und der Sklaverei so entscheidend geprägt.

Der Anbau von Zucker war schon im Mittelmeerraum durch die Araber hauptsächlich mit Plantagensklaverei betrieben worden und war sodann von den Spaniern und Portugiesen auch auf die Südatlantikinseln – Madeira, die Kanarischen und Kap Verdischen Inseln, später auch nach Sao Thome exportiert worden und dort bereits unter Einsatz afrikanischer Sklaven, die die Portugiesen von ihren ersten Expeditionen entlang der afrikanischen Küste mitgebracht hatten, betrieben worden.

In Amerika waren es nicht die Spanier, wie uns Las Casas noch berichtete, sondern die Portugiesen, die den Zuckeranbau in der Neuen Welt als Massenproduktion für den Weltmarkt etablierten. Wenig später kamen dann die Holländer, die bei ihnen in die Lehre gingen, vor allem aber die Engländer und Franzosen, die wiederum die holländischen Vermittlerdienste zu schätzen wußten. Die Nordeuropäer also trieben die Zuckerplantagen in der Karibik im 17. und 18. Jh. zu ihrer ersten großen Blüte.

Spanien und Portugal

Seinen Ursprung hat der transatlantische Sklavenhandel in der demographischen Katastrophe, die durch die Eroberung und Kolonisierung Amerikas hervorgerufen wurde. Die ungeheure Dezimierung der indianischen Bevölkerung und ein wachsender Bedarf an widerstandsfähigen Arbeitskräften, besonders für die Silberminen in Peru und Mexiko, erzeugten seit Anfang des 16. Jahrhunderts eine Konjunktur für Sklaven aus Afrika. Spanien selbst war nur in ganz geringem Maße mit eigenen Schiffen am Sklavenhandel beteiligt. Das Asiento-System – die Vergabe von Monopolverträgen an Handelskompanien fremder Länder, die die Versorgung von Spanisch-Amerika mit Sklaven gegen Abgaben an die Spanische Krone garantieren sollten – entsprach dem ständigen Steuerhunger der spanischen Staatskasse mehr, als eigene Unternehmungen in Gang zu setzen.

Der Hauptlieferant Spaniens blieb, trotz der zunehmenden Bedeutung Hollands im 17. Jahrhundert und Englands im 18. Jahrhundert, Portugal. Es richtete als erstes europäisches Land feste Stützpunkte als Sklavendepots an der afrikanischen Westküste ein. Der Vorsprung in dieser Art Wirtschaftsbeziehung zu Afrika sicherte

Portugal das Monopol auf beiden Seiten des Atlantiks bis Anfang des 17. Jahrhunderts. Als seit ca. 1550 der Plantagenanbau von Zucker sich auch in Brasilien etablierte, erwiesen sich die Erfahrungen im Sklavengeschäft auch für den eigenen Kolonialbesitz als nützlich.

Holland

Die ältere Literatur vermittelt den Eindruck, der Sklavenhandel sei im 17. Jahrhundert zur Domäne der Nordeuropäer, besonders des „Seaborne Empire" Hollands geworden. Eine bedeutsame Beteiligung Hollands läßt sich jedoch nur für zwei Dekaden ausmachen: 1635-1645 und 1662-1672. Als Holland in den 30er Jahren des 17. Jahrhunderts weite Teile der portugiesischen Plantagen in Brasilien eroberte, sah sich die westindische Kompanie, die bis 1735 das holländische Sklavengeschäft monopolisierte, einem Nachfragedruck ausgesetzt, dem sie auch nicht annähernd gewachsen war.

Nachdem die Portugiesen die Zuckeranbaugebiete im Nordosten Brasiliens wieder erobert hatten, spielte Holland eine wichtige Rolle bei der Verbreitung des Zuckeranbaus auf den karibischen Inseln und versuchte das Monopol Portugals im Sklavenhandel mit Spanisch-Amerika erfolgreich durch Schmuggelhandel und Kaperei zu durchbrechen. Im Jahre 1662 übertrug Spanien der holländischen Westindien Kompanie den Asiento-Vertrag und legalisierte damit den holländischen Anteil an der Versorgung seiner Kolonien mit Sklaven.

England und Frankreich

Die Blütezeit der Zuckerplantagen auf den karibischen Inseln Englands und Frankreichs im 18. Jahrhundert ist unlösbar mit dem enormen Anstieg des Sklavenhandels verbunden. Fast zwei Drittel der nach Amerika verschleppten Sklaven entfallen auf dieses Jahrhundert. Der steile Anstieg der Sklaveneinfuhr in den englischen und französischen Kolonien begann bereits in der Mitte des 17. Jahrhunderts. War der Anteil Brasiliens am Sklavenhandel 1650 noch doppelt so groß wie der englische und französische zusammen, so hatte sich das Verhältnis gegen Ende des Jahrhunderts nahezu umgekehrt.

Der Strukturwandel von Mehrfruchtanbau in Klein- und Mittelbetrieben zur monokulturellen Großplantage mit massenhaftem Einsatz von Arbeitssklaven war auf den karibischen Inseln mit der Wende zum 18. Jahrhundert abgeschlossen und verlangte nach ständiger Auffrischung des genauso schnell verbrauchten wie amortisierten menschlichen Kapitals. Die durchschnittlichen Jahresimporte Englands,

Frankreichs und Portugals kletterten im Laufe des 18. Jahrhunderts auf ca. 20.000 Sklaven. Brasilien und die karibischen Inseln der beiden führenden europäischen Kolonialmächte, vor allem Jamaika und Saint Domingue, das heutige Haiti, konzentrierten auf sich mehr als Dreiviertel der gesamten Sklavenbevölkerung. Relativ niedrig blieb dagegen der Anteil Nordamerikas.

Sklaverei in Afrika

Als sich portugiesische Seefahrer seit der Mitte des 15. Jahrhunderts auf der Suche nach Gold an der Westküste Afrikas vorantasteten, gehörte der Erwerb von Sklaven zu den ersten wirtschaftlichen Beziehungen zwischen Afrika und Europa. Die Versklavung eigener und fremder Landsleute war in beiden Gesellschaften kein Novum, aber auch kein Charakteristikum, eher eine Randerscheinung. Der Sklavenhandel mit der Alten Welt bewegte sich im Rahmen des Luxushandels mit exotischen Gütern. Der schwarze Haussklave war mehr Vorzeigeobjekt an europäischen Herrscherhäusern als gewerblich genutzter Arbeitssklave.

Ich habe bereits auf die analytische Weitsicht von Las Casas hingewiesen, mit der er die Portugiesen für die Bedrohung des sozialen Friedens in Afrika verantwortlich machte, die sie durch ihren rapide steigenden Sklavenbedarf hervorgerufen hatten. So richtig dieser Vorwurf zweifellos ist, rührt er nicht aber auch an dem delikaten Problem, ob nicht erst das Vorhandensein der Institution Sklaverei in Afrika die Portugiesen verleitet hat, mit dieser „Ware" Handel zu treiben. Ich kann an dieser Stelle nicht auf die Vielfalt der Formen sozialer Subordination im vorkolonialen Afrika eingehen, will aber mit einem kurzen Hinweis auf die Hauptforschungskontroversen betonen, daß sich die in der Neuen Welt etablierte Plantagensklaverei strukturell von den in Afrika vorherrschenden gesellschaftlichen Hierarchien unterscheidet.

Am nächsten kommen sich Sklaverei in Afrika und Amerika in wirtschaftsethnologischer Sicht, wonach der strukturelle Mangel an Arbeitskräften in einer sich dynamisch entwickelnden Gesellschaft, ein ökonomischer Zwang also, die Sklaverei zu einer massenhaften Institution hat werden lassen, weil sich die afrikanische Elite bewußt und planmäßig gegen die einzige Alternative – Lohnarbeit – entschieden habe. Aber selbst die für diese These herangezogenen empirischen Beispiele belegen zwar, daß Macht und Reichtum eines Clans oder einer Familie durch den Kauf von Sklaven beträchtlich erweitert werden konnte und wurde, dies jedoch wenig am Status der einzelnen Sklaven innerhalb seiner sozialen Bezugsgruppe änderte. Er war nur während einer kurzen Übergangszeit des Verkaufs existentiell gefährdet bis ihm von seiner neuen sozialen Gruppe eine bestimmte Rolle zugewiesen wurde. Dieser Prozeß konnte sich durch sein Zutun dynamisch und in seinem Sinne entwickeln, nicht selten bis zur Freilassung oder anderen Formen der Privilegierung. Dieses dynamische, transitionale Element, das zu einer schnellen Assimilation des Handelssklaven durch seine neue Bezugsgruppe führte, wird vor allem von der sozialanthropologischen Forschung betont.

Festzuhalten bleibt, daß durch den von außen kommenden Impuls, durch die immense Nachfrage nach Arbeitskräften für die Plantagen Amerikas, ein fremdes Entwicklungselement in die innerafrikanischen Gesellschaften hereingetragen wurde, das zu einer anhaltenden Verunsicherung und Friedlosigkeit führte. Die Sklavenjagden betrafen schon bald keineswegs mehr nur das unmittelbare Hinterland der Küsten, sondern wirkten bis weit ins Innere Afrikas hinein, um dem ständig steigenden Bedarf an „menschlicher Ware" für den transatlantischen Sklavenhandel nachkommen zu können.

Die Auswirkungen des fast 400jährigen Menschenraubs betreffen nicht nur die direkt in den Sklavenhandel verwickelten Gebiete Afrikas. Er hatte nachhaltigen Einfluß auf die Entwicklung des gesamten Kontinents. Die Beherrschung des internationalen Handels durch die europäischen Nationen degradierte Afrikas Rolle in diesem Dreiecksgeschäft zum Sklavenreservoir und zum Absatzgebiet für europäische Gebrauchsgüter, auch wenn diese, neueren Forschungsergebnissen zufolge, nicht nur aus billigem Tand und Alkohol bestanden. Eine solch einseitige Einbeziehung in den Weltmarkt brachte Afrika keinen Fortschritt, sondern behinderte die Weiterführung einer eigenständigen lokalen Wirtschaftsweise und ordnete sie den Interessen der Europäer unter.

Dieses Argument behält seine Gültigkeit auch, wenn die Sklavenbeschaffung von mächtigen afrikanischen Mittelsmännern mit Unterstützung der europäischen Sklavenhändler (z. B. durch Feuerwaffen), durch kriegerische Unterwerfung fremder Stämme, massenhaftes Kidnapping und die Versklavung sozial Deklassierter des eigenen Volkes (Schuldner und „Kriminelle") besorgt wurde.

Auf die Gesamtzeit gesehen hatte von den drei Großregionen – nördliches Westafrika, Kongo-Angola, Südost-Afrika – das erste Gebiet am schwersten unter dem Aderlaß in der Bevölkerung zu leiden. Der Verlust von fast sechs Millionen Menschen in einem Zeitraum, den man auf 150 Jahre konzentrieren kann, hat bei einer Gesamtbevölkerung von ca. 20-25 Millionen im 17. und 18. Jahrhundert eklatante soziale und ökonomische Folgen hinterlassen.

Im letzten halben Jahrhundert des Sklavenhandels betraf der Bevölkerungsverlust zunehmend die Gebiete südlich des Äquators, da die englische Marine seit der Ächtung des Sklavenhandels hauptsächlich den Nordwesten Afrikas vor Sklavenschiffen abschirmte.

Damit ist die quantitative Dimension des Sklavenhandels zwischen Afrika und Amerika angesprochen, wobei Europa jeweils als Ausgangs- und Endpunkt eines zumindest idealtypisch vorstellbaren Dreieckshandels fungierte: Fertigprodukte aus Europa zum Tausch gegen Sklaven nach Afrika – Sklaven aus Afrika nach Amerika – Kolonialwaren zurück nach Europa. Diese drei Routen wurden jedoch selten von ein und demselben Schiff absolviert, vielmehr gab es Spezialisierungen auf jeweils eine der Passagen.

Der Umfang des transatlantischen Sklavenhandels

Die empirische Erforschung des transatlantischen Sklavenhandels hat hat seit etwa Mitte der 60er Jahre zu einer der wohl ausgedehntesten und methodisch wie inhaltlich anregendsten Debatten in der internationalen Geschichtswissenschaft geführt. Da es viel zu zählen gab, geriet das Thema in den Sog der „New Economic History", die während der 70er und 80er Jahre im anglo-amerikanischen Wissenschaftsraum ihren Höhepunkt erlebte. Die Gegner dieser Wissenschaftsrichtung, die den Objektivitätsbeweis sehr häufig allein mit mathematischen Formeln liefern wollte, denunzierten die ganze Debatte, in vielen Fällen nicht zu Unrecht, als „numbers game", als reine Zahlenspielerei.

Philip D. Curtin hat im Jahre 1969 die erste grundlegende empirisch abgesicherte und nachvollziehbare Untersuchung über den Gesamtumfang des transatlantischen Sklavenhandels vorgelegt, im übrigen noch ohne Zuhilfenahme moderner EDV-Techniken.

Curtins Zahlen seien hier angeführt, weil sie trotz zahlreicher Teilrevisionen im Gesamtumfang immer noch aktuell sind.

Er benannte die präzise Zahl von 9.566.000 lebend nach Amerika transportierter Sklaven, räumte aber zugleich eine Fehlerquote ein, die die reale Größenordnung zwischen einem Minimum von 8 Millionen und einem Maximum von 10,5 Mill. ansiedelt. Darüberhinaus machte er Angaben zur zeitlichen und räumlichen Verteilung.

Die Hauptkontroverse nach Curtins bahnbrechender Studie spielte sich zwischen ihm und dem nigerianischen Historiker Joseph Inikori ab. Die Debatte zwischen den beiden, die man im Journal of African History ausführlich nachlesen kann, ist vor allem wegen der politische Implikationen von Bedeutung, die zwar von beiden Kontrahenten explizit verneint werden, aber dennoch die gesamte Diskussion latent beherrschen. Dabei geht es natürlich um Schuld und Moral des „Weißen Mannes" und um die längerfristigen Auswirkungen dieser „Forced Migration" – der größten gewaltsam erzwungenen Völkerwanderung in der Weltgeschichte – auf die wirtschaftliche Entwicklung bzw. Unterentwicklung Afrikas.

In den 70er Jahren entstand eine Reihe von detaillierten Forschungsarbeiten zu Einzelaspekten des Sklavenhandels, zu ausgewählten Perioden, zu den verschiedenen Sklavenhandel treibenden Nationen und Unternehmen, zu den Herkunfts- und

Zielgebieten, zu den Faktoren, die die Sterblichkeitsrate auf der Überfahrt beeinflußten, usw. Viele dieser Einzeluntersuchungen kamen zu höheren Zahlen, als die, die Curtin in seiner Arbeit zugrunde gelegt hatte.

Es kann daher nicht verwundern, daß Inikori unter Einbeziehung dieser Teilrevisionen von Curtins Zahlen durch andere Autoren und neuer Quellen, die er selbst erschlossen und ausgewertet hat aber auch durch Doppelzählungen zu einem Gesamtumfang von 15.400.000 aus Afrika über den Atlantik verschleppter Menschen gelangt, und damit um ca. 1/3 höher liegt als Curtin, einschließlich der Irrtumsmarge nach oben, die letzterer zu konzedieren bereit war.

Um das Bild abzurunden, will ich noch die Arbeit von Paul Lovejoy erwähnen, der zwar keine eigenen empirischen Untersuchungen angestellt hat, aber alle Grundsatz- und Teilrevisionen von Curtins Werk zu einer kritischen Synthese verarbeitet hat. Er kommt zu dem kuriosen Ergebnis, daß zwar nahezu alle Einzelbereiche, die zeitliche wie die regionale Verteilung in Curtins ursprünglicher Version mittlerweile zu Recht revidiert wurden, das Gesamtergebnis aber dennoch nicht gravierend tangiert wird, weil eine Reihe von Überlappungen, Doppelzählungen, zeitlichen Verschiebungen etc. letztlich zu einem rechnerischen Resultat führen, das noch innerhalb der von Curtin selber zugestandenenen Irrtumsmarge liegt.

Sklavenimporte nach Amerika:

	Curtin	Lovejoy	Differenz
1451-1600	274.900	293.400	+ 18.500
1601-1700	1.341.100	1.494.500	+ 153.400
1701-1810	6.051.700	5.737.600	- 314.100
1811-1867	1.898.400	2.253.000	+ 354.600
Gesamt	9.566.100	9.778.500	+ 212.400

Gewinne aus dem Sklavenhandel – Beitrag zur Entwicklung Europas

Der Sklavenhandel war rein geschäftlich betrachtet ein risikohaftes Spekulationsunternehmen, gekennzeichnet durch enorme Gewinnspannen bei geglückten Reisen, die ein Vermögen einbringen konnten, aber auch durch Bankrott und totales Desaster, das im Schuldturm enden konnte. Auf die Dauer erwiesen sich Großunternehmen und Aktiengesellschaften, die mit einer genügend großen Kapitaldecke ausgestattet waren, um Gewinn und Verlust über einen längeren Zeitraum ausbalancieren konnten, am gewinnträchtigsten. Ein solches Beispiel liefert das Handelshaus Davenport aus Liverpool, dessen überlieferte Akten einen Zeitraum

von fast 30 Jahren während der Spitzenzeit des Sklavenhandels überblicken lassen. Ihre Auswertung ergab eine durchschnittliche Profitrate von ca. 10 %, eine günstige, wenngleich nicht außergewöhnlich hohe Gewinnspanne, die auch in anderen Branchen zu erzielen war. Andere Berechnungen der Profitabilität des Sklavenhandels kommen zu ähnlichen Ergebnissen. Damit werden Spekulationen über riesige Vermögen aus dem Sklavenhandel, die aus der Verallgemeinerung von Einzelbeispielen mit enormen Gewinnen entstanden waren, zurückgewiesen, ebenso aber auch neuere Thesen, die eine Konkurrenz unter den Sklavenhändlern wie beim Hochseefischen unterstellen und von einer gegen Null gehenden Profitmarge sprechen. Die wissenschaftliche Diskussion hat sich auch der weitergehenden These angenommen, inwieweit das mit Sklavenhandel und Sklavenarbeit auf den Plantagen Amerikas erwirtschaftete Kapital zur ökonomischen Entwicklung Europas beigetragen hat. Auch hier haben sich die weit auseinanderliegenden Schätzungen, die die ältere Literatur kennzeichneten, auf niedrigem Niveau eingependelt. Die beiden Extrempositionen
– ohne Sklavenhandel und Plantagensklaverei kein Industriekapitalismus
– die Kolonialunternehmen waren ein Zuschußgeschäft, das die wirtschaftliche Entwicklung Europas behindert hat
lassen sich mit neueren empirischen Untersuchungen nicht zur Deckung bringen. Der ökonomische Beitrag der Peripherie zur Entfaltung der europäischen Wirtschaft gilt zwar als quantitativ gering, strukturelle Wachstumsimpulse werden allerdings für einzelne Branchen zu entscheidenden Zeiten nicht ausgeschlossen.

Widerstand gegen Unterdrückung und Ausbeutung

Es hat im Verlauf der Debatte über Sklavenhandel und Sklaverei eine scharfe Kontroverse über den Charakter der Sklaverei, insbesondere in den Südstaaten der USA gegeben, in der die ältere Sichtweise, die Sklaven seien brutal unterdrückt und ausgebeutet worden, einer grundsätzlichen Revision unterzogen worden. Im Gegenteil, den Afro-Amerikaner sei es in der patriarchalischen Obhut der amerikanischen Pflanzerklasse recht gut gegangen, besser jedenfalls als ihren Leidensgenossen in der Karibik und den Afrikanern im Heimatland, behaupten die Revisionisten. Bester Beleg sei die ungewöhnlich hohe natürliche Reproduktionsrate in den Südstaaten, die den amerikanischen Sklavenhaltern eine Selbstversorgung mit Sklavennachschub sicherte. Der empirische Befund stimmt zwar für die USA, alle Plantagenwirtschaften in der Karibik hingegen waren auf eine hohe Importrate angewiesen und erreichten vor Abschaffung des Sklavenhandels und der Sklaverei nie ein natürliches Wachstum der Bevölkerung.

Keine Frage, daß auch die revisionistische Forschung zur nachträglichen moralischen Legitimation benutzt wurde, zog sie doch zum Beleg ihrer These auch die Behauptung heran, es habe kaum Widerstand, Rebellion und Flucht auf seiten der Sklaven gegeben. Unbeabsichtigt initiierte sie damit eine bis auf wenige Pionierarbeiten brachliegende Forschung zum Widerstand der Sklaven gegen ihre Unfreiheit und Unterdrückung. Diese neue Forschungsrichtung hat nun ihrerseits viel zur Erhellung der Spielräume beigetragen, die den Sklaven selbst unter den Bedingungen harter Planntagenarbeit zur Verfügung standen und von ihnen zur Erhaltung bzw. Verbreitung einer eigenständigen Kultur genutzt wurden. Kultur verstehe ich hier im anthropologischen Sinne als sehr weiten Begriff, der von der Bewahrung afrikanischer Sitten und Gebräuche bis hin zum aktiven Widerstand und der Gründung eigener Gesellschaften entlaufener Sklaven, der sog. Maroons/Cimarrones, reicht.

Widerstand gegen die Sklaverei, Aufstände und Rebellionen der Betroffenen gegen ihre Degradierung zum lebendigen Inventar, gab es zu allen Zeiten und in allen Regionen. Er reichte von spontanen Reaktionen auf die brutalen Ausbeutungsmethoden – v.a. gegen exzessive Strafmaßnahmen – über sorgfältig geplante und getarnte Morde an ihren Unterdrückern, aber auch Selbstmorde, die für die Sklaven oft die einzige Möglichkeit darstellten, sich von der Sklaverei zu befreien und zumindest ihre Seele mit Hilfe naturreligiöser Vorstellungen wieder nach Afrika zurückkehren zu lassen, bis hin zu langandauernden Guerillakriegen. Die Maroons von Jamaika, entlaufene Sklaven, die sich in die unzugänglichen Bergregionen der Insel zurückgezogen hatten und dort seit der Eroberung durch England 1655 in eigenständigen Gemeinden lebten, lieferten den englischen Kolonialtruppen zwei langandauernde Guerillakriege, die als „Maroon wars" in die Geschichtsschreibung eingegangen sind. Ihre Anführer zählen heute zu den ersten „National Heroes" des unabhängigen Jamaika.

Eine erfolgreiche Selbstbefreiung von der Sklaverei hat es im französischen Teil der Karibik gegeben. Die erste schwarze Republik Amerikas wurde am 1. Januar 1804 in Haiti oder wie es früher hieß: in Saint Domingue, dem Westteil der Insel Hispaniola ausgerufen.

Vorausgegangen waren mehrjährige Kämpfe mit wechselnden Fronten und Verbündeten, die sowohl die revolutionären Vorgänge im Mutterland wie die besonderen Verhältnisse St. Domingues reflektierten. Vielfach unbekannt ist die totale Niederlage eines napoleonischen Heeres, das 1802 die Erneuerung der Sklaverei durchsetzen sollte. Ihr fiel nicht nur der Schwager Napoleons, General Leclerc, sondern mehrere 10.000 Soldaten zum Opfer. Eine Dimension, die nur Napoleons Katastrophe im Rußlandfeldzug vergleichbar ist.

Abschaffung von Sklavenhandel und Sklaverei

So radikal, wie sich England bis 1807 am Sklavenhandel beteiligt hatte, versuchte es nun, ihn zu unterbinden. Der anhaltende Widerstand der Plantagenbesitzer und ihrer Lobby im Parlament machte deutlich, daß man die Sklaverei erst abschaffen konnte, wenn auch der Handel durch andere Nationen unterdrückt würde. So wurde die englische Flotte dazu benutzt, Sklavenschiffe fremder Nationen aufzubringen und die Sklaven zu befreien. Sie wurden zum größten Teil in Sierra Leone wieder an Land gebracht. Aus den Archiven der Navy weiß man auch, daß die meisten aufgebrachten Schiffe portugiesischer, brasilianischer und spanischer Nationalität waren. Trotz dieser Gegenmaßnahmen wurden zwischen 1807 und 1867, als auch diese Nationen dem Sklavenhandel ein Ende machten, noch mehr als zwei Millionen Afrikaner verschleppt.

Die Neigung des englischen Parlaments, auch die Sklaverei aufzuheben, fand auf der anderen Seite des Atlantiks bei den westindischen Pflanzern wenig Gegenliebe. Sie befürchteten, daß die von den abolitionistisch eingestellten evangelischen Missionskirchen betriebene Propaganda unter den Sklaven neue Nahrung und Bestätigung erfahren und es zu einem großen Aufstand kommen würde. Diese nicht unberechtigte, seit den Ereignissen von Haiti grassierende Angst vor ihren Sklaven veranlaßte die Pflanzerschicht allerdings nicht zu einem freiwilligen Verzicht auf ihr Eigentum.

Warum mußten die Pflanzer also zu ihrem angeblichen Glück gezwungen werden? War die Sklavenarbeit trotz aller rationalen Vorzüge von freier Lohnarbeit, wie sie Adam Smith u.a. verkündet hatten, durchaus profitabel?

Neuere Untersuchungen kommen in der Tat zu diesem Ergebnis und verweisen auf die Flexibilität innerhalb der Sklavenwirtschaft, etwa auf die stärkere Reproduktionstätigkeit der Sklaven, sowohl im biologischen Sinne als auch bezüglich der Selbstversorgungsmöglichkeiten durch den Anbau von Nahrungsmitteln. Seymor Drescher behauptet sogar, die englischen Kolonialgebiete der Karibik hätten sich keinesfalls im Niedergang befunden, sie seien durchaus noch konkurrenzfähig mit den französischen und spanischen Nachbarinseln gewesen, und erst die Freilassung der Sklaven hätte den englischen Plantagenkolonien den ökonomischen Todesstoß versetzt. Deshalb, so Drescher, müßten auch die Motive und Antriebsmomente für die Abschaffung der Sklaverei außerhalb ökonomischer Logik gesucht werden. Neben dem schon erwähnten Widerstand der Sklaven, der zur Selbst-Emanzipation beitrug, hält Drescher den Beitrag der Abolitionisten für wesentlich. Dabei geht es ihm nicht um die individuelle Heldenverehrung einzelner prominenter Vorkämpfer wie Wilberforce u.a., sondern um die Initiierung einer breiten demokratischen Massenbewegung in England, die eine ideologische Kehrtwende einleitete, in der die Forderungen des sich formierenden Industrieproletariats ebenso eine Rolle spielten wie der Freihandelskapitalismus oder eine Neudefinition der Funktion Afrikas im Weltsystem des 19. Jahrhunderts.

Auch wenn man die Zuspitzung auf rein politisch-ideologische Gründe für die Abschaffung der Sklaverei nicht teilt, ist die eindimensionale polit-ökonomische Erklärung dadurch notwendig erweitert worden. Die alte These vom wirtschaftlichen Niedergang läßt sich zwar nicht mehr monokausal und schematisch anwenden, muß aber nicht völlig aufgegeben werden, denn die Profitraten der englischen Pflanzer waren seit der Jahrhundertwende unzweifelhaft und deutlich gesunken und damit auch die Bereitschaft, sich die humanitäre Geste der Sklavenbefreiung durch finanzielle Kompensation des Kapitaleinsatzes versüßen zu lassen. Als das Mutterland eine Kompensation von 20 Mio. £ = £ 25 pro Sklaven anbot und eine Übergangszeit von 6 Jahren in Aussicht stellte, gaben die westindischen Sklavenhalter ihren Widerstand auf.

1834 wurde in den englischen Kolonien die Sklaverei zugunsten eines modifizierten Zwangssystems (apprenticeship) aufgegeben, das die Ex-Sklaven nun als „Lehrlinge" weiterhin an die Plantage band und auch das Regiment des außerökonomischen Zwangs weitgehend aufrecht erhielt. 1848 folgten Frankreich und Dänemark, 1863 Holland und 1865 nach Beendigung des Bürgerkrieges die USA. Die spanisch kolonisierten Länder Amerikas dekretierten nach Erlangung ihrer Unabhängigkeit eine graduelle Aufhebung der Sklaverei, die Spanien und seine Kolonien entließen die noch verbliebenen Sklaven zwischen 1868 und 1886 in Freiheit. Brasilien, das als erstes mit der massenhaften Einfuhr von afrikanischen Sklaven begonnen hatte hielt auch am längsten an der Sklaverei fest. Erst 1888 war das Halten von Sklaven auf dem gesamten amerikanischen Kontinent verboten.

Literaturverzeichnis

H. Bley (Hg.), Sklaverei in Afrika, Pfaffenweiler 1991.

P. D. Curtin, The Atlantic Slave Trade: A Census, Madison 1969.

B. de Las Casas, Kurzgefaßter Bericht von der Verwüstung der Westindischen Länder, hrsg. von H.M. Enzensberger, Frankfurt/M. 1992.

J. E. Inikori (ed.), Forced Migration, London 1982.

J. E. Inikori/S. L. Engerman (eds.), The Atlantic Slave Trade, Durham/London 1992.

P. Martin, Das rebellische Eigentum, Hamburg 1985.

P. Lovejoy, The Volume of the Atlantic Slave Trade: A Synthesis, in: Journal of African History, Vol. 23, 1982, pp. 473-501.

Sklaverei in der modernen Geschichte, Geschichte und Gesellschaft, Jg. 16, 1990.

B. Solow (ed.), Slavery and the Rise of the Atlantic System, Cambridge 1991.

B. Solow/S. L. Engerman (eds.), British Capitalism and Caribbean Slavery, Cambridge et al., 1987.

E. Williams, Capitalism and Slavery, Chapel Hill 1944.

A. Wirtz, Sklaverei und kapitalistisches Weltsystem, Frankfurt/M. 1984.

Michaela Hellmann

Veränderungen der Geschlechterverhältnisse durch die Kolonisation – Das Beispiel Brasilien[1]

Bei einer Betrachtung der Literatur über die Eroberung Amerikas und besonders Brasiliens drängt sich die Frage auf, ob die Beteiligten des Kolonisierungsprozesses ausschließlich Männer gewesen seien. Namen wie Christophorus Kolumbus, Franciso Pizarro, Hernán Cortés und auch Pedro Alvares Cabral sind uns vertraut, vielleicht noch Königin Isabella von Castillien und auch Malinche (Dona Mariña). Schon weniger bekannt ist jedoch, daß bereits auf der dritten Reise von Kolumbus die ersten 30 spanischen Frauen mit an Bord waren, die fast alle aus der Oberschicht kamen. Über weibliche Großgrundbesitzerinnen wie Ana Pimentel in Brasilien, und vor allem über die Beteiligung von indianischen und später afrikanischen Sklavinnen am Widerstand gegen die Kolonisten, wie auch über deren Einsatz in kriegerischen Auseinandersetzungen zwischen den Kolonialmächten, weiß die offizielle Geschichtsschreibung bis heute nahezu nichts zu berichten.[2] Auch wenn „die Indianer" als konstruierte einheitliche Gruppe zum Gegenstand der Beschreibung werden, erscheint die Kolonisierung als eine Konfrontation zwischen anscheinend geschlechtslosen bzw. männlichen Gruppen von Eroberern und Indianern.

Demgegenüber sind Frauen in den Chroniken von Pero Vaz de Caminha, dem Schreiber der ersten Expedition von Pedro Alvarez Cabral nach Brasilien (1500), oder von Amerigo Vespucci über die „Neue Welt" längere Passagen gewidmet: Ihr Körperbau und ihre Nacktheit wurden ebenso detailliert beschrieben wie die bei ihnen festgestellte Libido und das Sexualverhalten. Bei Caminha heißt es z.B.: „Eines der Mädchen war von oben bis unten vollständig mit jener Tinte bemalt; sie war so wohlgeformt und so rundlich und ihre Scham (die sie nicht hatte) so wohlgebildet, daß viele Frauen unseres Landes, könnten sie diese Formen sehen, schamrot würden, weil ihre nicht wie die des Mädchens sind".[3]

Wenn der Blick überhaupt auf Frauen fiel, dann als begehrlicher Blick auf „das andere", exotische Wesen, dessen Merkmale die Differenz beider Kulturen sofort belegten. Den Veränderungen im Leben der Frauen durch die Eroberung haben die europäischen Tagebuchschreiber und Berichterstatter keine Beachtung geschenkt. Insofern ist das Bild der Conquista nicht nur durch ein dichotomisches Geschichtsverständnis geprägt, wie es Wolfgang Gabbert sehr treffend charakterisiert,[4] sondern auch durch ein frauenverachtendes.

Die Frage, warum sich dieses Bild noch nicht grundsätzlich verändert hat und warum auch die anthropologischen Forschungen überwiegend geschlechtsblind bleiben, versuchten die Anthropologen Eduardo Viveiros de Castro und Antony Seeger zu beantworten: „Da die Mehrheit der Anthropologen, die sich mit brasilianischen Indianern beschäftigt haben, *männlichen Geschlechts* sind, ist zu vermuten, daß sie einen entscheidenden Aspekt der Organisation dieser Gesellschaften unterschätzen – die Rolle der Frauen".[5]

Ich sehe in der Unterordnung von Frauen unter die homogenen Begriffe „Indianer" oder „indianischen Bevölkerung" mehr als ein technisches Versehen, das durch ein Hinzufügen der Rolle der Frau beglichen werden könnte. Hier zeigt sich ein epistemiologisches und methodisches Bias, das sich aus der Definition dessen begründet, was Gesellschaft darstellt und wie wir sie untersuchen können. Bei näherer Betrachtung wird deutlich, daß ein angemessenes Verständnis der Eroberung und der Entwicklung des Kolonialsystems erst möglich ist, wenn die jeweiligen Geschlechterverhältnissse Berücksichtigung finden. Viele der historischen Berichte, Tagebücher und Aufzeichnungen müssen unter dieser Perspektive neu gelesen werden, so daß sich das Bild der Conquista in den kommenden Jahren sicher noch ausdifferenzieren wird. Trotz dieser Einschränkungen spricht aber bereits sehr viel für die These, daß eine im Sinne der Eroberer „erfolgreiche" (d.h. wirtschaftlich ertragreiche) Kolonisierung des heutigen Gebietes Brasiliens nicht denkbar gewesen wäre, wenn sie nicht die sozialen Strukturen und die in den indianischen Gesellschaften herrschenden Vorstellungen von Geschlechterdifferenz in die Kolonisationsstrategie einbezogen, genutzt und dadurch modifiziert hätten. Ich möchte mich deshalb in meinem Beitrag auf die Suche begeben nach Differenzen und Gleichheiten zwischen den Geschlechtern und deren Veränderungen durch den gewaltsamen gesellschaftlichen Umbruch, den die Kolonisation hervorgerufen hat.

Die Geschlechterverhältnisse der indianischen Gesellschaften: Brasilien vor der Eroberung

Will man die vorkolonialen Geschlechterverhältnisse und die Frauen in den Blick bekommen, so ergeben sich für die Region des heutigen Brasilien einige besondere Schwierigkeiten: Im Unterschied zu den anderen lateinamerikanischen Ländern gibt es in Brasilien noch keine Studien, in denen die vorkolonialen indianischen Gesellschaften und deren Veränderung unter der Perspektive der Geschlechterdifferenz untersucht wurden.[6] Darüber hinaus ist die Geschichte dieser Gesellschaften, anders als in anderen Teilen des lateinamerikanischen Kontinents, (bis heute) nicht in schriftlichen Zeugnissen und einer Sprache indianischen Ursprungs festgehalten. Sie stammt ausschließlich aus der Feder der männlichen Kolonisten, Reisenden und Missionare, die sich im Gebiet des heutigen Brasilien aufgehalten haben.[7] Ihre Schilderungen bringen nicht nur den enormen Kontrast zwischen vorangegangenen Fremderfahrungen, Bildern und neuen Erlebnissen zum Ausdruck. Allgemein sind in die Beschreibungen der Europäer neben kulturellen und religiösen Beschränkungen oft auch Neid und die Abwehr verdrängter Sehnsüchte eingeflossen, – sei es in Form von Vergleichen mit der Herkunftsgesellschaft oder in Form von Mythen über die sogenannten „Wilden", die ja zum Teil bereits vor Beginn der Expansion nach Amerika existierten.[8] Dennoch soll auf der Grundlage der bisher erschienenen Publikationen auf einige

Merkmale der vorkolonialen Gesellschaften

eingegangen werden werden, um wenigstens ein bruchstückhaftes Bild vom Leben der Frauen und Männer zeichnen zu können.

Ähnlich wie in Mesoamerika und den Zentralanden ist auch für das Gebiet des heutigen Brasiliens nicht von einer homogenen indianischen Bevölkerung auszugehen. Im Gegensatz zu den beiden anderen Regionen hatten sich hier jedoch bis zum Ende des 15. Jahrhunderts keine Hochkulturen mit einem ausgebauten „Staats'wesen und differenzierten Moralkodex entwickelt und auch keine ‚Klassenstrukturen'. Das Land war verhältnismäßig dünn, aber gleichmäßig besiedelt von kleinen Gesellschaften, die sich jeweils erheblich unterschieden in der Lebensweise, ihren sozialen Organisationsformen und kulturellen Traditionen sowie in der Art des Kontaktes mit den verschiedenen Eroberern. Auch ihre Sprachen waren derart verschieden, daß selbst zwischen Nachbar-Gesellschaften erhebliche Kommunikationsprobleme an der Tagesordnung waren.[9]

Die überwiegende Mehrheit der brasilianischen Indianerinnen und Indianer wird zwei großen Sprachfamilien zugeordnet: Die Gesellschaften der *Gê-Botocudo*,[10] deren Sprache die Chronisten der Kolonialzeit als „lingua travada" (unverständliches Kauderwelsch) bezeichneten, sicherten ihre Existenz vor allem durch Jagd, Sammeln von Wildfrüchten und Fischfang. Sie mieden jeden Kontakt mit Fremden, bescherten den Kolonisten entsprechend erhebliche Schwierigkeiten bei der Eroberung und leisteten lange Zeit erfolgreich Widerstand. Zur anderen großen Familie, den *Tupi-Indianern*[11], die nahezu die gesamten Küstenregionen bevölkerten, zählen die Tupiniquins und Tupinambá, die große Bekanntheit erlangten. Zumindest zu Beginn des Kolonisationsprozesses traten sie den Fremden relativ aufgeschlossen gegenüber und empfingen sie gemäß ihrer Gebote der Gastfreundschaft. Ihre Lebensgrundlage bildete in erster Linie der Anbau von Maniok sowie von Mais, Bohnen, Süßkartoffeln, Caju, Papaya und Tabak im Wanderfeldbau, den sie mit Jagd, Fischfang und dem Sammeln von Wildfrüchten kombinierten.

Im folgenden werde ich mich vor allem auf die Gesellschaften der Tupí-IndianerInnen beziehen, denn, weil sie im ersten Jahrhundert der Kolonisation die Abholzung von Brasil-Holz für die Portugiesen bewerkstelligten und mit dem Beginn der Zuckerproduktion in den 30er Jahren des 16. Jhrdts versklavt wurden, haben wir wenigstens einige Informationen. Aufgrund der prekären Quellenlage, die keine detailiertere Darstellung dieser Gesellschaften zuläßt, möchte ich in einer idealtypischen Illustration einige wichtige Elemente für das Verständnis der Geschlechterverhältnisse der verschiedenen indianischen Bevölkerungen herausgreifen.

Einige Grundprinzipien der indianischen Gesellschaften

In der brasilianischen Anthropologie wird davon ausgegangen, daß die immanente „Entwicklungsrichtung" der vorkolonialen indianischen Gesellschaften in der Bewahrung des ökologischen Gleichgewichts zwischen Mensch und Natur lag. Wirtschaftsprinzipien wie Handel und Prosperität im europäischen Sinne waren nicht Teil ihrer Kultur. Der tropische Wanderfeldbau mit den Ackerbautechniken der sog. „Coivara" (Brandrodung und -düngung) und den kooperativen Arbeitsformen des „mutiro" (Arbeitssolidarität) diente vielmehr der Subsistenz, und Austausch gab es im wesentlichen nur in Form von Geschenken.[12]

Jedes Tupí-„Dorf" bestand aus ca 400-800 Menschen, die jeweils in kleineren Einheiten von höchstens 30 Familien zusammengefaßt waren, um in der tropischen Natur zu überleben. Wie aus den Berichten und den (späteren) anthropologischen Untersuchungen zu entnehmen ist, waren soziale Differenzierungen innerhalb der Gesellschaften kaum vorhanden. Die sozialen Organisationen sollen durch ein Minimum an Regulierungsmechanismen und durch Animismus, Totemismus und sexuelle Magie bestimmt gewesen sein. Auch die Hervorhebung von Ältesten, Magiern und „Häuptlingen" folgte eher magisch-spirituellen als sozial-administrativen Funktionen im europäischen Sinne: Für ihre soziale und symbolische Bedeutung scheinen ihre Beziehungen zu den Geistern und ein extensiver Gebrauch von Tabak entscheidend gewesen zu sein. Zahlreichen Berichten zufolge waren eine Befehlsgewalt und Autorität qua Amt, oder eine entsprechende soziale Macht und Privilegien die Ausnahme.[13] In einem Expeditionsbericht z.B. über die Karajás im Nordosten beschrieb Fritz Krause als Aufgaben des „Häuptlings" oder Ältesten die Leitung der Maskenfeste, Schlichtung von Streitigkeiten, Entscheidung über Handelszüge und Kriegsfahrten, Gruppenrepräsentation gegenüber anderen Dörfern. Damit fallen ihm auch ‚administrative' Aufgaben zu, aber „seine Macht", so Krause, „ist indessen nur eine beschränkte; sie beruht völlig auf dem guten Willen der Dorfbewohner. Sind diese aus irgendwelchen Gründen mit ihm unzufrieden, so ziehen sie einfach weg und lassen ihn allein".[14]

So mager und lückenhaft die Quellenlage auch ist, kann doch davon ausgegangen werden, daß ähnlich wirksame Mechanismen der Machtbegrenzung in allen indianischen Gesellschaften auf dem Gebiet des heutigen Brasilien existierten. Den Berichten und der anthropologischen Forschung zufolge sollen sie auch das Verhältnis zwischen den Geschlechtern geprägt haben.

Betrachten wir z.B. die *Arbeitsteilung* in den indianischen Gesellschaften, so unterlagen die Tätigkeitsbereiche zwar einer geschlechtsspezifischen Trennung, aber zumeist keiner gesellschaftlichen Wertung. Differenzierungen schienen sich demgegenüber eher funktional als sozial zu erklären: Männer gingen den eher nomadischen Tätigkeiten wie Jagen und Fischen nach, waren aber ebenso für die Vorbereitung der kommunitarischen Subsistenzgärten und den Abtransport der Ernte verantwortlich. Frauen bebauten die Gärten, stellten Arbeitsinstrumente und auch sämtliche Haushaltsgeräte wie Hängematten oder Tongefäße her und entwickelten insofern einen regelmäßigen Arbeitsrhytmus. Sie waren vor allem für die Nahrungszubereitung der Maniok-Wurzel zuständig, der durch eine besondere Verarbeitung die dikke und sehr giftige Flüssigkeit entzogen werden mußte.[15] Frauen wurden den Berichten zufolge in den Gesellschaften als für den sozialen und generativen Bestand bedeutsamer eingeschätzt. Männer wiederum eigneten sich stärker die rituellen Akte und Magie und damit die wichtigste soziale Organisationsgrundlage an. Daß damit aber nicht selbstverständlich der *Gewinn sozialer Macht* über Frauen verbunden sein mußte, wurde anhand verschiedener Ereignisse rekonstruiert. Einmal zeigte sich, daß soziale Ereignisse in einem spirituellen Zusammenhang immer alle Mitglieder der Gesellschaften betrafen, und für beide Geschlechter zum Teil die gleichen Verhaltensvorschriften galten. Zum Beispiel „bei der Einrichtung der Couvade – des Männerkindbetts –, ein für die Ureinwohner Brasiliens charakteristischer, kultischer Komplex, (sind es) Mann und Frau,... die Vorschriften und Diät einhalten" (Freyre, S. 99). Zweitens ging wohl aufgrund der Aneignung der Kulte z.B. die Häuptlingsfunktion normalerweise an die männlichen Nachfahren über. Wurde jedoch kein Junge geboren, nahm das Mädchen die Funktion des Häuptling ein, und auch bei der Heirat übertrug sich diese nicht auf ihren Ehemann.

Ähnliche Eingrenzungen der sozialen Macht der Männer galten anscheinend auch für *Eigentumsregelungen*. Verschiedene Chronisten hoben hervor, daß die IndianerInnen kein „Privateigentum"(im europäischen Sinne!) kannten.[16] Eigentum bestand an den Gegenständen des täglichen Lebens wie Grabstöcken, Pfeil und Bogen. Der Hausrat befand sich häufig im Besitz der Frau, einerlei, ob sie innerhalb ihres eigenen ‚Stammes' oder in den des Mannes geheiratet hatte. Er ging nur dann in den Nießbrauch des Mannes über, wenn es zur (sehr seltenen) Trennung kam und die Kinder beim Mann blieben.

Für das Verständnis der Veränderungen durch die Eroberung spielt auch das Verhältnis von *Ehe* und *Sexualität* eine Rolle. In der anthropologischen Literatur Brasiliens wird davon ausgegangen, daß in den unterschiedlichen Kulturen nicht Polygamie, sondern die monogame Familie vorherrschte. Sie diente der Gewährleistung der materiellen und generativen Reproduktion der kleinen Gesellschaften, aber weniger der Steuerung von Sexualität. Das Sexualleben scheint für beide Geschlechter von der monogamen Familie entkoppelt gewesen zu sein, und als solches kein Vorrecht der Männer. Zu Beginn des 16. Jahrhunderts berichtete z.B. ein Missionar, daß die Frauen kaum Anstoß nahmen, wenn ihre Männer sexuelle Beziehungen zu anderen Frauen pflegten, sondern „wenn sie noch jung ist, sucht sie sich einen anderen. Und wenn die Frau ein Mannweib ist, verläßt sie wiederum den Mann und nimmt sich einen anderen".[17] Dies ist auch eine Erklärung für die große Verbreitung von Geburtenkontrolle und entsprechenden Kenntnissen in den indianischen Gesellschaften.[18] Für die Frage nach den Veränderungen durch die Kolonisation wäre auch die Reaktion der Männer auf sexuelle Beziehungen der Frauen relevant.

Zusammenfassend gewinnt man aus den verschiedenen Quellen den Eindruck, daß das Verhältnis zwischen den Geschlechtern bis zum Ende des 15. Jahrhunderts im Prinzip durch Komplementarität und Balance gekennzeichnet war. In Bezug auf das Geschlechterverhältnis weisen die vorhandenen historischen Quellen aber erhebliche Verkürzungen auf. Um zu eindeutigeren Bewertungen gelangen zu können, müßten wesentliche Aspekte, wie z.B. die Generationenfrage, die Regelungen und Bedeutung von Frauentausch und -raub[19] (u.a.) bei Streitigkeiten unter indianischen Gesellschaften, oder die Frage der Gewalt gegenüber Frauen angesprochen und die Texte der europäischen Männer darauf hin befragt werden.

In nahezu allen Berichten wurde nur allgemein festgestellt, daß die Indianer „tatsächlich in bestem Einvernehmen und Frieden miteinander" leben (Léry, S. 306). Die Zeugnisse der Kolonisten, ebenso wie die (jüngsten) Untersuchungen über die rudimentären Traditionen und kulturellen Insignien der heute aussterbenden indianischen Gesellschaften geben aber auch Auskunft über Konflikte innerhalb und zwischen ihnen. So führten z.B. die kriegerischen Auseinandersetzungen zwischen Stämmen der Gê und Tupi zu vielfältigen Migrations- und Verdrängungsprozessen,[20] und wurden auch von den Eroberern genutzt.

Insofern können aus den machtbegrenzenden Strukturen dieser Gesellschaften *keine idyllischen Visionen* eines pazifistischen und universellen Konsenses zwischen allen Mitgliedern entwickelt werden. Und gäbe es einen solchen Konsens, würde er dennoch nicht notwendig für die Geschlechterverhältnisse gelten. Die bisherigen Darstellungen geben aber *Hinweise auf eine Geschlechtersymmetrie oder -komplementarität ohne einseitige (männliche) Dominanz*, die in den verschiedenen kleinen Gesellschaften mit ihren je spezifischen Bedingungen wahrscheinlich sehr unterschiedlich ausfiel.

Lebensbedingungen und gesellschaftliche Bedeutung von Frauen im portugiesischen Kolonialsystem

Wie haben sich nun die Geschlechterverhältnisse durch die Conquista verändert, und welche Rolle spielte es für die Funktionsweise des portugiesischen Kolonialsystems? Die Folgen des Kontaktes für die Urbevölkerung unter der Perspektive der Differenz und Gleichheit zwischen den Geschlechtern zu recherchieren, gestaltet sich auf dem Hintergrund des bisherigen Forschungsstandes sehr schwierig. Nicht nur die Berichterstatter haben nicht erwähnt, was indianische Frauen bei der Eroberung und im Zuge der Kolonisierung durchmachen mußten. Auch die wenigen anthropologischen Studien zur Situation von Frauen beschäftigen sich erst mit den Zeiträumen ab dem 18. Jahrhundert. Um für die ersten Phasen der Kolonisierung (bis Mitte des 17. Jahrhunderts) wenigstens ein skizzenhaftes Bild zeichnen zu können, möchte ich versuchen, die Veränderungen in der ersten Phase von 1500 bis ca 1530 in Form eines *tentativen Denkmodells* darzustellen. Dieses Modell setzt sich aus der Rekonstruktion verschiedener Ereignisse und der Interpretation anthropologischer Untersuchungen zusammen, es schließt aber auch Imaginationen nicht aus.

Für die *zweite Kolonisationsphase* der Zuckerrohrplantagen und der Sklaverei in Brasilien beziehe ich mich auf die wenigen Quellen, die sehr lückenreich sind. Denn zwei Jahre nach der formalen Abschaffung der Sklaverei im Jahre 1888 ließ der damalige Finanzminister Dr. Rui Barbosa wichtige Dokumente über die IndianerInnen und Schwarzen auf öffentlichen Plätzen verbrennen.[21]

Zunächst einmal ist für die Kolonialpolitik auf dem Gebiet des heutigen Brasilien grundsätzlich festzuhalten, daß die wirtschaftliche Ausbeutung durch eine geringe Anzahl Kolonisten nicht allein mittels der bekannten Verbindung von Sklaverei und Plantagenwirtschaft betrieben wurde. Im Unterschied zu den spanischen Kolonien war die portugiesische Politik durch die Kombination von agrarischer Kolonisation und Sozialpolitik gekennzeichnet. Deren Grundlage bildete vor allem eine besondere *Strategie der Bevölkerungspolitik*, die von Anfang an die schnelle Herausbildung einer Mischbevölkerung zum Ziel hatte. Die „portugiesische Regierung (war) weit davon entfernt (...), Mischehen von Weißen und Indios zu verurteilen und (suchte sie) in mehr als einer Gelegenheit zu stimulieren".[22] Die sich entwickelnde Mestizenbevölkerung, die später die wichtigste Bevölkerungsgruppe werden sollte, war m.E. nicht nur entscheidend für die erfolgreiche Besiedelung und Kolonisierung. Sie bildete auch die „Basis" für die Sozialorganisation auf den Zuckerrohrplantagen, die seit den 30er Jahren des 16. Jh. aufgebaut wurden.

Zunächst waren die ersten 10 Jahre der Kolonisierung aber noch nicht durch eine gezielte Besiedelung gekennzeichnet. Es ging vielmehr um die Erkundung des Landes, die Vertreibung der französichen Rivalen um die Kolonie und die Verladung von Brasilholz (Farbholz) in eigens dafür errichteten Küstensiedlungen. Die ersten

Grundlagen der Kolonisation beruhten auf Aktivitäten von ausschließlich männlichen „Einzelgängern, die das Abenteuer suchten"[23] und sexuelle Verbindungen mit indianischen Frauen eingingen. In der Beschreibung Gilberto Freyres (S. 87) heißt es dazu: „So begann das koloniale brasilianische Leben in der Atmosphäre eines Sexualrausches. Wo immer der Europäer Land betrat, stieß er auf eine nackte Indianerin. Sogar (...) Kleriker wurden von der allgemeinen Ausschweifung angesteckt. Die Frauen gaben sich aus eigenem Antrieb den Weißen hin, und die hitzigsten eilten herbei, sich an den Beinen derer zu reiben, die sie für Götter hielten. Sie schenkten sich den Europäern für einen Kamm oder einen Spiegelscherben".

Auf den Ethnozentrismus und Sexismus seiner Interpretation gehe ich hier nicht ein.[24] Wichtig ist jedoch festzuhalten, daß selbst Sozialwissenschaftler, die die Konzeptionen eines vermeintlichen Akkulturations- und Verschmelzungsprozesses der Bevölkerungen (zurecht) kritisierten, dennoch für die ersten ca. 30 Jahre der Kolonisierung ebenfalls von einem „friedlichen und kooperativen Zusammenleben" ausgingen.[25] Derartige Interpretationen sind m.E. überhaupt nur möglich unter Vernachlässigung der Geschlechterdifferenz. Unter dieser Perspektive würde deutlich, wie unangemessen es ist, sich den Beginn der Kolonisation auf dem Gebiet des heutigen Brasilien als einen friedlichen Prozeß vorzustellen. Es handelte sich nicht um ein gleichberechtigtes Zusammenleben von sehr heterogenen Kulturen, sondern um die Unterwerfung der indianischen Bevölkerung und die Ausbeutung ihrer Arbeitsdraft sowie der reproduktiven Fähigkeiten (von Frauen) „als Grundlage für die Bildung von Familien".[26] Somit waren Frauen und Männer von der Eroberung sehr unterschiedlich betroffen, denn sie beinhaltete auschließlich für Frauen auch die Komponente der sexuellen Eroberung und Gewalt durch die Kolonisten.

Will man die Indianerinnen und Indianer nicht als homogene, passive Opfer im Eroberungsprozeß betrachten, stellt sich die Frage, wie die Eroberer mögliche Widerstände gebrochen haben. Neben anderen Faktoren mußten sie dazu wenigstens Teile der traditionellen Formen übernommen haben, durch die die Reproduktion und der kulturelle Bestand gesichert worden waren. Für die geschlechtliche Arbeitsteilung scheint dies zuzutreffen und z.B. das Abschlagen des Brasilholzes tatsächlich einem Teil der traditionellen kommunitarischen Tätigkeiten der Männer entsprochen zu haben. Es heißt, sie seien freiwillig dazu bereit gewesen und sorgten im Tausch gegen Tand für den Abtransport. Von den Frauen wurden die Kolonisten im Tausch gegen wertlose Schmuckstücke und europäische Manufakturwaren mit Nahrungsmitteln versorgt. Von ihnen erlernten sie auch viele für das Überleben bedeutsame kulturelle Eigenheiten wie die Techniken der Coivara (s.o.), die Ernährungsweise und die für Europäer fremden Regeln der tropischen Hygiene.[27]

Aus der sog. „historische Leistung" der Anpassung des Lebensstils der Eroberer an die Gegebenheiten und die Kultur der EinwohnerInnen wurde häufig der Schluß gezogen, daß die indirekten Methoden der Aneignung von indianischer Arbeitskraft im Rahmen der traditionellen kulturellen Bedeutungen stattgefunden hätte. In der Konfrontation mit der europäischen Kultur und besonders durch die Herausbildung der Mischbevölkerung wurde jedoch die gesellschaftliche Positionierung von Frauen verändert. In den indigenen Kulturen soll zwar die sogenannte sexuelle „Freizügigkeit" auch ein Gebot der Verehrung der „Anderen" gewesen sein, und die Frauen wurden den Kolonisten als Gastgeschenke ‚gegeben', um „ihm von seiten der Frau und des Stammes einen Bündnisantrag zu stellen".[28] Für die Eroberer bot sie jedoch die Möglichkeit, ohne Sanktionierung aus dem Gehäuse der eigenen Sexualmoral auszubrechen. Dieter Brühl (S. 66) stellt in diesem Zusammenhang fest: „Der Suprematie der Ideologie des ‚Weißen Mannes' im Kolonisationsprozeß ist es zuzurechnen, daß die scheinbare Unterwürfigkeit der... indianischen Frau in den feudalen Patriarchalismus eingefügt werden konnte und seine krasse ideologische Prägung im ‚Machismo' brasilianischer Patriarchen fand und zugleich gemäß der ihr inhärenten Doppelmoral die Einstellung der indianischen Frauen als Promiskuität bzw. Prostitution denunzierte".

Brasilien wurde also zu einem sexuellen ‚Selbstbedienungsmarkt' für die europäische Männer. Selbst wenn überhaupt von der o.g. Freizügigkeit gesprochen werden kann, so wurde die sexuelle „Vermischung" und die Aneignung der Arbeitskraft häufig auch in Form von Vergewaltigungen praktiziert, die den indianischen Beutungssystemen eher widersprachen. Inwieweit die ideologisch propagierte Dominanz des Mannes über die Frauen und die mehr oder weniger gewalttätigen Verbindungen der Portugiesen mit den Frauen auch *innerhalb der indigenen Gesellschaften* zu Geschlechterpolarisationen, zu Veränderungen der Organisationsformen wie Mobilitäts- und Heiratsregeln, oder z.B. zur Zunahme von Gewalt führten,[29] ist auf dem Stand der bisherigen Forschung nicht nachvollziehbar, aber auch nicht unbedingt auszuschließen.

Demgegenüber kam es mit dem Beginn der 2. kolonialen Phase zu massivsten Veränderungen der Lebensweise und damit auch der Geschlechterverhältnisse in den indianischen Gesellschaften. Diese Phase wurde bereits ab 1513 mit dem Aufbau der ersten Zuckerrohrplantagen eingeleitet; sie kam aber erst nach der Vergabe von Erb-Lehen (Capitanias) an Donatare zum Zweck der autonomen konsequenten Besiedelung und Kolonisierung seit 1532 voll zum Tragen.[30] Ähnlich wie in den spanischen Kolonien, beginnen mit dieser Phase in Brasilien Gewalttaten und das Massensterben durch die blutige Vertreibung durch militärisch organisierte und bewaffnete Eroberbanden sowie durch Krankheiten, andererseits durch die Versklavung der indianischen (und später afrikanischen) Bevölkerung und durch die von sinnloser Brutalität begleitete Arbeit in den Zuckerrohrplantagen. Anhand der unterschiedlichen Entwicklung der Capitanien bis Mitte des 16. Jahrhunderts wird deutlich, daß Aufbau, Überleben und Erfolg der Zuckerrohrplantagen nicht nur von europäischen Fachkräften und dem Transfer von Kapital und Technologie abhing, sondern auch vom indianischen Widerstand.

Seine Formen hingen mit dem Geschlechterverhältnis zusammen und bringen dessen Bedeutung für die Kolonisierung zum Ausdruck: Es zeigt sich nämlich, daß nur diejenigen Capitanien erfolgreich waren (Pernambuco u. São Vicente), in denen durch zahlreiche, und insbesondere gewaltfreie Beziehungen zwischen den Geschlechtern schon sehr frühzeitig eine genügend große Mestizenbevölkerung entstanden war. Entscheidend war vor allem, inwieweit Konkubinatsverhältnisse etabliert worden waren.

Das *Konkubinat* bestand zunächst nur in der Promiskuität der Kolonisatoren, die, oft auch zusätzlich zu ihren in Portugal hinterlassenen Familien, Ehen und Nebenehen mit den Indianerinnen eingingen. Wurde es zunächst von Krone und Kirche als Folge der Ausbeutungsinteressen stillschweigend geduldet und bisweilen gefördert, so entwickelten sie das Konkubinat auf dem Hintergrund einer zu geringen Eroberungs- und Arbeitsbevölkerung zu einem Instrument der Heiratspolitik. Als rechtlich legitimierte Verbindung zwischen Männern der Herrschaftsfamilien der Fazenden und indianischen und später afrikanischen Frauen trug es zur expansiven, aber gesteuerten Bevölkerungspolitik im Sinne der Kolonisatoren bei. Das Konkubinat sollte dabei nicht nur der Tendenz zur Endogamie der indianischen und später afrikanischen Sklaven entgegenwirken, denen ohnehin kein Recht auf Familie zugestanden wurde. Es war vor allem auch eine entscheidende Grundlage für den inneren Zusammenhalt der Fazenda, indem die Arbeitskräfte entweder unmittelbar durch eine Nebenehe der Töchter oder indirekt über die Erwartungshaltung dazu an die Herrschaftsfamilie gebunden wurden. Die Kinder aus diesen Beziehungen konnten den Status von adoptierten erhalten, wenn der Patriarch dies bestimmte, und häufig konnten sich Sklavinnen auch einige Privileginnen ergattern, was den Widerstand der Sklavenbevölkerung tendenziell minderte.[31]

Diese Konkubinatsverhältnisse waren insofern von Bedeutung, als schon in der zweiten Hälfte des 16. Jh. chronischer Arbeitskräftemangel herrschte und der Widerstand der indianischen Bevölkerung zunahm. Die Bedingungen in der Zuckerproduktion widersprachen fundamental der indianischen Lebensweise und Sozialorganisation: Die Kolonisten auf den Plantagen achteten z.B. stark darauf, Familien und Gesellschaften auseinanderzureißen und die Geschlechter auch räumlich voneinander zu trennen. Frauen hatten überwiegend auf separaten Ländereien zu arbeiten, von deren Subsistenzwirtschaft die gesamte Lebensmittelversorgung der Fazenden abhing. Männer wurden auf den Zuckerplantagen als Sklaven oder gegen extrem niedrigen „Lohn" für spezifische Arbeiten wie Dienstleistungen und Reinigung der Wassersysteme der Mühlen oder in der Agrikultur eingesetzt, die in den indianischen Gesellschaften nahezu ausschließlich Frauenarbeit war. Im Unterschied zu den indianischen Kulturen galten Frauen als weniger geeignet für die Landwirtschaft (für den Export), sondern „der produktivste Teil des (weiblichen) Sklavenbesitzes war der zeugende Bauch". Entsprechend betrug das Verhältnis von männlichen zu weiblichen Sklaven indianischer und später afrikanischer Herkunft während des gesamten Zuckerzyklus im Durchschnitt 60 zu 40%.

Um die Versorgung mit Arbeitskräften sicherzustellen und geflüchtete Sklavinnen und Sklaven einzufangen, fanden die militärisch organisierten und bewaffneten Sklavenexpeditionen der sog. Bandeirantes statt. Durch die massenhaften Verschleppungen und zum Teil blutigen Exzesse haben sie traurigen Ruhm erlangt.[32] An diesen Expeditionen, die sich aus der genannten Mestizenbevölkerung und indianischen Hilfstruppen zusammensetzten, waren auch Konkubinen als Kämpferinnen beteiligt, was ebenfalls für die Bedeutung dieser Einrichtung spricht.

Neben dieser eher indirekt erzwungenen „freiwilligen" Mitarbeit waren Frauen aber auch durch direkten Zwang von allen kriegerischen Auseinandersetzungen (unter den europäischen Kolonisten) und den Maßnahmen zur Erweiterung der Grenzen Brasiliens betroffen. Die Portugiesen verfolgten dabei ähnliche Strategien, wie sie von den Holländern und deren Statthalter Johann Moritz von Nassau-Siegen im Nordosten (1624) bekannt sind, der 3000 IndianerInnen in bedrohte Grenzgebiete umsiedelte. Die Folgen solcher Umsiedlungen für die verbleibende indianische Bevölkerung beschreibt Eric Wolf: „Da die meisten Bewohner des Tieflandes in ethnischen Formationen lebten, die nach Verwandtschaftsverbänden organisiert waren, mußten derart massive Verluste an menschlicher Arbeitskraft ihre Fähigkeit, die zum Überleben unabdingbare Ordnung ihres Zusammenlebens zu gewährleisten und zu reproduzieren, ganz erheblich beeinträchtigen".[33] Es läßt sich unschwer vorstellen, daß derartige Eingriffe der Eroberer auch die Geschlechterverhältnisse der indianischen Bevölkerungen und in diesem Zusammenhang möglicherweise auch die Widerstandsformen veränderten, auch wenn Untersuchungen darüber bisher fehlen. Der Frauenraub von (den ohnehin sehr wenigen) weißen Frauen könnte z.B. ein Indiz für die These sein, daß die Gewalttätigkeiten der Europäer den indianischen Frauen gegenüber zur Verschärfung des feindseligen Verhaltens der indianischen Männer beigetragen haben. Seit dem Übergang zur Versklavung der afrikanischen Bevölkerungen nahmen zwar die Gewalttaten und die ungeheure Brutalität der Kolonisten weiter zu, die sich immer auch gegen die Frauen richtete. Auch fanden verschiedene SklavenInnenaufstände statt, die direkt oder indirekt von Frauen mitgetragen oder angeführt wurden. Trotzdem blieb der Widerstand durch die entwickelten Sozialformen wie dem Konkubinat im Vergleich zu spanischen Kolonien begrenzter.

Zusammenfassung

Ich konnte hier zwar nur einige Aspekte anschneiden, wie die Bevölkerungspolitik, Arbeitsteilung und das Konkubinat. Trotzdem sollte deutlich geworden sein, daß für ein angemessenes Verständnis und eine den tatsächlichen Prozessen gerecht werdende Darstellung der Eroberung und Kolonisierung die Geschlechterdifferenz in die Analyse einbezogen werden muß.[34] Bei der Kolonisierung Brasiliens sind nicht nur Herrschaftsstrukturen und die Arrangements von Kapital, Technologie und Produktionsorganisation der Plantagenwirtschaft und Sklaverei von Madeira und São Tomé in die neue Kolonie exportiert worden. Ich denke, daß sich auch die Erfahrungen mit den verschiedenen Gesellschaften in den afrikanischen Kolonien von Anfang an in Brasilien niederschlagen. Sie führten dazu, eine neue Konzeption zu entwickeln, die in der Strategie einer „sozialen Kolonisierung" (Brühl) durch die angesprochene Bevölkerungs- und Sozialpolitik zu sehen ist. Indem die Portugiesen die indianischen Geschlechterverhältnisse in ihre Kolonisationsstrategie einfügten, sie nutzten und modifizierten, hatten sie erst die Möglichkeit, trotz ihrer zahlenmäßigen Unterlegenheit das Kolonisationssystem zu etablieren und weiterzuentwickeln. Dabei bildeten die verschiedenen Eroberer mit der Krone, und der Kirche mit ihren jeweiligen und zum Teil unterschiedlichen Interessen eine Interessenallianz oder -koalition. Es zeigte sich aber auch ein folgenschweres Ineinandergehen indianischer Traditionen mit den Interessen der Eroberer.

Obwohl sich die portugiesische Kolonialpolitik zu Beginn der Eroberung durch eine Strategie der Bewahrung und Zerstörung auszeichnet, wurden die Geschlechterverhältnisse der indianischen Gesellschaften schon in dieser Phase entscheidend verändert. Die Zusammenhänge der Kontrolle über Produktion und Reproduktion und die kulturellen Definitionen und symbolischen Ordnungen wurden aufgebrochen, wovon Frauen und Männer in unterschiedlicher Weise betroffen waren. Unter der Perspektive der Geschlechterdifferenz wird deutlich, daß bereits die erste Phase der Kolonie durch Gewalt gekennzeichnet war und von einer „friedlichen" Kolonisierung durch die Portugiesen keine Rede sein kann.

Anmerkungen

1 Ich spreche hier von (mehreren) „Geschlechterverhältnissen", da es sich im folgenden um die jeweiligen Organisationsformen in den verschiedenen indianischen Gesellschaften handelt. Von einem Geschlechterverhältnis als einem gesellschaftlichen Verhältnis mit relativ einheitlichen sozialen Strukturen und juristischen Regelungen ist auf dem Gebiet des heutigen Brasilien erst mit Beginn der Kolonisation durch die Portugiesen zu sprechen.

2 Russel-Wood, A.J.R.: Female and Family in the economy and society of colonial Brazil, in: Lavrin, A.: Latin American Women. Historical Perspectives, Westport/Connecticut 1978, S. 60-99; Boxer, Charles R.: Mary and Misogyny. Women in Iberian Expansion Overseas 1415-1815. Some facts, fancies and personalities, London/New York 1975, S. 35; Teles, M.A.: Brasil Mulher. Kurze Geschichte des Feminismus in Brasilien, Hamburg 1994.

3 Zit. i.: Andrä, Helmut (Hg.): Der Brief des Pero Vaz de Caminha über die Entdeckung Brasiliens 1500. Rio de Janeiro, in: Staden-Jahrbuch 4/1956, S. 67-100, hier S. 73; s.a. Vespucci, Amerigo: El Nuevo mundo, zit. in.: Gewecke, Frauke: Wie die neue Welt in die alte kam. Stuttgart 1992, S. 102 ff.

4 Siehe sein Beitrag in diesem Band.

5 Castro, E.V./Seeger, A.: Pontos de vista sobre índios brasileiros: um ensaio bibliográfico, in: ANPOCS (Ed): O que se deve ler em ciências sociais no Brasil - BIB, São Paulo 1986, S. 48 (eig. Übers.). Für eine kritische Auseinandersetzung s.a. Heilborn, M.L.: Fazendo Gênero? A antropologia da mulher no Brasil, in: Costa/Bruschini (Ed): Uma questão de gênero, Rio de Janeiro 1992, S. 93 ff.

6 In Mexiko haben z. B. ForscherInnen spätestens seit Mitte der 80er Jahre in verschiedenen Studien die Geschlechterverhältnisse der vorkolonialen Gesellschaften untersucht; s. u.a. Seler-Sachs, C.: Frauenleben im Reiche der Azteken. Ein Blatt aus der Kulturgeschichte Mexikos, Berlin 1984; Tuñon Pablos, J.: Mujeres en México. Una história olvidada, México D.F. 1987. In Brasilien stecken diese Untersuchungen noch in den Kinderschuhen und auch neue historisch-sozialanthropologische Studien wie die von Nadia Farage über die sog. Cariben und Arawak im Norden des Amazonas haben diese Perspektive nicht aufgenommen.

7 Vgl. u.a. Castro/Seeger, S. 50.

8 Vgl. Léry, Jean de: Tagebuch 1557, Tübingen und Basel 1967; Staden, Hans: Brasilien: die wahrhaftige Historie der wilden, nackten grimmigen Menschenfresserleuten (1548-1555) (hg. von G. Faber), Stuttgart 1984; Vespucci, Amerigo: El Nuevo mundo. Cartas relativas a sus viajes y descubrimentos, (hrsg. v. R. Levellier) Buenos Aires; zum Ethnozentrismus und zur Abwehr z. B. Kohl, Karl-Heinz: Abwehr und Verlangen: Zur Geschichte der Ethnologie, Frankfurt/New York 1987; ders.: Entzauberter Blick. Das Bild vom Guten Wilden. Frankfurt 1986; ders. (Hg.): Mythen der Neuen Welt. Zur Entdekungsgeschichte Lateinamerikas (Ausstellungskatalog). Berlin 1982; Gewecke: bes. S. 273-296.

9 Vgl. a. Schwartz, S.: Sugar Plantation in the Formation of Brasilian Society, Westport 1985, S. 31 f.

10 Zu ihnen zählen die Gruppen der Tapuia, Aimoré, Canella, Kraho, Suya; Vgl. Schwartz, S. 32 ff; Azevedo, T.d.: Family, marriage and divorce in Brazil, in: Heath, D.B./Adams, R.N.: Contemporary cultures and societies of Latin America, Westport/Connecticut 1965, S. 70 ff; Wagley, C.: The indian heritage of Brazil, in: Smith/Marchant: Brazil. Portrait of half a continent, Westport/Connecticut 1978.

11 Zu ihnen zählen die Gruppen der Tupinaés, Carijó (Guaraní), Teminimos, Tupigares, Tamoios und der Amoipiras (Tupinambá) und Tupiniquins. Die beiden letzten Gruppen sind vor allem durch den Brief von Pero Vaz de Caminha nüber die sog. „Entdeckung" Brasiliens durch Cabral bekannt geworden, resp. durch Chroniken von Hans Staden und Jean de Léry.
12 In geringem Maße wurde manchmal aber auch mit anderen Dörfern Kleinhandel mit Lebensmitteln betrieben. Einige Regionen im Nordwesten des Amazonas und bei den Alto-Xingu wiesen auch ein komplexeres Panorama auf, indem Handel, intergruppale Heiraten und das rituelle Leben verschiedene Gruppen eng miteinander verbanden; vgl. Castro/Seeger, S. 48.
13 Das hat wohl auch zu der irrigen Meinung vieler Chronisten geführt, die „Wilden" hätten weder Gesetz noch Glaube und „Regierung" bzw. König (Lei, Fê, Rei), die einige auch mit den fehleden entsprechenden Anfangsbuchstaben in der Sprache begründeten (vgl Staden, S. 230; Léry, S. 306). Eine ausführliche Darstellung der sozialen und kulturellen Bedingungen gibt z.B. Freyre, Gilberto: Herrenhaus und Sklavenhütte. Ein Bild der brasilianischen Gesellschaft. Stuttgart 1982, Kap. 2; s.a Castro/Seeger, S. 48; Wagley, C.: The indian heritage of Brazil, in: Smith/Marchant: Brazil. Portrait of half a continent, Wetsport/Connecticut 1978.
14 Zit. in Brühl, Dieter: A terra era nossa vida. Armut und Familien in Nordostbrasilien. Frankfurt 1989, S. 68; s.a. die Quellen in Castro/Seeger, S. 47 f.
15 S. z. B. Azevedo; sowie Augel; M.P.: Brasilianisch kochen. Gerichte und ihre Geschichte, St. Gallen/Wuppertal 1985, S 11 f.
16 Vgl. u.a. Brühl.
17 Padre José d'Anchieta, zit. n. Freyre, S. 95.
18 Vgl. Pourchet, M.J.: El control de la natalidad entre los índios brasileños, in: América Indígena 37/H.2 (1977), S. 337 f.
19 Vgl. u. a. Büttner Lermen, G.: Sklavinnen vermitteln die Botschaft des Lebens..., Dortmund 1991, S. 13.
20 Vgl. u. a. Azevedo.
21 Vgl. z.B. Hohenstein, J.: Das Reich der magischen Mütter. Eine Untersuchung über die Frauen in den afro-brasilianischen Besessenheitskulten Candomblé, Frankfurt (Reihe Wissenschaft und Forschung) 1991, S. 33.
22 Buarque de Holanda, S.: Raízes do Brasil, Rio de Janeiro 1956; s. 58. Er zitiert einen Erlaß von 1755, der solche (Misch)Ehen vor Diskriminierung schützen sollte; s.a. Figueiredo, L.: O avesso da memória. Cotidiano e trabalho da mulher em Minas Gerais no século XVIII, Brasília: Edunb/José Olympio 1993, S. 113 ff; Priore, M.D.: Ao Sul do Corpo. Condição feminina, maternidades e mentalidades no Brasil Colônia, Brasília: Edunb/José Olympio 1993.
23 Prado Júnior, C.: Formação do Brasil. Colônia, São Paulo 1979, S. 350; s.a. Figueiredo (S. 115) zu den (späteren) Problemen des Mangels an weißen Frauen.
24 Zum Etnozentrismus und Sexismus vieler Konzeptionen und Interpretationen u.a. Gewecke; Heilborn; Weigel, Siegrid: Topographien der Geschlechter. Kulturgeschichtliche Studien zur Literatur. Reinbek 1990.
25 Ribeiro, D.: Amerika und die Zivilisation. die Ursachen der ungleichen Entwicklung der amerikanischen Völker, Frankfurt/M. 1985, S. 270, der hier die Position vieler Anthropologen und Historiker kritisiert; s.a. Bitterli, Urs: Die Wilden und die Zivilisierten. Grundzüge der Geistes- und Kulturgeschichte der europäisch-überseeischen Begegnung. München 1991, S. 168 ff.

26 Freyre, S. 17; zur Gewalt gegenüber Frauen u.a. Hahner, J.E.: A mulher no Brasil, Rio de Janeiro 1978; Vitale, L.: La mitad invisible de la história. El protagonismo de la mujer latinoamericana, Buenos Aires 1987.
27 S. u.a. Brühl, S. 63 f; Freyre, S. 12, 94 f; Ribeiro, S. 267.
28 Büttner Lermen, S. 13; sie erwähnt hier Berichte der Jesuiten über Gastrituale der Tamoio.
29 So wurde z.B. Frauenraub zum maßgeblichen Motiv kriegerischer Auseinandersetzungen zwischen indianischen Gesellschaften und zugleich diente er nicht mehr nur der Sicherung der generativen Reproduktion.
30 Die indirekte Besiedlung durch Donotare ist ein System, das sich bereits auf den Azoren und in Madeira bewährt hatte; vgl. a. Pfirter, Dieter: Bundesstaat Brasilien. Historische, juristische und territoriale Entwicklung. Baden-Baden 1991, S. 111.
31 Vgl. u.a. Figeiredo; Brühl; Silva, M.B.N.: A imagen da concubina no Brasil colonial, São Paulo 1989, S. 17-60.
32 Reinhard, Wolfgang: Geschichte der europäischen Expansion. Bd.2: Die neue Welt. Stuttgart/Berlin/Köln 1985, S. 118 f.
33 Wolf, Eric R.: Die Völker ohne Geschichte. Europa u. die andere Welt seit 1400. Frankfurt/New York 1986, S. 196.
34 Für eine genauere Bewertung der Bedeutung des Geschlechterverhältnisses im Kolonisationsprozeß müßten alle Sozialorganisationen sowie die jeweiligen sozio-ökonomischen und ideologischen Bedingungen der einzelnen kolonialen Phasen untersucht werden. Dabei würden dann auch die Bedingungen und Lebensweisen der weißen Frauen der Herrschaftsfamilien Beachtung finden; s. dazu u.a. Priore, M.D.: A mulher na história do Brasil, São Paulo 1988; Leite, M.M.: A condição feminina no Rio de Janeiro. Século XIX, Brasília: Edunb 1984; Costa, A.O./ Bruschini, C. (Org.): rebeldia e submissão. Estudos sobre condição feminina, São Paulo 1989; Algranti, L.M.: Honradas e devotas: Mulheres da colônia. Condição feminia nos conventos e recolhimentos do Sudeste do Brasil, 1750-1822, Brasília: Edunb 1993.

Literaturliste

Algranti, L.M.: Honradas e devotas: Mulheres da colônia. Condição feminia nos conventos e recolhimentos do Sudeste do Brasil, 1750-1822, Brasília: Edunb 1993

Andrä, Helmut (Hg.): Der Brief des Pero Vaz de Caminha über die Entdeckung Brasiliens 1500. Rio de Janeiro, in: Staden-Jahrbuch 4/1956: 67-100

Augel; M.P.: Brasilianisch kochen. Gerichte und ihre Geschichte, St. Gallen/Wuppertal 1985

Azevedo, T.d.: Family, marriage and divorce in Brazil, in: Heath, D.B./Adams, R.N.: Contemporary cultures and societies of Latin America, Westport/Connecticut 1965

Bitterli, Urs: Die Wilden und die Zivilisierten. Grundzüge der Geistes- und Kulturgeschichte der europäisch-überseeischen Begegnung. München 1991

Boxer, Charles R.: Mary and Misogyny. Women in Iberian Expansion Overseas 1415-1815. Some facts, fancies and personalities, London/New York 1975

Brühl, Dieter: A terra era nossa vida. Armut und Familien in Nordostbrasilien. Frankfurt 1989

Buarque de Holanda, S.: Raízes do Brasil, Rio de Janeiro 1956

Büttner Lermen, G.: Sklavinnen vermitteln die Botschaft des Lebens..., Dortmund 1991

Castro, E.V./Seeger, A.: Pontos de vista sobre índios brasileiros: um ensaio bibliográfico, in: ANPOCS (Ed): O que se deve ler em ciências sociais no Brasil - BIB, São Paulo 1986

Costa, A.O./Bruschini, C. (Org.): rebeldia e submissão. Estudos sobre condição feminina, São Paulo 1989

Figueiredo, L.: O avesso da memória. Cotidiano e trabalho da mulher em Minas Gerais no século XVIII, Brasília: Edunb/José Olympio 1993

Freyre, Gilberto: Herrenhaus und Sklavenhütte. Ein Bild der brasilianischen Gesellschaft. Stuttgart 1982

Garza Tarazona, S.: La mujer mesoamericana, México D.F. 1991

Gewecke, Frauke: Wie die neue Welt in die alte kam. Stuttgart 1992

Hahner, J.E.: A mulher no Brasil, Rio de Janeiro 1978

Heilborn, M.L.: Fazendo Gênero? A antropologia da mulher no Brasil, in: Costa/Bruschini (Ed): Uma questão de gênero, Rio de Janeiro 1992

Hohenstein, J.: Das Reich der magischen Mütter. Eine Untersuchung über die Frauen in den afrobrasilianischen Besessenheitskulten Candomblé, Frankfurt (Reihe Wissenschaft und Forschung) 1991

Kohl, Karl-Heinz: Abwehr und Verlangen: Zur Geschichte der Ethnologie, Frankfurt/New York 1987

Kohl, Karl-Heinz: Entzauberter Blick. Das Bild vom Guten Wilden. Frankfurt 1986

Kohl, Karl-Heinz (Hg.): Mythen der Neuen Welt. Zur Entdekungsgeschichte Lateinamerikas (Ausstellungskatalog). Berlin 1982

Leite, M.M.: A condição feminina no Rio de Janeiro. Século XIX, Brasília: Edunb 1984

Léry, Jean de: Tagebuch 1557. Tübingen und Basel 1967

Novais, Fernando A.: Brasilien im Rahmen des alten Kolonialsystems, in: Staden Jahrbuch Bd 13/1965: 9-22

Osterwold, Tilman/Pollig, Hermann: Exotische Welten. Europäische Phantasien. Frankfurt (Katalog zur Ausstellung) 1987

Pfeiffer, Wolfgang: Brasilien. Völker und Kulturen zwischen Amazonas und Atlantik. Köln 1987

Pfirter, Dieter: Bundesstaat Brasilien. Historische, juristische und territoriale Entwicklung. Baden-Baden 1991

Pourchet, M.J.: El control de la natalidad entre los índios brasileños, in: América Indígena 37/H.2 (1977)

Prado Júnior, C.: Formação do Brasil. Colônia, São Paulo 1979

Priore, M.D.: Ao Sul do Corpo. Condição feminina, maternidades e mentalidades no Brasil Colônia, Brasília: Edunb/José Olympio 1993

Priore, M.D.: A mulher na história do Brasil, São Paulo 1988

Reinhard, Wolfgang: Geschichte der europäischen Expansion. Bd.2: Die neue Welt. Stuttgart/Berlin/Köln 1985

Ribeiro, D.: Amerika und die Zivilisation. die Ursachen der ungleichen Entwicklung der amerikanischen Völker, Frankfurt/M. 1985

Russel-Wood, A.J.R.: Female and Family in the Economy and Society of Colonial Brazil, in: Lavrin, A.: Latin American Women. Historical Perspectives, Westport/Connecticut 1978

Seler-Sachs, C.: Frauenleben im Reiche der Azteken. Ein Blatt aus der Kulturgeschichte Mexikos, Berlin 1984

Silva, M.B.N.: A imagen da concubina no Brasil colonial, São Paulo 1989

Staden, Hans: Brasilien: Die wahrhaftige Historie der wilden, nacketen grimmigen Menschenfresserleuten (1548-1555) (hg. von G. Faber), Stuttgart 1984

Schwartz, S.: Sugar Plantation in the Formation of Brasilian Society, Westport 1985

Teles, M.A.: Brasil Mulher. Kurze Geschichte des Feminismus in Brasilien, Hamburg 1994

Tuñon Pablos, J.: Mujeres en México. Una história olvidada, México D.F. 1987

Vespucci, Américo: El Nuevo mundo. Cartas relativas a sus viajes y descubrimentos, (hrsg. v. R. Levellier) Buenos Aires.

Vitale, L.: La mitad invisible de la história. El protagonismo de la mujer latino-americana, Buenos Aires 1987

Wagley, C.: The Indian heritage of Brazil, in: Smith/Marchant: Brazil. Portrait of half a continent, Wetsport/Connecticut 1978

Weigel, Siegrid: Topographien der Geschlechter. Kulturgeschichtliche Studien zur Literatur. Reinbek 1990

Wolf, Eric R.: Die Völker ohne Geschichte. Europa u. die andere Welt seit 1400. Frankfurt/New York 1986

Eleonore von Oertzen

Der Blick des Sklavenhalters: Einführung und Wandel ethnischer Definitionen an der Atlantikküste

Ebenso wie in anderen Regionen der Karibik ist die Geschichte der ethnischen Definitionen an der mittelamerikanischen Atlantikküste eine Serie von Anpassungen, Konflikten, Vermischungen und Neubestimmungen. Die meisten dieser Veränderungen wurden – direkt oder indirekt – vom Kontakt mit den Kolonialmächten Spanien und England im 17. und 18. Jahrhundert hervorgerufen. Beobachtet und beschrieben wurden diese Prozesse von Europäern, die damit zugleich ihre eigenen Interpretationen und Wertungen überlieferten. So verwandten sie mit Selbstverständlichkeit eine ethnische Terminologie, die ihrerseits ein Ergebnis der Sklaverei in den karibischen Plantagenkolonien war. Dennoch haben viele moderne Historiker und Ethnologen die Berichte dieser Beobachter unkritisch akzeptiert und damit unabsichtlich auch die darin enthaltenen rassistischen Ideen übernommen. Es ist der Zweck dieses Aufsatzes, das Gemisch von Interessen, Vorurteilen und Naivität zu entwirren, das einen großen Teil der Literatur über die Atlantikküste prägt, sobald es um die Frage ethnischer Gruppierungen und Grenzen geht.

Bei dem Versuch, die Dynamik ethnischer Definitionen an der Mosquitoküste von der Kolonialzeit bis in das beginnende 20. Jahrhundert zu begreifen, stößt man auf ein grundlegendes Problem: Wir bleiben auf die Quellen der europäischen Piraten, Kaufleute, Diplomaten, Siedler, Kriegsleute und Missionare verwiesen, wenn wir Einzelheiten über bestimmte Ereignisse, Persönlichkeiten oder Gruppen an der Küste erfahren wollen. Dies gilt sogar, wo es darum geht, was die Miskito über sich selbst oder andere ethnische Gruppierungen an der Küste gesagt (wenn auch nicht unbedingt gedacht) haben. Dabei können wir davon ausgehen, daß die Kategorien und Begriffe, in denen diese Definitionen ausgedrückt wurden, in den meisten Fällen die der europäischen Beobachter waren. Diese Kategorien veränderten sich im Laufe der Zeit, aber grundsätzlich betonten sie alle körperliche Merkmale (und nicht etwa kulturelle Eigenarten) als zentrale Kriterien bei der Festlegung ethnischer Grenzen.

Erste Kolonisationsversuche

Die Mosquitoküste gehört zu den Teilen des amerikanischen Kontinents, die bereits mit den allerersten europäischen Kolonisationsunternehmungen in Berührung kamen: Kolumbus erreichte sie auf seiner vierten Reise im Jahre 1502 und gab dem Kap Gracias a Dios im Norden der Küste seinen Namen. Allerdings hielt er die Region für höchst unwirtlich und von besonders wilden und feindlichen Menschen bewohnt und erhoffte sich hier auch keinen großen Gewinn in Form von Edelmetallen oder anderen Kostbarkeiten (Potthast 1988:11-12). Einige Jahrzehnte später hatten die Spanier die westliche Hälfte von Nicaragua erobert, aber sie unternahmen nur wenige Versuche, die Chontales-Berge, die natürliche Barriere zur Atlantikküste, zu überqueren. Obgleich die spanische Krone die Mosquitoküste immer als Teil ihres Kolonialreiches beanspruchte, konnte sie dort niemals dauerhafte militärische und Verwaltungsstrukturen aufbauen.

Die einheimischen Bewohner setzten ihre traditionelle Lebensweise, die der anderer südamerikanischer Tieflandvölker ähnelte, zunächst fort: sie lebten von Jagd, Fischfang, Sammeltätigkeit und einfachem Feldbau. Ihre Siedlungen lagen zumeist in einiger Entfernung von der Küste an den Flußläufen. Die Kontakte der verschiedenen Gruppen umfaßten sowohl Handel als auch gegenseitige Überfälle, um Gebrauchsgegenstände und Frauen zu rauben. Da ihr materielles und technisches Niveau im Grundsatz gleich war, konnte aber keine Gruppe eine dauerhafte Überlegenheit etablieren (M.W. 1732:302;304). Gelegentlich wurden Gefangene aus diesen Kriegszügen rituell getötet, aber die meisten, insbesondere Frauen und Jugendliche, wurden der siegreichen Gruppe einverleibt. Die Raubzüge erstreckten sich auch auf die Chontales-Berge, wo die Spanier mit der Bekehrung und „Reduktion" der einheimischen Bevölkerung begonnen hatten: die Indianer sollten ihre verstreute Siedlungsweise aufgeben und in größeren Dörfern unter der Aufsicht eines Gemeindepriesters leben. Die „wilden" Bewohner im Osten wurden als dauernde Bedrohung dieser neuen Ansiedlungen betrachtet. Die Versuche verschiedener spanischer Kolonialfunktionäre, die Indianer der Atlantikküste mit friedlichen oder kriegerischen Mitteln unter ihre Herrschaft zu bringen, blieben aber sämtlich erfolglos (Potthast 1988:25-29). Während die westliche Hälfte des heutigen Nicaragua ein Teil des spanischsprachigen, katholischen Lateinamerika wurde, blieb der Osten der Karibik verbunden und empfing mehr Einflüsse vom britischen als vom spanischen Kolonialismus.

Im Jahre 1630 gründeten einige englische Puritaner eine Gesellschaft, deren Zweck es war, die Inseln Providence (oder Catalina) und Henrietta (oder San Andrés) vor der Atlantikküste zu kolonisieren (Newton 1985:56), die bis dahin nur von einigen holländischen Piraten bewohnt waren. Die Kolonie sollte mehreren Zwecken dienen: Erstens sollte sie eine puritanische Mustersiedlung sein und den Glaubensbrüdern in England für den Fall der Verfolgung Zuflucht bieten; zweitens sollte sie durch den

Anbau tropischer Produkte (v.a. Tabak) den Gesellschaftern Profite bringen, und drittens sollte sie dank ihrer geographischen Lage als Ausgangspunkt für Überfälle auf die spanische Handelsroute zwischen den Häfen Trujillo und Portobelo dienen. Der zweite und vor allem der dritte Zweck gewannen im Laufe der Zeit immer stärker an Gewicht und ließen den ersten zunehmend in den Hintergrund treten. Ihre Rolle als vorbildliches Gemeinwesen verlor die Siedlung 1633, als (gegen den Protest einiger Siedler) die Providence Company 80 afrikanische Sklaven für die Arbeit auf den Tabakfeldern erwarb (Newton 1985:123; Parsons 1956:7). Als die Spanier die Inseln 1641 eroberten, war die Zahl der Sklaven bereits auf 600 gestiegen.[1]

Um den regelmäßigen Handel mit den Indianern des Festlandes zu erleichtern, richtete die Company Handelsstützpunkte auf den Mosquito Keys ein. Zu diesen kleinen Inseln vor Kap Gracias a Dios kam die einheimische Bevölkerung regelmäßig, um Schildkröten zu fangen. Später wurde ein weiterer Handelsposten in der Nähe des Kaps auf dem Festland eröffnet (Newton 1985:135).

Die Haltung der Company gegenüber Nicht-Europäern weist widersprüchliche Züge auf. Während sie Providence zum Prototyp einer karibischen Sklavenökonomie machten, waren die Direktoren der Gesellschaft gleichzeitig bemüht, die Kapitäne Cammock und Axe, die die Handelsposten betreuten, zu freundlichem Verhalten gegenüber den Indianern anzuhalten. Sie sollten ihnen mit Rücksicht begegnen und Konflikte vermeiden. Indianer, die Interesse an religiöser Unterweisung zeigten, sollten auf Providence willkommen sein, aber jederzeit die Möglichkeit haben, nach Hause zurückzukehren (Newton 1985:120). Die Briefe des Direktoriums an die Funktionäre auf der Insel und an der Küste sind von einer eigenartigen Mischung aus ökonomischen Absichten und religiösen Überzeugungen, materiellen Beweggründen und ideologischen Motiven gekennzeichnet.

Die Eroberung der Insel durch die Spanier im Jahre 1641 bedeutete das Ende jeglicher organisierter Kolonialisierungsversuche seitens der Engländer. Aber die Spanier konnten die Küste nicht wirklich in Besitz nehmen, und französische, holländische und englische Piraten suchten weiterhin in ihren zahlreichen Buchten und Flußmündungen Schutz. Einige von ihnen heirateten indianische Frauen; oft begleiteten Indianer die Piraten als Fischer oder Lotsen. Durch diese Kontakte lernten die Küstenbewohner zahlreiche europäische Produkte kennen und schätzen, insbesondere Feuerwaffen. Einige Indianer eigneten sich auch Grundkenntnisse europäischer Sprachen an. Aber allgemein kann man sagen, daß noch für weitere hundert Jahre die Atlantikküste und ihre Bewohner von der Kolonialentwicklung kaum berührt wurden.

Das Schiff aus Guinea

Im Jahre 1641, dem Jahr der Eroberung von Providence durch die Spanier und möglicherweise als ein Ergebnis dieses Ereignisses gelangte die erste größere Gruppe von Afrikanern an die Mosquitoküste. Bemerkenswert ist die Differenz zwischen der Anzahl von Sklaven, die die puritanischen Siedler nach der Vertreibung von Providence verloren zu haben beanspruchten (ca. 600), und den 381, welche in den spanischen Berichten als Teil der Kriegsbeute angeführt wurden (Parsons 1956 :8; 56). Selbst wenn beide Zahlen nicht ganz genau sein sollten, spricht viel für die Annahme, daß einige der Afrikaner, die auf den Tabakplantagen der Insel gearbeitet hatten, die Gelegenheit nutzten, als ihre Herren mit der Verteidigung beschäftigt waren, und mit einem Boot an das Festland flohen. Es scheint mehrere ähnliche Ereignisse gegeben zu haben, zumindest zwei von ihnen sind belegt: in der Mitte des 17. Jahrhunderts (Potthast 1988:63), und noch einmal 70 Jahre später (Holm 1978:181f.). In beiden Fällen strandeten mit Sklaven beladene Schiffe an der Küste, sei es infolge von Meutereien oder Navigationsfehlern; die verschleppten Afrikaner wurden freigelassen oder konnten fliehen. Neben den in den Quellen belegten Vorfällen dieser Art gab es vemutlich einen dünnen, aber stetigen Zustrom von Sklaven aus den spanischen Siedlungen im Westen und Süden, die bei den Einwohnern der Küste Zuflucht suchten.

Die Flüchtlinge bildeten keine eigenen Siedlungen („palenques'), sondern wurden in die indianischen Gemeinschaften aufgenommen. Um 1670 bemerkte der Pirat Exquemeling „einige wenige" Afrikaner unter den Indianern am Kap Gracias a Dios (Exquemeling 1923:234), die seiner Beobachtung zufolge, „nach den Gebräuchen ihres eigenen Landes" lebten (238). Sie unterschieden sich also nicht nur phänotypisch, sondern auch in ihrem Verhalten von den Indianern in ihrer Umgebung. Die zeitlich nachfolgenden Quellen (M.W. 1699:307; Lussan 1705:432) sprechen von „Mulatten" die friedlich zwischen den Indianern wohnten.[2] Offenbar war es den Flüchtlingen gelungen, sich an die Lebensbedingungen der Küste anzupassen und durch Heirat in indianische Familiengruppen aufgenommen zu werden, ja in einigen Fällen sogar soziale Führungspositionen einzunehmen.

Das „Schiff aus Guinea", das an der Küste gestrandet sein soll, wurde geradezu zu einem literarischen Motiv, das in allen Arbeiten zu diesem Thema bis auf den heutigen Tag immer wieder auftaucht. Die meisten Autoren, von den Piraten des 17. bis zu den Ethnologen des 20. Jahrhunderts, erwähnen nur ein einziges Schiff und kommen zu dem Ergebnis, dieser eine Vorfall habe die ethnischen Strukturen an der Mosquitoküste grundlegend verändert. Manche gehen sogar so weit, in diesem Vorfall den Auslöser für die Entstehung der Mískito als von anderen unterscheidbarer ethnischer Gruppe zu sehen. „...Der hybride Stamm der Mískito verdankt seine Entstehung der Vermischung von Bawihka [eine lokale Sprachgruppe an der Küste, E.v.O.] mit den Negern, die 1641 von einem südlich von Kap Gracias a Dios gestrandeten Sklavenschiff geflohen waren."[3] Es wäre ohne Zweifel aufschlußreich, zu untersuchen, welche kulturellen Traditionen die Afrikaner mit sich brachten und in welcher Weise diese von der lokalen Bevölkerung aufgenommen wurden. Allerdings ist ein solcher Versuch bisher noch nicht unternommen worden.[4] Vielmehr haben sich Diplomaten, Kaufleute, Historiker und Ethnographen darauf beschränkt, die Folgen des afrikanischen Einflusses in biologischen, rassischen, ja rassistischen Termini zu beschreiben.[5] Wann immer von den Unterschieden zwischen den Nachkommen der Afrikaner und der übrigen Küstenbevölkerung die Rede ist, werden unweigerlich phänotypische Merkmale angeführt: dunkle Haut und krauses Haar.

Das Vokabular des Rassismus

Im Jahre 1711 bezeichnete der Bischof von Nicaragua, Benito Garret y Arlovi, in einem Brief an den spanischen König die Einwohner der Küste als „Zambos, die Mosquitos genannt werden." (Peralta 1898:57). Die Bezeichnung „Sambo" oder „Zambo" (ursprünglich „zambaigo") für eine bestimmte Form „gemischter" Herkuft tauchte zuerst um 1560 im kolonialen Peru auf, wo sie für die Nachkommen aus afrikanisch-indianischen Verbindungen verwandt wurde (Forbes 1988:235). Die Spanier waren in ihren amerikanischen Kolonien sehr darum bemüht, alle Kontakte zwischen den unterworfenen Indianern und den als Arbeitskräfte importierten Afrikanern zu unterbinden, um gemeinsame Aufstände zu verhindern (Helms 1977:161f.; Martin 1985:58; Forbes 1988:164ff.). Daher setzten sie auch Angehörige der einen Gruppe gegen die andere ein: Schwarze als Soldaten bei der Niederschlagung von Indianerrebellionen und Indianer als Spurensucher bei der Jagd auf entflohene Sklaven (Boletín ...Bd.6:239; Wirz 1984:168). Jede afro-indianische Verständigung mußte als Bedrohung ihrer Herrschaft erscheinen, und die Nachkommen aus solchen Verbindungen repräsentierten daher in den Augen der Kolonialherren die „schlimmsten" d.h. gefährlichsten Eigenschaften beider Seiten.

Der Bischof berichtete seinem König von Überfällen auf die Dörfer bekehrter Indianer und teilte mit, die Küstenbewohner seien „Kariben", die sich obendrein mit den Engländern verbündet hätten – wobei die letzte Information immerhin der Wahrheit entsprach. „Kariben" war im spanischen Verständnis dieser Zeit einfach ein Synonym für gefährliche, weil rebellische Indianer. In Verbindung mit den Begriffen *zambos* und „Verbündete der Engländer" mußten die so Dargestellten als Ausbund der Wildheit und Feindseligkeit erscheinen. Dies war wohl auch beabsichtigt, denn der Zweck des Briefes bestand darin, den spanischen König von der Notwendigkeit einer größeren militärischen Operation gegen die Bewohner der Atlantikküste zu überzeugen. Ethnische Bezeichnungen dienten Garret y Arlovi also weniger zur Beschreibung, sondern vielmehr als Waffen in einer politischen Auseinandersetzung.

Die Ansicht des Bischofs von Nicaragua, daß es sich bei den Mískito um *zambos* handele, wurde von verschiedenen spanischen Kolonialfunktionären geteilt.[6] Dagegen war bei anderen Spaniern die Überzeugung verbreitet, man dürfe Mískito und *zambos* nicht gleichsetzen. Vielmehr komme es darauf an, *zambos* und „reine Indianer" zu spalten und damit den Widerstand der einheimischen Bevölkerung zu schwächen.[7] In einem Dokument aus dem Jahre 1721 finden wir zum ersten Mal die Identifikation verschiedener, angeblich „ethnischer" Gruppen bei den Mískito mit den Gefolgschaften unterschiedlicher Anführer. Die „reinen Indianer" wurden als Anhänger des unter der Bezeichnung „governor" bekannten Regionalhäuptlings bezeichnet, während der „king" (oder „rey') als Häuptling der *zambos* galt (Revista...1938:366;371).

Der Begriff *zambo* faßte auch im Englischen Fuß und ging in die rassistische Terminologie der westindischen Sklavenkolonien ein, wo er Personen bezeichnete, die aus Verbindungen von Mulatten mit Schwarzen hervorgegangen waren oder deren Phänotyp eine solche Abstammung nahelegte. „Das Hauptproblem bei Aussagen über die Hautfarbe besteht darin, daß sie sich sowohl auf sichtbare körperliche Merkmale beziehen als auch auf Informationen über die Abstammung einer Person. Da die Hautfarbe über die rechtliche Position eines Menschen entschied, gerieten diese beiden Anhaltspunkte gelegentlich in Konflikt miteinander."(Higman 1984:20). Abgesehen von den beiden genannten Zwecken – die äußere Erscheinung einer Person zu beschreiben und über ihre Abstammung Auskunft zu geben – dienten Begriffe wie *zambo* (und zahlreiche andere) dazu, Gruppen mit verschiedenen Rechten und unterschiedlicher sozialer Position innerhalb der Kolonialgesellschaft voneinander abzugrenzen bzw. – im Falle der Mískito – den Verlauf angenommener ethnischer Grenzen anzugeben. Wenn die Bezeichnung *zambo* im Zusammenhang mit einem Mískito verwendet wird, läßt sich daher oft nur schwer sagen, ob damit nur eine äußerliche Beschreibung der betreffenden Person beabsichtigt ist, ob damit Vermutungen oder Kenntnisse über die nidividuelle Abstammung vermittelt werden sollen, oder ob es darum geht, diese Person als Teil einer als *zambos* bekannten Gruppe zu identifizieren.

„Indianer" oder *zambos*?

1740 wurde der englische Offizier Robert Hodgson an die Mosquitoküste geschickt, um die Verteidigung der englischen Siedlungen zu organisieren, die dort entstanden waren. Die größte von ihnen war Black River im Nordosten, im heutigen Honduras. In einer ausführlichen Beschreibung der Küste und ihrer Einwohner faßt er seine Erkenntnisse über die Mískito folgendermaßen zusammen:

„Von den Einheimischen oder Mosquitoleuten gibt es zwei Arten. Die einen sind die ursprünglichen Indianer, die anderen (die Samboes genannt werden) sind eine Mischung aus diesen mit Negern, welche zustandekam, soweit ich erfahren konnte, indem zwei holländische Schiffe voll von ihnen vor vielen Jahren hier strandeten.(...) Sowohl die Indianer als auch die Samboe-Männer sind gut gebaut, stark und ziemlich groß; die ersteren haben genau die Farbe von holländischem Kupfer und langes, stroffes, glattes Haar. Die Samboes gibt es in allen Schattierungen zwischen den Farben der Indianer und der Schwarzen, ihr Haar ist entsprechend mehr oder weniger wollig. (...) Obwohl sie praktisch ein einziges Volk sind, bilden sie doch keinen einheitlichen Staat, sondern vielmehr eine Verbindung aus dreien, von denen jeder nahezu unabhängig von den anderen ist. Die ersten leben zwischen der Südgrenze und Brangmans [ein Kap an der südlichen Mosquitoküste, E.v.O.] und sind vorwiegend ursprüngliche Indianer; ihren Häuptling nennen sie Governor. Die nächsten reichen bis etwa Little Black River und sind überwiegend Samboes, ihr Häuptling wird King genannt. Die letzten leben im Westen davon und sind Indianer und Samboes durcheinander, sie nennen ihren Häuptling General..." (PRO, FO 53/10:35).

Dieser Text enthält den Kern der Verwirrung, die von da an alle Versuche verfolgen sollte, die ethnischen Verhältnisse an der Atlantikküste zu beschreiben und zu interpretieren. Die Mískito waren „praktisch ein einziges Volk"; die ethnische Unterscheidung ist als Information für den europäischen Leser gedacht. Sie kann auch auf keine sprachlichen oder kulturellen Unterschiede verweisen, nur auf Haut und Haar. Die Mischung von scharfer Beobachtung und eurozentrischer Obsession mit dem Thema Rasse, wie sie in diesem Text zutage tritt, zieht sich durch die Literatur über die Mískito bis in unsere Zeit.

An dieser Stelle erhebt sich die Frage danach, ob die Mískito selbst von der Existenz mehrerer Untergruppen in ihrer Gesellschaft ausgingen; und wenn dies der Fall sein sollte, wäre nach den Kriterien zu fragen, die diese Gruppen unterschieden. Betrachteten die Mískito sich selbst als ethnisch gespalten? Und beurteilten sie die soziale Zugehörigkeit des Einzelnen nach seiner körperlichen Erscheinung? Ein Weg, um einer Antwort näher zu kommen, könnte darin bestehen, Konfliktsituationen innerhalb der Mískito-Gesellschaft unter dem Gesichtspunkt zu untersuchen, ob ethnische Unterschiede darin eine Rolle spielen oder gar als Ursache gelten können. Solche Situationen sind in der Literatur über die Mískito vielfach beschrieben, und die einschlägigen Quellen bzw. Zitate sind allen Forschern hinlänglich bekannt. Aber wo immer ethnische Differenzen überhaupt mit Konflikten in Zusammenhang gebracht werden, werden sie auch mit Selbstverständlichkeit als deren Ursache angenommen (Potthast 1988:67f.,112; Naylor 1989:41f.; Olien 1983:203;). Es scheint vielversprechend, diese altbekannten Quellen einmal „gegen den Strich" zu lesen.

Das erste allseits bekannte Zitat dieser Art stammt aus der Feder des Kapitäns Nathaniel Uring, der um 1710 an der nördlichen Atlantikküste (des heutigen Honduras) gestrandet war. Über den englischen Holzfäller, bei dem er Aufnahme gefunden hatte, kam er in Kontakt mit benachbarten Mískito, die er voller Interesse beobachtete und über ihre Bräuche und Institutionen befragte. Er erfuhr von ihnen, daß sie sich von einer größeren, am Kap Gracias a Dios ansässigen Gruppe abgespalten hatten:

> „Einige wenige haben sich von der Hauptgruppe getrennt, so auch die von Kap Cameron, die unsere Nachbarn waren. Sie gaben dafür folgenden Grund an: Sie sagten, einige Leute, die nicht zu den Alteingesessenen gehörten, sondern Emporkömmlinge wären, hätten die Regierung übernommen, und sie benähmen sich derart stolz und unverschämt, daß sie es nicht ertragen konnten und sich deshalb von der Hauptgruppe getrennt hätten. Sie erzählten die Sache folgendermaßen: Ein Schiff voller Neger strandete an der Küste, und diejenigen, die sich vor dem Ertrinken retten konnten, vermischten sich mit den Muscheto, die Ehen mit ihnen schlossen und so eine Rasse von Mulatten in die Welt setzten; und das waren die Leute, denen die Gesellschaft keinerlei Art von Kommandogewalt zugestehen mochte. Kapitän Hobby, dessen Kuh von unseren Leuten getötet worden war, gehörte dieser Rasse an, denn seine Mutter war eine Negerin. Der einzige Unterschied, den ich ausmachen konnte, bestand darin, daß die einheimischen Indianer langes scharzes Haar hatten, während das der Mulatten buschig und lockig war. Auch die Haut war ein wenig unterschiedlich, die Mischung aus kupferfarben und schwarz sah etwas anders aus." (Uring 1928:154f.).

Eine Abspaltung von einer größeren Gruppe, wie Uring sie beschreibt, ist bei südamerikanischen Tieflandvölkern nichts Ungewöhnliches. Viemehr kann sie Reaktion auf unterschiedliche Formen der Krise sein: Naturkatastrophen oder der Druck durch feindliche Nachbargruppen können Nahrungsquellen verknappen und die Konkurrenz zwischen den jagenden Männern bis zur Unerträglichkeit verstärken. Machtkämpfe zwischen einzelnen Personen oder Familiengruppen können zum Auftauchen neuer Führungspersönlichkeiten führen, die den amtierenden Häuptling herausfordern oder mit ihrer Anhängerschaft die Gruppe verlassen.

Es läßt sich leicht vorstellen, daß die Ankunft einer größeren Gruppe von kräftigen jungen Männern (die afrikanischen Schiffbrüchigen) nicht ohne Folgen für das innere soziale Gleichgewicht der indianischen Gesellschaft am Kap Gracias a Dios war, die nur ca. 1500 Personen umfaßte. Über der Frage, welchen Familien es gelang, die Loyalität und Mitarbeit von einem oder mehreren dieser Männer zu gewinnen, dürfte es zu heftiger Konkurrenz gekommen sein, und frühere Allianzan und etablierte Machtstrukturen mögen ins Wanken gebracht worden sein. So übernahmen neue Persönlichkeiten einflußreiche Positionen, und andere, die das nicht zulassen mochten, zogen fort. Unter diesen befanden sich neben Indianern auch Menschen mit afrikanischen Vorfahren, wie das Beispiel des lokalen Häuptlings „Kapitän Hobby" und seiner afrikanischen Mutter zeigt. Im Gegensatz zu Urings Annahme scheint sich der Bruch nicht entlang „rassischer"Linien vollzogen zu haben. Uring selbst kann keine deutlichen Unterschiede zwischen beiden Gruppen erkennen, das einzige, was ihm auffällt, sind die phänotypischen Kriterien, die uns inzwischen bekannt sind: Haut und Haar. Wenn er von den Mískito im allgemeinen spricht, von ihrer Geschichte, ihren Gebräuchen, ihrer Religion oder ihrer politischen Ordnung, spricht er ohne Zögern von „Indianern":

Derselbe „Kapitän Hobby", der im obigen Zusammenhang als Beispiel für einen Mulatten angeführt ist, wurde wenige Seiten zuvor als „indianischer Häuptling" vorgestellt (121f.).

Urings Bericht ist in der späteren Literatur als Beleg dafür herangezogen worden, daß bereits zu Beginn des 18.Jahrhunderts ethnisch begründete Konflikte zwischen „Mulatten"(später *zambos*) und „reinen Indianern"bestanden (Potthast 1988:65). Uring selbst legt diese Interpretation nahe, indem er Informationen über die Abspaltung mit anderen Berichten der Mískito über das bekannte Sklavenschiff zusammenbringt und mit der Bemerkung abschließt, die „Gesellschaft" habe es nicht ertragen, afrikanischstämmige Anführer zu haben. Bei der Betrachtung dieses Textes sollte man aber die Möglichkeit ins Auge fassen, daß es vielleicht eher der englische Kapitän war, der diesen Gedanken unerträglich fand. Immerhin war Uring selbst in den Sklavenhandel verwickelt und hatte daher Anlaß und Gelegenheit gehabt, sich den „Blick des Sklavenhalters" anzueignen.[8]

Von Robert Hodgson stammt noch ein weiteres Zitat, aus dem auf den ersten Blick Hinweise auf Konflikte und Feindseligkeit zwischen Indianern und *zambos* hervorzugehen scheinen. Im Jahre 1740 begleitete er eine Gruppe von Mískito auf einem Raubzug gegen die spanischen Siedlungen in Matina (im heutigen Costa Rica), an dem *king* und *governor* mit ihren jeweiligen Gefolgschaften beteiligt waren. Die Gesamtheit seiner nicht-weißen Begleiter bezeichnete Hodgson als „Mosquito-Men"; unter ihnen aber unterschied er nach „Sambos"und „Indians", wobei er die ersteren dem *king*, die anderen dem *governor* zuordnete. Als der *governor* alle „indianischen und mestizischen Gefangenen"freiließ, bestanden die „Sambos"darauf, „...daß ihre Farbe genauso gut sei wie die der Indianer", woraufhin auch die „Mulatten, Sambos and Neger"befreit wurden (PRO CO 137/57:36). Diese Episode ist als Beleg für ethnisch begründete Spannungen zwischen *zambos* und „reinen" Indianern angeführt worden (Potthast 1988:177, Anm.65). Meiner Meinung nach aber verweist sie auf eine wesentlich komplexere Situation: Es war für die Mískito und ihre englischen Begleiter zu dieser Zeit nicht ungewöhnlich, bei gemeinsamen militärischen Unternehmungen zwischen weißen und indianischen Gefangenen einerseits und Afrikanern andererseits zu unterscheiden. Während die ersteren in der Regel freigelassen wurden, verkaufte man die Schwarzen als Sklaven, wobei die Mískito einen Teil des Erlöses erhielten. Die Mískito waren durchaus daran gewöhnt, daß für Gefangene andere Kriterien galten als für sie selbst. Als der *governor* die Gefangenen nach Hautfarbe trennte, lag ihm sicherlich jeder Bezug auf die möglichen Unterschiede zwischen seinen Anhängern und denen des *king* völlig fern. Interessant an dieser Episode ist aber, daß einige dunkelhäutige Mískito dies offenbar anders sahen und zumindest die Möglichkeit nicht ausschlossen, daß auch die Mískito selbst nach der Hautfarbe differenziert werden könnten. Ehe man es aber über dieser Frage zu einem internen Konflikt kommen ließ, einigte man sich auf die Freilassung sämtlicher Gefangener und bestätigte damit, daß in den Augen der Mískito die

165

körperliche Erscheinung allein nicht ausreichte, um über die Behandlung einer Person und ihren Status als frei oder versklavt zu entscheiden.

Dies soll nun nicht heißen, daß es zwischen den Indianern, die Hodgson begleiteten, keine Spannungen gegeben habe. Es mag auch eine Spaltung entlang der Linie bestanden haben, die Hodgson für eine rassische (nicht ethnische) Grenze hielt, die nämlich die Anhänger des *king* von denen des *governor* trennte. Lokale und regionale Kriegshäuptlinge, insbesondere der *king*, der *governor* und der *general* konnten im 18. Jahrhundert ihren Einfluß vergrößern. Unter britischem Einfluß wurden die Überfälle auf spanische Siedlungen, aber auch auf die Indianer des Hinterlandes häufiger, denn die Briten boten den Mískito einen Markt für ihre Beute und bezahlten sie in Stoffen, Metallwaren, Feuerwaffen und Alkohol. Solange die Kriegshäuptlinge derart attraktive Güter unter ihren Anhängern verteilen konnten, fiel es ihnen leicht, die Loyalität ihrer Gefolgschaften zu sichern. Diese mögen damit einen stabileren Charakter angenommen haben als zu früherer Zeit. Es ist aber im höchsten Grade zweifelhaft, ob körperliche Merkmale, Hautfarbe oder Beschaffenheit des Haares in diesem Zusammenhang von Bedeutung waren – außer für Robert Hodgson selbst.

Die Beliebigkeit europäischer Versuche, die bestehenden politischen und sozialen Verhältnisse an der Küste in ein vorgefaßtes System von „Stämmen" und „Rassen" einzufügen, geht auch aus den kurzen Anmerkungen hervor, die Unterschriften von Mískito-Häuptlingen unter Verträge, Petitionen und ähnliche Dokumente hinzugefügt wurden. In der Regel wurden diese Urkunden von britischen Siedlern oder Militärs verfaßt und den Mískito dann übersetzt vorgelesen. Diese unterzeichneten sie meist durch ein Kreuz neben ihrem Namen. Um die Repräsentativität ihrer indianischen Gesprächspartner zu belegen, fügten die Briten häufig den Namen kurze Erläuterungen an, die in einem Titel („Admiral", „Kapitän" etc.), einem Wohnort oder einer ethnischen Kategorie (z.B. „Admiral der Sambos", „indianischer General") bestehen konnten. So wird der *king* George 1780 als „König aller Sambos" bezeichnet, 1783 als „König der Mosquitos" und 1784 als „König der Mosquito-Indianer". [9] In einem anderen Dokument (CO 137/79:184f.) wird ein Häuptling als Anführer „aller Sambos" charakterisiert, ein anderer als aus „Wana Sound" stammend, und ein dritter als „Bruder von General Tempest", als seien diese drei Informationen gleichwertig und austauschbar. Für die Mískito war dies wahrscheinlich der Fall, denn die Dorfgemeinschaft und die Verwandtschaftsgruppe spielten für sie ohne Zweifel mindestens eine so große – wenn nicht eine größere – Rolle als ethnische oder „rassische" Zuordnungen.

„Stammes"-Identität und soziale Zugehörigkeit

Wenn wir die Möglichkeit einräumen, daß die Briten in rassischen Kategorien dachten, während die Wahrnehmung der Mískito von Verwandtschaftsbeziehungen und politischen Loyalitäten geprägt war, müssen wir fragen, wie die beiden unterschiedlichen Auffassungen zweihundert Jahre lang friedlich nebeneinander existieren konnten, ohne Konflikte heraufzubeschwören. Der oben erwähnte Bericht von Robert Hodgson enthält bereits Hinweise auf die mögliche Antwort: Wo die Briten von *zambos* und Indianern oder von einer Aufspaltung der Mískito in mehrere „Stämme" sprachen, bezogen sich ihre indianischen Gesprächspartner auf die Gefolgschaft des einen oder anderen Anführers. Praktisch sprachen beide Seiten über dieselben Personen.

Ein Beispiel soll dies deutlicher zeigen: Nach dem Abschluß eines gemeinsamen kriegerischen Unternehmens im Jahre 1780 nahmen zwei englische Unterhändler Beschwerden der Mískito entgegen, um deren zukünftige Unterstützung nicht zu verlieren. Da sie davon überzeugt waren, es mit „zwei Stämmen" zu tun zu haben, unterteilten sie ihre Verhandlungspartner in *zambos* und Indianer und ordneten sie den beiden obersten Anführern *king* und *governor* zu. Die Gespräche wurden in einem Protokoll beinahe in direkter Rede festgehalten und lassen auf ein offenes und freundliches Klima schließen. Die Frage der Aufteilung der Mískito in zwei „Stämme" kam nur ein einziges Mal zur Sprache:

> „Frage: Da die Geschenke entsprechend dem Anteil verteilt werden, den jeder Stamm an der Expedition hatte, müßt ihr uns angeben, wieviele Männer von jedem Stamm dabei waren.
> Antwort: Wir können die Zahlen nicht ganz genau angeben, meinen aber, daß sie etwa gleich waren. Vielleicht hatten die Indianer ungefähr dreißig Männer mehr, das sollte bei der Verteilung der Geschenke an den *governor* berücksichtigt werden."
> (CO 137/79:164ff.)

Die Verhandlungen fanden mit Hilfe eines Dolmetschers statt, der vermutlich Engländer war (er unterzeichnete das Protokoll mit seinem vollen Namen, John Young). Wir können nicht wissen, wie er im Gespräch mit den Mískito die Begriffe „Tribe" bzw. Gefolgschaft benutzte. Inhaltlich fielen die Zuordnung zu einem „Stamm" und zu einem Anführer zusammen, wie der zitierte Wortwechsel zeigt.

Die Briten waren so sicher, es mit zwei „Stämmen" zu tun zu haben, daß sie alle anwesenden Häuptlinge dem einen oder andren „Stamm" zuordneten und damit zu Untergebenen des *king* oder des *governor* machten. Auf diese Weise wurde *general* John Smee zum „Offizier" von *governor* Briton erklärt, was seiner realen Position als regionaler Anführer an der nördlichen Küste ohne Zweifel nicht gerecht wurde. Daß eine solche irrtümliche Darstellung in die Akten eingehen konnte, läßt darauf schließen, daß der Einfluß der Mískito auf die endgültige schriftliche Fassung des Protokolls gering war.

Die europäische Neigung, ethnische Gruppen oder „Unterstämme" in sozialen Gebilden zu sehen, die aus Verwandschaftsbeziehungen oder Gefolgschaften entstanden waren, hat möglicherweise zu einem Phänomen beigetragen, das sich im Laufe des 19.

Jahrhunderts beobachten läßt. In dieser Zeit kam es mehrfach vor, daß die Namen früherer Anführer auf lokale Gruppen oder „Stämme" übertragen wurden. So bezeichneten noch Anfang dieses Jahrhunderts die Mískito von Sandy Bay die Bewohner des Hinterlandes als „Sulera" (Conzemius 1929:59; Holm 1978:319f.). Dies war der Name eines lokalen Häuptlings, der gegen Ende des 18. Jahrhunderts in blutige Auseinandersetzungen mit dem *king* verwickelt gewesen und dabei zusammen mit vielen seiner Anhänger ums Leben gekommen war. Ein weiteres Beispiel ist die Bezeichnung für eine Gruppe von Rama, die im Quellgebiet des Río San Juan lebten, als „Melchora" oder „Melchor-Rama" (Stout 1859:113). Dieser Name hängt offensichtlich mit dem spanischen Eigennamen Melchor zusoammen, und so hieß, einem spanischen Dokument zufolge, im Jahre 1804 ein wichtiger lokaler Häuptling an der südlichen Küste (Peralta 1898:292).

In die gleiche Richtung weist auch eine Ursprungsmythe, der zufolge der Name „Mískito" auf einen legendären König „Miskut" zurückgeht, unter dessen Führung die Mískito an die Küste gelangt seien (Holm 1978:308).

Das Jahrhundert der Krise

Zu Beginn des 19. Jahrhunderts veränderte sich die ethnische Zusammensetzung der Küstenbevölkerung nachhaltig. Insbesondere das Auftauchen von zwei Gruppen, welche als besonders „afrikanisch" wahrgenommen wurden, beeinflußte die Haltung europäischer Berichterstatter gegenüber den indianischen Küstenbewohnern, einschließlich der *zambos*. Im Jahre 1795 schlugen die Briten eine Rebellion der sogenannten „Black Caribs" nieder, Nachkommen von Kariben und entflohenen Sklaven auf der Insel St. Vincent. Etwa 2000 der Aufständischen wurden auf die Insel Roatan vor der Küste von Honduras deportiert, von wo aus sie bald auf das Festland in der Nähe von Trujillo übersiedelten. Konflikte mit den spanischen Behörden veranlaßten einige von ihnen, nach Osten zu ziehen und sich unter den Mískito an der honduranischen Küste niederzulassen. Die ersten Dörfer der „Black Caribs" im heutigen Nicaragua, in der Nähe von Pearl Lagoon, wurden um 1860 gegründet, aber schon früher waren Garífuna oder Garínagu (wie die „Black Caribs" sich selbst nennen) als Lotsen und Saisonarbeiter an verschiedenen Orten der Küste anzutreffen gewesen (Davidson 1980:34).

Eine weitere neue Bevölkerungsgruppe an der Küste enstand aus den Sklaven, die die britischen Siedler auf ihren Plantagen beschäftigt hatten, Einige von ihnen hatten die Gelegenheit zur Flucht ergriffen, als die Mosquitoküste 1786 von Großbritannien evakuiert und spanischer Verwaltung übergeben wurde. Besonders in Bluefields und Pearl Lagoon, an der Küste des heutigen Nicaragua, blieben Gruppen ehemaliger Sklaven zurück. Sie bestanden nicht nur aus Afroamerikanern, denn die Engländer hatten auch zahlreiche indianische und einige europäische Arbeitskräfte beschäftigt, aber die Menschen afrikanischer Herkunft bildeten die Mehrheit unter ihnen. Diese Menschen befanden sich in einer völlig anderen Situation als die gestrandeten Afrikaner 150 Jahre zuvor, und ihre Integration in indianische Familien bzw. Dorfgemeinschaften stand nicht zur Debatte. Sie sprachen Englisch, manche hatten Jamaica oder Belize besucht und verfügten über Erfahrung im Handel oder zumindest im Umgang mit Händlern. Zudem bot sich ihnen eine reale Alternative: sie bildeten eigene Siedlungen in Bluefields und Pearl Lagoon, Orten, die sie gut kannten und die sich für eine Vielzahl von wirtschaftlichen Aktivitäten (Landwirtschaft, Fischerei, Handel) eigneten. Obgleich ihre materiellen Lebensgrundlagen denen der Mískito ähnelten, unterschieden sie sich von der indianischen Bevölkerung durch ihre Sprache sowie ihre kulturellen und religiösen Traditionen. Nach wenigen Jahren kam für sie die aus Jamaica stammende Bezeichnung *creoles* in Gebrauch, und im Laufe der Zeit verdrängten sie die Mískito aus der zentralen Rolle als Vermittler zwischen Europäern und einheimischer Bevölkerung (Gabbert o.J.:87).

Die Anwesenheit neuer ethnischer Gruppen, deren Mitglieder in ihrer Mehrheit zweifellos afrikanischer wirkten als die meisten Mískito, ist als Erklärung dafür angeführt worden, daß im 19. Jahrhundert europäische Beobachter angesichts einer „schwärzeren" Alternative den Charakter der Mískito als indianischer Bevölkerung wieder stärker betonten (Helms 1977:164). Zwar gibt es in der Tat zahlreiche Darstellungen, in denen die Mískito ohne Zögern als indianische Bevölkerungsgruppe bezeichnet werden (Stout 1859:167; Dunham 1850:52; Collinson 1867-69:148; Dunn 1829:22ff.; Bell 1862:250ff.; Pim/Seemann 1869:305), aber gleichzeitig erschienen Berichte über die Mosquitoküste, in denen das afrikanische Element bzw. die Anwesenheit von *zambos* eine zentrale Rolle in der Wahrnehmung der ethnischen Zusammensetzung spielten. Einige dieser Darstellungen setzen Mískito mit *zambos* gleich, ein ethnischer Unterschied tut sich in diesem Verständnis also zwischen Mískito und „aboriginal indians" auf (Young 1842:71; Fellechner et.al. 1845:134; von Reden 1856:252; Wickham 1895:198), die anderen sehen, in der Nachfolge Robert Hodgsons, die Mískito in *zambos* und „reine Indianer" unterteilt (Wright 1808; Henderson 1809:181; Irias 1853:161; Pim 1863:75).

Rassismus und Politik

Eine besondere Position unter den Quellen des vorigen Jahrhunderts nehmen die Schriften des nordamerikanischen Autors und Diplomaten Ephraim Squier ein, der sich 1850 auf seiner Reise nach Managua kurz in San Juan aufhielt. Fünf Jahre später veröffentlichte er unter dem Pseudonym Samuel Bard eine fiktive Reiseerzählung (Waikna; or adventures on the Mosquito Shore). Der Protagonist und Ich-Erzähler, ein junger nordamerikanischer Künstler, reist darin von San Juan in nördlicher

Richtung die Küste entlang bis nach Honduras. An diesem Buch, das immer wieder als seriöse Quelle über die Küstenbevölkerung zitiert worden ist, ist bemerkenswert, daß Squier die Mískito, wann immer er sie erwähnt, nicht nur als schwarz und ohne jegliche indianische Züge darstellt, sondern außerdem auch als dumm, rückständig und lächerlich. Seine aggressiv rassistische und überhebliche Haltung zeigt sich z.B. an der folgenden, angeblich auf einem persönlichen Zusammentreffen beruhenden Beschreibung des Mískito-*kings* George Augustus Frederic:

> „... ein schwarzer Junge, oder was ein Amerikaner als ‚a young darkey' bezeichnen würde. (...) er ist nichts weiter als ein Neger und hat kaum eine erkennbare Spur indianischen Blutes in sich. Im Süden würde er durchgehen als ein ‚ansehnlicher junger Bursche, als Leibdiener eintausendzweihundert Dollar wert.'„ (Squier [Bard] 1965:63f.)

Von dem jungen *king* existieren nicht nur abweichende Darstellungen anderer Reisender, die ihn gewiß persönlich getroffen haben, sondern auch zwei Portraits (Bell 1899:274; Pim/Seemann 1869:268), die Squiers Beschreibung Lügen strafen. Aber es geht hier um mehr als nur die Frage nach vollständiger oder korrekter Information. Die ethnische Herkunft des Mískito-*king* war zu einem politischen Streitpunkt geworden.

Die Republik Nicaragua beanspruchte als Rechtsnachfolgerin der spanischen Krone die Souveränität über die Atlantikküste, war aber zunächst faktisch nicht in der Lage, in der Region präsent zu sein, während Großbritannien den Einfluß auf die Küste zurückzugewinnen suchte. Dabei wurden die angeblich souveränen Mískito-Könige und ihre historischen Beziehungen zu England als diplomatische Argumente ins Feld geführt. Die nicaraguanischen Regierungen wiesen alle britischen Vorstöße zurück und konterten, indem sie die Indianer der Region als völlig primitiv und verkommen darstellten. Sie seien von den Engländern manipuliert und obendrein gar keine „echten" Indianer, sondern Schwarze, und damit „Ausländer". Die USA teilten die Haltung Nicaraguas in der Auseinandersetzung mit England und wiesen alle Ansprüche der Küstenbevölkerung auf Souveränität oder Autonomie zurück. Squier, der Diplomat, beabsichtigte mit seinem Roman ebenso wie mit seinen Reiseerzählungen ohne Zweifel, die Sympathie des nordamerikanischen Publikums für diese politische Position zu stärken.

Dennoch erklärt politisches Kalkül allein nicht den emotionalen Überhang in seinen verächtlichen Schilderungen der Mískito. Squier gibt sich nicht einmal besondere Mühe, den Hintergrund seines Rassismus zu verbergen: das System der Sklaverei, das aus allen nicht-weißen Menschen tatsächliche oder potentielle Waren macht, deren Wert sich in Geld ausdrücken läßt.

Aufschlußreich ist ein Blick auf die Autoren, die Squier in seiner Darstellung des Mískito-*king* widersprachen und darauf bestanden, daß es sich bei ihm um einen „reinen Indianer" handele. Der *king* wird als „jung, gut gebaut und von hellerer Hautfarbe als die

Mehrheit seines Stammes" beschrieben (Stout 1859:174). In den Worten eines anderen Besuchers war er

> „ungefähr fünf Fuß sieben Zoll groß, gut gebaut, aber zierlich, und von reinem indianischem Blut. Sein Gesicht war braun – dunkler als das eines Spaniers, aber heller als die Mehrheit seiner Landsleute. (...) Sein Haar war sehr schwarz, ziemlich kurz geschnitten und auf der einen Seite gescheitelt. Es war fein und glatt und zeigte nicht den geringsten Anschein einer Locke oder auch nur Welle." (Pim/Seemann 1869:268f.)

Selbst eine wohlmeinende Betrachtungsweise greift unfehlbar auf Haut und Haar zurück, wenn es darum geht, einen Nicht-Europäer zu beschreiben.

Reindianisierung

Während in den ersten Jahrzehnten des 19. Jahrhunderts neue ethnische Gruppen an der Küste entstanden und andere untergingen, etablierte sich auch eine neue Bezeichnung für die Mískito, die man bis dahin „reine Indianer" genannt hatte. Bei zahlreichen Autoren ist nunemhr von „Tawira" die Rede. Dieses Wort wurde von „tawa"=Haar und „wira"=schwer abgeleitet und sollte „glatthaarig" bedeuten (Bell 1899:4; Lehmann 1920:466; Conzemius 1929:59). Die Betonung eines körperlichen Merkmals, das für den „Blick des Sklavenhalters" von zentraler Bedeutung war, läßt allerdings aufhorchen und gibt zumindest Anlaß zu der Vermutung, daß es sich bei dieser neu eingeführten Differenzierung um eine Konstruktion europäischer Beobachter handeln könnte.

Das Auftauchen dieser neuen Bezeichnung und die Tatsache, daß sie, wenn auch sehr selten, von Mískito selbst verwendet wurde, dürfte mit den wirtschaftlichen und sozialen Entwicklungen zusammenhängen, die sich an der Küste vollzogen und den Verlauf ethnischer und sozialer Grenzen verändert hatten. Britische und nordamerikanische Unternehmen verstärkten ihr Engagement in der Region und beschäftigten zunehmend junge Mískito als Saisonarbeiter im Holzeinschlag und bei der Gummigewinnung. Im Zusammenhang mit dem zunehmenden politische Druck von seiten Nicaraguas kamen nicaraguanische Funtionäre, aber auch Geschäftsleute und Glückssucher an die Küste. Die Herrnhuter Missionare hatten mit ihrer Bekehrungsarbeit an der Küste begonnen, die Dörfer des Hinterlandes aber kaum erreicht – alle diese Veränderungen trugen dazu bei, regionale Verschiedenheiten zu schaffen oder bestehende zu verstärken.

So entwickelten sich im Laufe der ersten Jahrzehnte des Jahrhunderts zahlreiche, auch für Außenstehende leicht erkennbare Unterschiede zwischen den Bewohnern der unmittelbar an der Küste gelegenen Siedlungen und den Mískito des Hinterlandes. Die Anfänge dieser Differenzen reichten zum Teil sogar ins 18. Jahrhundert zurück. Die Küstenbewohner verzichteten nach und nach darauf, selbst Pflanzungen in einiger

Entfernung an den Flußläufen zu unterhalten und verließen sich zunehmend auf Handelsbeziehungen mit den Dörfern im Inland. Gegen landwirtschaftliche Produkte tauschten sie unter anderem ausländische Importwaren, die sie von den englischen oder jamaicanischen Händlern erhalten hatten (Young 1842:18; Roberts 1827:150, 155). Insbesondere die „hill people" der Region um Yulu wurden zu wichtigen Lebensmittellieferanten für die relativ dicht besiedelte Küste bei Sandy Bay (Roberts 1827:142). Yulu wurde zu einem regionalen Zentrum und zum Wohnort der letzten *governors*. Trotz ihrer Abhängigkeit von Agrarprodukten aus dem Hinterland behielten die Bewohner der Küstenorte eine führende Position, da sie die Beziehungen zu den *creoles*, den Händlern und den Missionaren kontrollierten. Die Mískito aus dem Landesinnern dagegen wurden in ihren Beziehungen zur Küste den übrigen Indianervölkern im Laufe der Zeit immer ähnlicher (von Oertzen 1990:162ff.). Gerade die Bewohner dieser Hinterlandregion zwischen den Ortschaften Yulu, Quamwatla und Layasiksa waren es, die als „Tawira"bezeichnet wurden.

Gleichzeitig wurden die Unterschiede zwischen den indianischen Gruppen, die nicht zu den Mískito zählten, geringer. Im Zuge ihrer Expansion hatten die Mískito benachbarte Völker aus ihren Wohngebieten in das Quellgebiet der Flüsse verdrängt, viele Gruppen waren durch Sklavenjagden und Krankheiten dezimiert, andere schlossen sich allmählich Mískito-Gemeinschaften an. Zu Beginn des 19. Jahrhunderts wurden noch die Namen vieler Sprachgruppen wie Payas, Twahkas, Kukras oder Ulwas genannt, aber andere, wie die Panamakas oder Prinzu galten bereits als verschwunden. In den folgenden Jahrzehnten wurde zunehmend der Begriff „Sumu" für alle nicht den Mískito angehörigen indianischen Gruppen (mit Ausnahme der Rama) verwendet (Bell 1899:256).

Der Begriff „Tawira" wurde also geprägt, als die ethnischen Grenzen zwischen den Mískito und anderen indianischen Völkern der Region angesichts der politischen Entwicklung und des Erstarkens der *creoles* ihre Bedeutung veränderten. Grundsätzlich haftet dem Wort etwas Nostalgisches an, häufig wird es im Rückblick gebraucht oder es wird die Sorge geäußert, die so bezeichneten „reinen Indianer" wären vom Aussterben bedroht, wie z.B. bei Charles Napier Bell:

> „Die Indianer nennen sich selbst Tangweeras (glatthaarig), um sich von den gemischten Sambos zu unterscheiden, die dieselbe Sprache sprechen. Die Mosquitoindianer waren einst sehr zahlreich, aber ihre Zahl hat stark abgenommen. Es ist sehr schwer, den Grund für diesen Niedergang zu finden. Im allgemeinen sterben Wilde nach der Ankunft zivilisierter Rassen, weil ihnen Veränderungen ihres Lebens und ihrer Gewohnheiten durch die höhere Rasse nahegelegt oder aufgezwungen werden, aber in diesem Falle ist das eindeutig nicht so. Die Mosquitoindianer haben ihre Lebensweise nie verändert. Die Verminderung der Bevölkerungszahlen betrifft alle Indianerstämme des Landes." (Bell 1899:4).

Bei Conzemius bekommt derselbe Gedanke deutlich rassistische Untertöne:

„Einer der Unterstämme der Mískito, die Tawira, (...) haben sich jedoch geweigert, ihr Blut mit dem der Afrikaner zu vermischen. Erst in den letzten Jahren haben sie begonnen, Ehen mit gemischten Mískito zu schließen, (...) so daß ein Mískito von rein indianischem Blut bald ein Ding der Vergangenheit sein wird." (Conzemius 1932:18)

Die Mískito sind als erkennbare ethnische Gruppe keineswegs ausgestorben, und ihr Charakter als indianische Bevölkerung wird heute nicht in Zweifel gezogen. Diese beiden Zitate, die die ethnische Geschichte der Mískito resümieren sollten, sagen weniger über die Beschriebenen selbst aus als über den rassistischen Hintergrund, vor dem zweihundert Jahre lang koloniale Interaktion und ethnische Zuschreibungen stattfanden.

Es ist bemerkenswert, daß die Mískito, auch nachdem sie so lange Zeit von militärischen Verbündeten, Handelspartnern, politischen Funktionären und Missionaren mit Konzepten „rassischer" Differenzierung aufgrund körperlicher Merkmale konfrontiert worden sind, die Bedeutung von Hautfarbe, Haarbeschaffenheit oder anderen phänotypischen Unterschieden offenbar nicht übernommen haben. Nach den Erkenntnissen heutiger Ethnologen bestimmen soziokulturelle Eigenarten (insbesondere die Sprache) die ethnische Identität:

„Auch wenn die Abstammung herangezogen wird, um schwierige Situationen zu bewältigen [z.B. bei Unklarheiten, wer wen heiraten darf, E.v.O.], ist sie ohne Bedeutung, wenn es darum geht, zu entscheiden, wer Mískito ist und wer nicht. Für die Mískito selbst sind die Beherrschung des Mískito als Muttersprache und die angemessene Einhaltung der Gebräuche – vor allem die Anerkennung von Verwandtschaftsbeziehungen und das richtige Verhalten gegenüber Verwandten – die entscheidenden Punkte..." (Helms 1977:169).

Angesichts der jüngsten Ereignisse an der Atlantikküste ließe sich noch hinzufügen, daß politische Loyalität gegenüber einzelnen Anführern, insbesondere in Zeiten des Konflikts oder offenen Krieges, ebenfalls nach wie vor zur Herstellung von sozialer und ethnischer Zusammengehörigkeit beizutragen scheint.

Anmerkungen

1 Parsons 1956:8. In Virginia, das später zum Inbegriff einer Tabakkolonie werden sollte, gab zu diesem Zeitpunkt erst 150 Sklaven (Bitterli 1986:126).
2 M.W. präzisiert „Mulattoe" als „zwischen Indianer und Neger" (300).
3 Conzemius 1932:32. Siehe auch Lehmann 1920:467f.; Conzemius 1929:588; Helms 1971:16; Helms 1977:1699; Helms 1983:179f.; Kahle/Potthast 1983:XVII; Olien 1989:44; Naylor 1989:32.

4   Mit Ausnahme einer ausführlichen Untersuchung über die lingustische Entwicklung an der Atlantikküste (Holm 1978).
5   Es muß stutzig machen, wenn in den achtziger Jahren dieses Jahrhunderts in einer wissenschaftlichen Arbeit die Mískito als „Mischrasse" (ohne Anführungsstriche) bezeichnet werden (Potthast 1988:59).
6   García Peláez 1968-73, Bd.2:123; Peralta 1898:98ff., 121, 130; Cuervo 1891:342.
7   Revista del Archivo Nacional 1938:3772; Boletin del Archivo General 1940:122; 347; 351; Cuervo 1891:439.
8   Zweimal hatte er die „middle passage", die Überfahrt von Afrika nach Amerika, auf Sklaventransportern hinter sich gebracht: einmal als Besatzungsmitglied und einmal als Passagier. Außerdem hatte er Sklaven von Jamaica in die spanischen Kolonien geschmuggelt (Uring 1928:xii, xxi, xxii,).
9   vgl. CO 137/79:164f.; CO 123/3:312; CO 137/84:175.

Literaturliste

Bell, Charles Napier: (1862) „Remarks on the Mosquito Territory, its Climate, People, Productions etc."; In: JOURNAL OF THE ROYAL GEOGRAPHICAL SOCIETY, Vol. 32, S. 242-268.

Bell, Charles Napier: (1899) Tangweera. Life and Adventures among Gentle Savages. London.

Bitterli, Urs: (1976) Die Wilden und die Zivilisierten. Die europäisch-überseeische Begegnung. München.

Boletín del Archivo General del Gobierno (1940/41) Guatemala

Collinson, John: (1867) „The Indians of the Mosquito Territory."; In: MEMOIRS READ BEFORE THE ANTHROPOLOGICAL SOCIETY OF LONDON, S. 148-156.

Conzemius, Eduard: (1929) „Notes on the Miskito and Sumu Languages of Eastern Nicaragua and Honduras." In: INTERNATIONAL JOURNAL OF AMERICAN LINGUISTICS, Bd. 5, Nr.1, S.57-67.

Conzemius, Eduard: (1932) Ethnographical Survey of the Miskito and Sumu Indians of Honduras and Nicaragua. Washington D.C.

Cuervo, Antonio B.: (1891) Geografia y la Historia de Colombia, Sección 1a, Geografia y viajes, Bd. 1. Bogotá.

Davidson, William V.: (1980) „The Garifuna of Pearl Lagoon: Ethnohistory"; In: ETHNOHISTORY, Nr. 27, S. 31-47.

Dunham, Jacob: (1850) Journal of Voyages. New York.

Dunn, Henry: (1828) Guatimala, or the United Provinces of Central America in 1827-1828. New York.

Esquemeling, John: (1923) The Buccaneers of America. London.

Fellechner, A.; Müller, D.; Hesse, C.: (1845) Bericht über die im höchsten Auftrage bewirkte Untersuchung einiger Theile des Mosquitolandes erstattet von der dazu ernannten Commission. Berlin.

Forbes, Jack D.: (1988) Black Africans ond Native Americans. Oxford.

Gabbert, Wolfgang: Die Entstehung einer ethnischen Gruppe. Geschichte und Gegenwart der Creoles (Afroamerikaner) des karibischen Tieflandes von Nicaragua. Berlin. Diss. Mss.

García Peláez, F.: (1968) Memorias para la historia del antiguo reino de Guatemala, Bd.1-3. Guatemala (1851-52).

Helms, Mary W.: (1971) Asang - Adaptation to Culture Contact in a Miskitu Community. Gainesville, Fa.

Helms, Mary W.: (1977) „Negro or Indian? The changing identity of a frontier population."; In: Pescatello, Ann M. (Hg.); Old Roots in New Lands.; Westport, Conn., S. 157-172.

Helms, Mary W.: (1983) „Miskito Slaving and Culture Contact: Ethnicity and Opportunity in an Expanding Population"; In: JOURNAL OF ANTHROPOLOGICAL RESEARCH, Bd. 39, Nr. 2, S. 179-197.

Henderson, George: (1809) An account of the British Settlement of Honduras. London.

Higman, B.W.: (1984) Slave Populations of the British Caribbean, 1807-1834. Baltimore/London.

Holm, John: (1978) The Creole English of Nicaragua's Miskito Coast. Ph.D. Thesis, University College. London.

Irias, Juan Francisco: (1853) „Rio Wanks and the Mosco Indians."; In: TRANSACTIONS OF THE AMERICAN ETHNOLOGICAL SOCIETY, Bd. 3, S. 159-166.

Kahle, Günter, Barbara Potthast (ed.): (1983) Der Wiener Schiedsspruch von 1881. Köln/Wien.

Lehmann, Walter: (1920) Die Sprachen Central-Amerikas. Berlin.

Lussan, Ravaneau de: (1705) Journal du voyage fait à la Mer du Sud par le filibustiers de l'Amérique en 1684 et anneés suivantes. Paris.

M.W.: (1732) The Mosqueto Indian and His Golden River, Being a Familiar Description of the Mosqueto Kingdom in America. Collection of Voyages and Travels, Bd. 6, London.

Martin, Peter: (1985) Das rebellische Eigentum. Vom Kampf der Afroamerikaner gegen ihre Versklavung. Hamburg.

Naylor, Robert A.: (1989) Penny Ante Imperialism. London.

Newton, Arthur Percival: (1985) Providencia. Las actividades colonizadoras de los puritanos ingleses en la Isla de Providencia. Bogotá.

Oertzen, Eleonore von, Lioba Rossbach, Volker Wünderich (Hg.): (1990) The Nicaraguan Mosquitia in Historical Documents 1844-1927. Berlin.

Olien, Michael D.:(1983) „The Miskito kings and the line of succession." In: JURNAL OF ANTHROPOLOGICAL RESEARCH 39, S.198-241.

Olien, Michael D.: (1989) „Were the Miskito Indians Black? Ethnicity, Politics, and Plagiarism in the Mid-Nineteenth Century."; In: NIEUWE WEST-INDISCHE GIDS, Bd. 62, Nr. 1-2, S. 27-50.

Parsons, J.J.: (1956) San Andrés and Providencia. English speaking islands in the western Caribbean. Berkeley.

Peralta, Manuel M. de: (1898) Costa Rica y Costa de Mosquitos. Documentos para la historia de la jurisdicción territorial de Costa Rica y Colombia. Paris.

Pim, Bedford : (1863) The Gate of the Pacific. London.

Pim, Bedford and B. Seemann: (1869) Dottings on the Roadside in Panama, Nicaragua, and Mosquito. London.

Potthast, Barbara: (1988) Die Mosquitoküste im Spannungsfeld britischer und spanischer Politik 1502-1821. Köln/Wien.

Public Record Office (PRO): CO 123/3, CO 137/57, CO 137/79, CO 137/84, FO 53/10.

Reden, Freiherr von: (1856) „Das Mosquito-Gebiet, die Bai-Inseln und die Insel Tigre; Kriegsfragen zwischen England und den Vereinigten Staaten von Nord-Amerika."; In: Petermann's Geographische Mitteilungen, S. 250-257.

Revista del Archivo Nacional (1938) San José, Costa Rica, Bd.2.

Roberts, Orlando: (1827) Narrative of Voyages and Excursions on the East Coast and in the Interior of Central America. Edinburgh.

Squier, Ephraim [Samuel Bard]: (1965) Waikna; or adventures on the Mosquito Shore. Gainesville, Fa.

Stout, Peter F.: (1859) Nicaragua, Past, Present, and Future. Philadelphia.

Uring, Nathaniel: (1928) The Voyages and Travels of Captain Nathaniel Uring. London.

Wickham, Henry A.: (1895) „Notes on the Soumoo or Woolwa Indians of Blewfields River, Mosquito Territory."; In: JOURNAL OF THE ANTHROPOLOGICAL INSTITUTE OF GREAT BRITAIN AND IRELAND, Bd. 24, S. 198-208.

Wirz, Albert: (1984) Sklaverei und kapitalistisches Weltsystem. Frankfurt/Main.

Wright, John: (1808) Memoir of the Mosquito Territory. London.

Young, Thomas: (1842) Narrative of a Residence on the Mosquito Shore. London.

Reinhold Görling und Florian Vaßen

Caliban und Prospero im Dialog – nach William Shakespeares „Der Sturm"[1]

I

(Prospero und Caliban stehen sich an zwei Rednerpulten gegenüber, die im schrägen Winkel zum Publikum aufgestellt sind.)
PROSPERO: Das Wort Dialog haben wir ernst genommen. Erwarten Sie also keinen wissenschaftlichen Vortrag in der tradierten monologischen Form. Es ist für uns ein Experiment: Wir haben diesen Text – fast – Satz für Satz zusammen geschrieben
CALIBAN: und dann gelost, wer welche Rolle übernimmt. Aber bitte denken Sie daran: wir sind keine Schauspieler.
PROS. *(Verbeugung)*: Ich bin Prospero.
CAL. *(lässig)*: Mich nennt man Caliban.
PROS.: Wir sind...
CAL.: Wir?
PROS.: zwei Figuren aus Shakespeares „Sturm"...
CAL.: ...einer Tragikkomödie, in der gezeigt wird, wie der aus seiner Heimat vertriebene Herzog von Mailand eine Kolonie in der Neuen Welt gründet und von dort mit magischer Zauberei seine alte Macht zurückerobert...
PROS.: Sagen wir lieber mit viel Geduld, Geschick und Menschenkenntnis.
CAL.: Du bist der Herzog.
PROS.: Und du mein Untertan.
CAL.: Sklave, Knecht, Diener, Arbeiter, Angestellter, Beamter – wie's grad beliebt.
– Du hast mir mein Land gestohlen. Wenn du hier das gemacht hättest, was du auf der anderen Seite des Meeres getan hast, man würde dich anklagen als Usurpartor und Tyrann, als Mörder und Folterer.
PROS.: Das ist doch alles längst vergangen, Herr Caliban. Das ist doch Geschichte...

---
[1] Szenischer Dialog, vorgetragen am 8.7.1992 im Leibnizhaus der Universität Hannover.

CAL.: Geschichte, die wir heute lesen, Herr Prospero: Hier ist Ihr Text *(zeigt eine Ausgabe von Tempest)*
PROS.: Und Ihrer
CAL.: Unser Text, Sie haben Recht. Hier ist unser Text, den wir jetzt sprechen, heute.
PROS.: Ich den meinen, Sie den Ihren.
CAL.: Oder auch ich den Ihren und Sie den meinen.
PROS.: Wie meinen?
CAL.: Ich meine: Sie den meinen und ich den Ihren.
PROS.: Wieso das denn? Ich habe mich zum Dialog bereitgefunden, aber nicht zum Vertauschen unserer Rollen, mein Herr
CAL.: Einen Dialog wird es kaum geben, wenn Sie nicht bereit sind, meine Sprache zu lernen, so wie ich die Ihre gelernt habe. – Na, lassen wir das zunächst mal beiseite. Ich meinte nur, daß, auch wenn Sie glauben, Sie erzählten nur von sich, Sie doch auch von mir erzählen. Und wenn ich von mir spreche, dann spreche ich auch von Ihnen, seit 500 Jahren sind wir so aneiandergekettet.
PROS.: Nur keine Übertreibung. Außerdem kennen wir uns uns doch seit 1611, als unser Vater Shakespeare uns beide erfand. Oder seit 1610, unsere Biographen sind sich da nicht so ganz einig, das gebe ich zu.
CAL.: Vater Shakespeare? Allenfalls Stiefvater, so wie er mich behandelt hat. Aber ich gebe zu, daß er den netten Einfall hatte, mir ein Anagramm als Namen zu geben. Erfunden hat meinen Namen Kolumbus, er nannte mich Kannibale, als er sich den Stammesnamen meines Volkes Karibe nicht richtig merken konnte und etwas verdreht in sein Bordbuch notierte. Seit 500 Jahren erzählt ihr Europäer von mir – und wollt nicht hören, was ich von euch erzähle.
PROS. *(genervt)*: Caliban...
CAL.: Ob Caliban oder Kannibale. Beides sind eure Namen für mich. *(zum Publikum:)* Meinen richtigen Namen haben sie gestohlen, geraubt. Manchmal weiß ich gar nicht, wer ich bin. Ein anderer meiner vielen Vorfahren – bitte verlangen Sie jetzt keinen kompletten Stammbaum von mir, meine Bibliographie ist so verzweigt, daß wir den halben Abend mit ihrer Auflistung verbringen würden – ein anderer meiner Vorfahren also, Aimé Césaire, hat mich deshalb vor etwa 25 Jahren X genannt, „Mensch ohne Namen". Sie erinnern sich doch noch an Malcom X und den Black Panther? Das hat auch mit unserem Text zu tun.
PROS.: Mit Shakespeare? *(hebt das Buch hoch, zum Publikum)* Hier steht, daß wir uns auf einer Insel im Mittelmeer kennengelernt haben – irgendwo zwischen Tunis und Neapel muß dieses paradiesische Eiland liegen.
CAL.: Ein paradiesisch Eiland mitten in der Alten Welt? Schon viele Generationen von Literaturwissenschaftlern haben versucht dies Utopia zu orten: Malta, Sizilien, die Kanaren; oder doch Griechenland, Arkadien? Man gibt nicht gerne zu, daß

Shakespeares Phantasie sich am Ende seines Lebens nicht mehr mit Europa zufrieden gab. Dabei ist in diesem Text ganz eindeutig von Indianern und von den Bermudas die Rede. *(zum Publikum)* Aber eins nach dem anderen. Zu diesen Legitimationsversuchen kolonialer Herrschaft kommen wir noch. *(zu Pros.)* Nun Herr Prospero, fangen Sie doch mal an und erzählen Sie von ihrer Alten Welt. Wie Sie auf meine Insel kamen und was Sie dort eigentlich wollten.
PROS.: Wieso ihre Insel? Na gut, lassen wir das.

II

PROS. *(wendet sich zum Publikum)*: Meine Damen und Herren, entschuldigen Sie bitte dieses Vorgeplänkel. Nie ist ihm was recht, immer muß er Schwierigkeiten machen. Nun können wir aber hoffentlich anfangen. Mein Name, wie gesagt, ist Prospero. Ich bin der rechtmäßige Herzog von Mailand.
(LIEST:) „Den Staatsgeschäften stand ich aber etwas fern / beauftragte meinen Bruder Antonio mit dem Regiment. / Verzückt und hingerissen in geheimes Forschen wurd' ich meinem Lande fremd."[1]
CAL.: Sag's ruhig, der liebste Ort war dir die Bibliothek. Dort warst Du sicher vor all den Kardinälen und anderen scholastischen Einfallspinseln, den machthungrigen Generälen und diesen Patriziern, die nur ihren Handel im Sinn hatten. Dort mußtest Du nicht jeden Tag unzählige Entscheidungen fällen. Die vita activa, wie es heißt, war dir zuwider, in kontemplativer Versenkung verbrachtest du die Zeit. *(zum Publikum:)* Selbst für seine Frau hatte er kaum noch ein Auge.
PROS. *(wütend)*: Was willst Du damit sagen, Du....*(liest:)* „Ich forschte, spürte den Gesetzen nach / deren Kenntnis uns alle Nöte nehme / Jugend und Frieden uns schenke. / Daß nun ich so mein zeitlich Teil versäumte,/ Der Still ergeben, mein Gemüt zu bessern / erweckt in meinem falschen Bruder bösen Trieb. / Verbündet sich mit Napels König / und in der mitternächt'gen Stille rissen / die Diener seines Anschlags uns hinweg, / mich und Miranda, meine Tochter. / In einem faul Geripp von Boot / gelangten wir durch Gottes Lenkung und Gonzalos Hilfe / aus Seenot zu dem Eiland dort. / Ich nahm die Insel in Besitz / baute eine Hütte mir und meiner Tochter / und bezwang die Gewalten der Natur / mithilfe meiner Bücher und Magie." (I,2)
CAL. *(abschätzig)*: Das sind doch alles Halbwahrheiten, sie klingen in diesen Versen nur so wundersam wie Märchen. Wem gehörte denn die Insel?
PROS. *(genervt)*: Ich weiß, du warst schon vorher da. Aber so wie du dort gelebt hast, war es meine Pflicht, dir Sprache und Kultur zu bringen und die Natur zu zähmen.

CAL.: Deine Pflicht? Mir Sprache und Kultur zu nehmen, meinst Du wohl! Ich empfing dich freundlich auf meiner Insel. Meine Gastfreundschaft hast Du mißbraucht. *(liest:)* „Anfangs hat der feine Herr mir schöngetan: mein lieber Caliban hier, mein guter Caliban dort! Allerdings! Was hättest du ohne mich gemacht in dieser unbekannten Gegend. Undankbarer! Ich habe dir die Bäume, die Früchte, die Vögel, die Jahreszeiten erklärt."[2] Doch dann hast du dich mit Ariel verbündet, dem Diener meiner Mutter Sykorax, und sie mit ihm ....
PROS.: Deine Mutter war schon tot, als ich hier ankam. Wie oft soll ich es noch sagen. Den Luftgeist Ariel fand ich in einem Baum eingezwängt, frag' ihn selbst: die alte Hexe, Deine Mutter, hatte ihn dort unter Martern festgehalten und ließ ihn dort, als sie starb, nicht lang nach Deiner Geburt. *(zeigt auf Cal.)* Dich fand ich, halb Tier halb Mensch, am Boden kriechend.
CAL.: So hast Du es mir immer erzählt, ja. *(nüchtern, zum Publikum:)* Aber die Geschichte lehrt, daß das Wort der Koloninsatoren für uns nur wenig Wert besitzt: moralisch, ökonomisch, ja sogar linguistisch. Pizarro lauerte Atahualpa in einem Hinterhalt auf und verlangte Lösegeld zum Tausch für seine Freiheit. Aus allen Tempeln und Palästen Perus schleppte man Gold, Silber und Juwelen an, um die Freiheit des Inca-Königs zu erkaufen. Doch sie hatten nur gelogen. Das Gold verließ das Land in Richtung Spanien, nachdem Pizarro und seine Soldateska sich ihre Taschen gefüllt hatten. Atahualpa aber haben sie ermordet, mit der Garrotte öffentlich hingerichtet, am 29. August 1533.
PROS.: Lange bevor wir uns kennenlernten!
CAL. *(weiter zum Publikum)*: Und auch Cortés brach sein Wort, als er Cuauthemoc töten ließ. Davor hatte er sich mit anderen Völkern gegen die Azteken verbündet. Diesen Trick hat Propero ihm nachgemacht, als er zusammen mit Ariel gegen meine Mutter kämpfte. So machte er mich, Sykorax' Sohn und König dieser Insel, zum Sklaven. Seitdem ermöglicht ihm meine schwere körperliche Arbeit ein geruhsames Leben. Und das nennt er Pflicht! Daß ich nicht lache! Nichts anderes als Machtgier ist's.
PROS.: Ich tat's zu unser aller Wohle, Caliban. Wie hättest Du hier überleben sollen, ein Kind warst du und der Urwald voller wilder Tiere. Ich behandelte Dich wie einen Sohn, lehrte dir Sprache, gab dir zu essen, brachte dir Sitten bei. Und was war dein Lohn? An Miranda, meiner Tochter, wolltest Du Dich vergreifen!
CAL.: „Hätt' ich's doch getan, die Insel wär jetzt voller kleiner Calibans".
PROS. *(zum Publikum)*: Hören Sie doch, wie er spricht. Alle Güte, alles Bemühen ist bei diesem Wilden umsonst. Dabei hätte es so schön sein können auf dieser Insel. Ich dachte wirklich, wir könnten in Harmonie dort leben. Die Natur ist dort so mild, die Flüsse reichlich, die Bäume immergrün. Einen besseren Ort könnt' es nicht geben für eine Gesellschaft ohne Gewalt und ohne Verbrechen, eine Gesellschaft der Moral und Harmonie.

CAL.: Unsere Welt war diesen Europäern ein Reich utopischer Inseln, ein Goldenes Zeitalter. Hirtenidyllen und große Staatswesen wollten sie auf ihnen gründen. Schöne Träume, doch geachtet haben sie die Reichtümer, die sie vorfanden, nie. *(liest:)* Habt ihr sie je gehört, „die Tausend Klänge und Melodien, die des nachts im Urwald süß das Ohr umschwirren? Manchmal, wenn ich nach langem Schlafe aufgewacht bin, wiegen diese Stimmen mich erneut in Schlaf. Und dann, im Traum, tuen sich Wolken auf und zeigen mir Schätze, bereit auf mich herabzuregnen, so daß ich beim Aufwachen weinte und wieder träumen wollte."(III,3) *(zum Publikum:)* Er hat mich gezwungen, den Wald abzuholzen. Weil er ein großes Kriegsschiff bauen wollte. Nur seine Rache hat ihn interessiert, und die Wiedererlangung seiner Macht in Mailand. Alles war ihm nur Mittel zum Zweck. *(zu Pros.:)* Wieviele Edelsteine hast du gehortet in deinem Haus? Allein die Halskette meiner Mutter Sykorax ist mehr wert als dein ganzes Herzogtum.
PROS. *(gelangweilt):* Ach, was weißt Du, sie ist ein Andenken, von kulturhistorischem Interesse, nichts weiter. Du kriegst sie wieder, sobald Du mir für ihre Sicherheit garantieren kannst und ein Museum gebaut hast.
CAL.: Oh wie gnädig ist der Herr! Und die Wälder? Die Erde, die ins Meer gespült wurde? Wann gibst Du mir das wieder? Ihr habt immer von Utopie geredet, gesucht habt ihr Macht, gebracht habt ihr Elend. *(Pause)*

III

CAL.: Was macht eigentlich Gonzalo, dieser ältere belesene Herr, dem du dein Leben verdankst, weil er dir deine Bücher mit ins Fluchtboot gab, auch das „Buch der Utopien"? Ich hab es kürzlich das erste Mal gesehen, Du hattest es ja in deinem Haus immer vor mir versteckt. Peter Greenaway zeigt es in seinem Film über „Prosperos Bücher"; fünfhundert Seiten ist es dick, das Vorwort stammt von Thomas More. Sechshundertsechsundsechzig Eintragungen hat das Register, der vordere Buchdeckel ist in goldenes Leder gebunden – der hintere besteht aus schwarzem Schiefer. Ich las Seiten zwischen Himmel und Hölle. Selbst Montaigne wird dort aufgeführt.
PROS.: Etwa mit diesem Essay über die Kannibalen, aus dem Gonzalo in unserem Text zitiert? *(liest:)* Wäre ich König hier auf dieser Insel, „ich wirkte im gemeinen Wesen alles / Durchs Gegenteil: denn keine Art von Handel / Erlaubt' ich, keinen Namen eines Amtes; / Schrifttum sollte man nicht kennen; Reichtum / Dienst, Armut, gäb's nicht; von Vertrag und Erbschaft, / Verzäunung, Landmark, Feld- und Weinbau nichts, / Auch kein Gebrauch von Korn, Wein, Öl, Metall, / kein Handwerk; alle Männer müßig, alle; / Die Weiber auch; doch völlig rein und schuldlos; / kein Regiment" – auch Kriegswerkzeuge gäb' es nicht." (II,1)

CAL.: Das hat Shakespeare Wort für Wort von Montaigne übernommen. Beim Weiterlesen in diesem Buch der Utopien habe ich festgestellt: sie haben alle voneinander abgeschrieben, gerade die Chronisten der Entdeckung und Eroberung Amerikas: Montaigne von Vespucci, Vespucci von Kolumbus, Kolumbus von Marco Polo, der in Asien war. Tausend Utopias habt ihr dort gefunden, nur Amerika nie. – Doch sag, was ist mit Gonzalo heute, wo bei euch doch alle vom Ende der Utopie reden?
PROS.: Gonzalo? Das war ein guter Mann. Ein wenig zu treuherzig vielleicht. Vater Shakespeare hat ihm ja auch reichlich naive Worte in den Mund gelegt. Manch einer machte sich über ihn und seine Utopie sogar lustig.
CAL.: Ich habe mich schon oft gefragt, wie Shakespeare eigentlich zur „Utopia" von Thomas More stand?
PROS. *(zum Publikum)*: Er muß das Buch gekannt haben, schließlich hat er ja an einem Theaterstück über diesen englischen Humanisten gearbietet. Überhaupt wäre unser Text ohne „Utopia" kaum denkbar.
Von Gonzalo habe ich lange nichts mehr gehört. Von der Utopie zur Antiutopie. „1984" von Orwell und „Brave New World" von Huxley...
CAL.: „Brave New World", das sind doch die Worte deiner Tochter Miranda, als sie die ersten Europäer sieht, Alonso und deinen betrügerischen Bruder.
PROS.: Ach daher hat das Huxley!
CAL.: Nochmal zu diesem anderen Renaissancegelehrten, diesem Montaigne. Ich habe mir zwei Stellen herausgeschrieben: *(liest:)* Einmal schreibt er, er finde an dem, was ihm aus Amerika berichtet wurde, nichts Wildes oder Barbarisches. Da sei weiter nichts dran, „als daß jedermann dasjenige barbarisch nennt, was nicht Sitte seiner Heimat ist." – *(zum Publikum:)* Eine weise Einsicht in die Relativität aller Werte, die doch immer wieder vergessen wurde.
PROS.: Aber wenn man alle Werte relativiert, wenn man nicht mehr weiß, was gut und was schlecht ist, wie soll man da noch planen und handeln. Das führt bei Montaigne ja sogar zur Relativierung der eigenen Existenz.
CAL. *(zum Publikum)*: Die Relativierung von Werten paßt Herrschenden nie in den Kram, weil sie nichts verändern wollen. Die Existenz der Unterdrückten ist immer relativ.
Nicht weniger spannend ist Montaignes Kritik an den Zuständen seiner Zeit. Den Kannibalismus etwa vergleicht er mit der Inquisition und den öffentlichen Hinrichtungspraktiken und bemerkt: *(liest:)* „Ich denke, es sei weit ärgere Barbarei dabei, einen Menschen lebendig zu fressen als tot zu fressen; einen Körper durch Qualen und Martern zu zerfleischen, der noch alle seine Gefühle hat, ihn bei langsamem Feuer zu braten, durch Hunde und Schweine zerreissen zu lassen...als ihn zu braten und zu verzehren, wenn er seines Lebens beraubt ist."[3] – Aber daß eure christliche Religion im Kern ein kannibalistischen Ritual besitzt, daß sah er doch

nicht, oder er traute sich nicht, es aufzuschreiben. Bei jedem Abendmahl speist ihr den toten Leib eures Herrn. Einmal in der Woche wenigstens. – Andere verurteilen wir, bei unseren Fehlern jedoch sind wir blind, das sagt Montaigne jedenfalls.

IV

CAL.: Dabei fällt mir etwas anderes ein. In diesem Buch der Utopien, das mir dieser Greenaway zeigte, fanden sich einige von Dir beschriebene Seiten. Auf der ersten...
PROS. *(zum Publikum)*: Ich habe es nicht vergessen: Ich beschrieb Mailand als Gelehrtenrepublik. In gewaltfreiem Diskurs wird dort über die Staatsgeschäfte entschieden. Die Universität ist das Zentrum des öffentlichen Lebens. Harmonie herrscht in den Familien und zwischen den Geschlechtern, keine Unzucht, keine Buhlerei.
Doch dieser Greenaway..., der hat schon eine seltsame Meinung von uns. In diesem Film über meine Bücher – ich habe mir dieses Machwerk voller nackter Körper auch angeschaut – du und Ariel und all die anderen, für ihn seid ihr Produkte meiner Phantasie und bekommt doch plötzlich eigenes Leben. Ihr stellt euch mir sogar entgegen und habt eigene Meinungen.
CAL.: Ich sagte doch, daß du meinen Text sprichst und ich den deinen.
PROS.: Aber wie soll das angehen? Wie kannst Du als Produkt meiner Phantasie plötzlich lebendig werden?
CAL.: Wenn Du mein Vater bist, ist das durchaus möglich.
PROS.: Ich sagte doch, Sykorax war schon tot bei meiner Ankunft...
CAL.: Ich meine Vater so wie du von Shakespeare sprichst. Aber seltsam ist das schon, da hast du recht. Erfunden habt ihr mich, du oder dieser Shakespeare, der mit dir ja auch einen Theatermacher auf die Bühne stellte. Wie er selbst einer war. Aber lieben tut ihr mich nicht. *(gelassen:)* „Erdkloß" nennst du mich, wenn du dich an Deine Rolle hälst, „Kot", „Bastard", „Wechselbalg" und „Hexenbrut". Und dann sagst du am Ende noch: *(liest:)* „Dies Geschöpf der Finsternis erkenn ich für meines an." (V,1) Was soll der Quatsch? Ich habe meine eignene Werte und Lebensformen. Laß mich doch in Frieden.
PROS.: Hab ich das nicht getan?
CAL.: Du bist nach Mailand zurückgefahren, das ist wahr. Aber nach kaum einem Jahr kam Dein Bruder wieder und behauptete, er sei der Vizekönig – auf meiner Insel!
PROS.: Deiner Insel? *(zum Publikum:)* Er glaubt, bloß weil seine Mutter dort mal Königin war, hätte er für alle Ewigkeit das verbriefte Recht auf einen Thron? Ich habe dieses Land entdeckt, urbar gemacht und zivilisiert.

CAL.: Und trotzdem ist es meine Insel. *(zum Publikum:)* Er argumentiert wie all die Siedler, die die Indianer in Nordamerika ausgerottet haben. „Wir sind das von Gott auserwählte Volk, deshalb gehört uns das Land", haben sie behauptet. Da sind mir bisweilen die Spanier noch lieber gewesen, die waren wenigstens an unserer Arbeitskraft interessiert: in den Bergwerken, auf den Haciendas. – 1620, ein Jahrzehnt, nachdem Shakespeare unsern Text geschrieben hatte, segelte die „Mayflower" mit den „puritanischen Pilgervätern" über den Atlantik. Nebenbei: Hätte der große Meister noch gelebt, er wär' froh gewesen um jeden Puritaner, der sein Land verließ. Machten sie doch den Theatern ständig Ärger: Sie nannten sie Orte der Pest und der Unzucht und plädierten für ihre Schließung.

PROS. *(zum Publikum):* Da spricht er einen interessanten Punkt an. Schon 1808 hat der Shakespeare-Experte Edmund Malone daraufhingewiesen, daß es viele Parallelen gibt zwischen „The Tempest" und den sogenannten Bermuda Pamphlets. Das ist ein Bericht über einen Schiffbruch, den ein Bekannter Shakespeares aus Amerika nach London geschickt hatte. Die Sache machte damals großes Aufsehen. Das Schiff strandete nahe den Bermudas. Inseln voller böser Geister, sagte man. Und deshalb wohl auch menschenleer. Der Umsicht des Kapitäns und der Disziplin der Mannschaft war es zu verdanken, daß es trotz aller Widrigkeiten gelang, ein neues Schiff zu bauen und mit ihm das amerikanische Festland am geplanten Ort zu erreichen.

CAL.: Trotz aller „Widrigkeiten"? Bemerkenswerte Formulierung! Eine regelrechte Rebellion gab es dort auf den Bermudas, in deinen Begriffen: eine Meuterei. Die Insel war schön und reich an natürlichen Schätzen, so wie meine. Die Leute wollten nicht mehr weiter, fanden sich durch den Schiffbruch aus dem Vertrag befreit, den sie mit der Virginia-Company geschlossen hatten. Daß das dem Kapitän nicht gefiel, liegt auf der Hand. Als er das zweite Mal einen „Rädelsführer" ergriff und dieser noch auf seinem Recht beharrte, ließ er ihn kurzerhand hängen. Das waren die „Widrigkeiten", von denen du hier sprichst.

PROS.: Ich weiß das alles. Dieser Bericht brachte meinen Vater Shakespeare doch dazu, dies Stück mit einem Sturm beginnen zu lassen, das ist ganz offensichtlich. Er übernimmt sogar wörtlich Passagen aus diesem Brief. Auch die Idee zu dem Aufstand, den Du mit den beiden betrunkenen Matrosen Trinculo und Stephano ziemlich dilletantisch unternamst, hat Shakespeare wohl daher. Ich hätt' euch hängen lassen können, und hätt' es auch getan, hättet ihr nicht Reue gezeigt. Doch was ich mich – und auch dich – frage: Wenn die Bermudas unbewohnt waren, warum hat Shakespeare dann dich erfunden? Verstehst Du, was ich meine? Es gibt ja zwei Geschichten in diesem Stück: meine Inszenierung, mein Plan der Rache und der Läuterung, und dein Aufstand gegen mich.

CAL.: Alles muß man zweimal lesen, lieber Prospero. Das eine Mal aus der Sicht des Siegers, das andere Mal aus der Sicht des Besiegten; oder einmal aus der Sicht der

Ordnung, ein ander Mal aus der des Chaos, der Revolte. Dann wirst du nämlich merken, daß du mit zwei verschiedenen Ellen mißt. Du sagst, du seist Opfer der Intrigen deines Bruders gewesen. Aber das, was du mit mir gemacht hast, war nichts anderes: auch Du hast mir geschmeichelt, mich umworben, bis du soviel wußtest, daß du alle Fäden in die Hand nehmen konntest. Meine Revolte geschah mit demselben Recht wie Deine trickreiche Rückeroberung des Mailänder Herzogtums.

V

PROS. *(ruhig):* Aber ich tat es ohne jede Gewalt.
CAL.: Du hast Ariel einen Sturm entfachen lassen, als der König von Neapel, der deinem Bruder bei seinem Coup geholfen hatte, mit seinem Sohn Ferdiand und seinem Gefolge an meiner Insel vorübersegelte...
PROS.: ...an meiner Insel..
CAL.: Jedenfalls brauchtest du die schwarze Magie, die dämonische Natur, um dem König von Neapel und deinem Bruder überhaupt habhaft zu werden.
PROS. *(ärgerlich):* Es war nicht schwarze Magie, sondern weiße, sie stand im Dienst des Rechtes und der Ordnung.
CAL.: Im Dienst deines Rechts und deiner Ordnung. Das allein ist dein Kriterium zur Unterscheidung zwischen schwarz und weiß!
PROS.: Da irrst du! Mein Sturm brachte nicht Tod und Verderben, ich wollte mich nicht rächen, sondern über Läuterung und Einsicht das Recht wiederherstellen. Keinem wurde ein Haar gekrümmt, der ganze Sturm war doch nur Täuschung.
CAL.: Wie Marlowes Doctor Faustus hast du also ihre Einbildungskraft manipuliert und ihnen Illusionen vorgegaukelt. Theater?
PROS.: Spiel mit der Einbildungskraft, Verwirrung, Traum und Wahnsinn. Ja, Theater, wenn du willst. – Kunst!
CAL.: Psychoterror war's. Alonso, den König, hast du in den Glauben versetzt, daß sein Sohn im Sturm ertrunken sei. Erst seine Trauer und „das Wunder des Überlebens" seines Sohnes stimmte ihn ein zur Versöhnung mit dir.
PROS.: Aber siehst du nicht die Differenz? Ich handelte aus Verantwortung, in erster Linie aus Verantwortung. Ich habe gelernt, mein Wissen und mein Studium in den Dienst rationalen Regierens zu stellen. – *(zum Publikum:)* Übrigens hatte das auch König Jakob I., der Patron von Shakespeares Theatergruppe, für seinen Sohn in einem Fürstenspiegel niedergeschrieben. „Ration" solle die „passion" beherrschen, sagte man damals, die Vernunft solle die Leidenschaft zügeln. Was hättest du an meiner Stelle getan? Du hättest dich bestimmt gerächt und alle ertrinken lassen.
CAL.: Wieso bist du dir so sicher? Immer siehst du in mir, was du nur allzu gern an dir vergißt! Hat dich nicht erst Ariel – mein Bruder, wie ihn Césaire nennt – an dein

Mitgefühl und deine humanistischen Ideale erinnert? Ohne ihn hättest du dich nur von deinen Rachegefühlen leiten lassen.
PROS.: Ich habe gelernt, Werte zu relativieren. Selbst dich erkenn' ich an. Wichtig ist der Erfolg, und nicht das Ideal. Auch wenn mich diese Einsicht traurig stimmt. Schließlich habe ich ja auch meinen Zauberstab zerbrochen, meine Bücher vergraben und meiner Kunst abgeschworen.
CAL.: Nachdem sie ihren Zweck erfüllt hatte.
PROS.: Nicht ganz!
CAL.: Wieso?
PROS.: Ich mußte einsehen, daß meine ideale Welt nur auf meiner...ich meine unserer herrlichen Insel existierte, und selbst dort war sie ständig gefährdet – *(giftig:)* durch deinen Verrat! *(zeigt mit dem Finger auf ihn)*
CAL.: Meinen Verrat? *(zum Publikum:)* Das ist wieder typisch! Von Antonios und Sebastians Mordversuch an Alonso und ihrer moralischen Unbelehrbarkeit sagt er nichts.
PROS.: Na ja, stimmt schon. Auch sie zerstörten mein Traumbild und stießen mich hart auf den Boden der Wirklichkeit.
CAL.: Also konntest du auch mit deinen ausgeklügelten Inszenierungen nicht alle Probleme lösen.
PROS.: Ja leider. *(beiläufig)* Auch nach meiner Rückkehr nach Mailand mußte ich weiter wachsam sein, klug regieren und immer ein Auge auf meinen Bruder werfen. Aber immerhin hatte ich mit der Hochzeit meiner Tochter mit dem Thronfolger Neapels die Weichen für die Zukunft gestellt.
CAL. *(zum Publikum)* : Verkuppelt hat er sie!
PROS. *(resigniert)* : Auch Liebe ist ein Ideal.
CAL. *(ironisch zum Publikum)*: Meine Damen und Herren, hier können sie die tragische Gestalt eines europäischen Herrschers bewundern: Für Macht und Geld verzichtet er sogar auf seine Ideale! Da sitzt der kluge Prospero melancholisch auf seinem Throne und sinniert über das Scheitern seiner moralischen Erziehungsprozeduren.
PROS. *(nachdenklich)*: Ja, oft ist unser Handeln vergeblich.
CAL.: Vom Fürstenkünstler wurde er zum Fürstenpolitiker. Der Tonfall hat sich geändert, ein Diskurs der Macht bleibt es. *(Pause)*

VI

CAL.: Wohin man auch blickt, die Identifikationsfigur für die Europäer warst immer nur du. Auch für die deutschen Schriftsteller, von Lessing über Wieland und Herder bis zu Schlegel und Tieck.

PROS. *(spöttisch)*: Du dagegen bist für Tieck „die seltsamste Mischung von Lächerlichkeit und Abscheulichkeit",[4] fast eine romantische Figur des Wunderbaren.
CAL.: Er brauchte mich als exotischen Reiz.
PROS. *(aggressiv)*: Aber das ist immer noch freundlicher, als das, was manch einer deiner Brüder in Lateinamerika von dir sagte. Für den Argentinier Manuel Gálvez warst du die Verkörperung der wüsten, lasterhaften und machtlüsternen mestizischen Klasse. Das ist gar nicht lange her, von 1943 ist der Text.
CAL. *(lachend)*: Ja und du? Dich nennt er einen liberal-bolschewistischen Schwächling. Er läßt dich hilflos dem Untergang zusehen – bis so ein Heilsbringer, ein Perón, daherkommt.
PROS.: Und José Enrique Rodó, als er sich im Jahre 1900 aus Montevideo an die amerikanische Jugend wandte? Weißt du noch, wie er dich nannte? *(liest:)* „Symbol der Lüsternheit und Unzucht"[5] und stellt dich Ariel gegenüber, „dem edlen Geist, dessen Vernunft und Empfindsamkeit die niederen Instinkte der Irrationalität besiegt hätten, mit seinem heren Enthusiasmus, seiner uneigennützigen Begeisterungsfähigkeit, seiner geistvollen Kultur und seiner anmutigen Intelligenz." – Ariel gelte die Zukunft, er vertrete die Interessen der lateinamerikanischen Seele, du aber, Caliban, stehst für den angelsächsischen Positivismus und den Utilitarismus der USA.
CAL. *(zum Publikum)*: Seltsame Wendung. Sind wir erst einmal zu reinen Allegorien geworden, ist das Spiel unserer Identitäten endlos. *(zu P.:)* Aber wenn du dir – wie es scheint – schon in der Rolle des Schulmeisters gefällst, die Rodó dir zuweist, solltest du auch aufrichtig genug vor Deine Schüler treten und zugeben, daß dieser Rodó mit Shakespeare nicht viel anfangen konnte. All sein Wissen über uns hat er von Ernest Renan.
PROS.: „Caliban. Ein philosophisches Drama in der Fortführung von William Shakespeares ‚Der Sturm'", 1878 erschienen: ich kenne meine Texte. Da hatte ich dich, alter Trunkenbold und Nichtsnutz, nach Mailand mitgenommen, und was war dein Dank? Du schwangst dich auf zum Volkstribun, zum Führer des Plebs, und in einem infamen Aufstand übernamst du die Macht in Mailand.
CAL.: Die proletarischen Massen riefen mich Citoyen und Retter der Gesellschaft![6]
PROS.: Als ich davon erfuhr, sagte ich: *(liest:)* „Oh, auf ihr Geister, los! Bewahrt meine Überlegenheit über ein dummes Volk. Zerquetscht dies Vieh, das meine Nachgiebigkeit, um nicht zu sagen, meine Göttlichkeit mißbraucht. Schurke! Stets hast du mich beleidigt! Welch schreckliche Undankbarkeit! Sohn des Teufels und der abscheulichsten Hexe, den ich als Tier gefunden habe, ohne jede Ähnlichkeit mit einem Menschen. Ich habe ihn zum Teilhaber der Sprache und der Vernunft gemacht und nie auch nur ein gutes Wort dafür erhalten." Oh wie konnte ich nur den Fehler begehen, „ein Stück Vieh zu bilden und zu erziehen, das meine eigene Lehren als Waffe gegen mich wendet."

CAL.: Und was haben deine Berater dir geantwortet? *(liest:)* „Caliban ist ein ganz normales Beispiel der unteren Klassen. Alle Zivilisation kommt aus der Aristokratie, und wenn das Volk gebildet und zivilisiert wird, wendet es sich in beinahe jedem Falle gegen seine Herrscher."
PROS. *(traurig)*: Und das Schlimmste war, ich verlor meinen Luftgeist Ariel. Schwer wie ein toter Vogel sank er vor mir nieder. „Unsere Magie hat keinen Nutzen mehr. Die Revolution ist der Realismus, und alles, was für die feineren Sinne evident ist, alles das, was ideal und geistig ist, existiert nicht für das Volk. Sie erkennen nur das Reale an." Das waren seine letzten Worte, ich weiß es noch genau.
CAL. *(belustigt)*: Und der Uruguayer Rodó wollte Ariel wieder auferstehen lassen! Man sprach in Lateinamerika bis in die 50er Jahre noch vom Arielismus. Erinnerst du dich daran, was Césaires Antwort darauf war, als er 1969 eine Bearbeitung von Shakespeares „Sturm" für ein schwarzes Theater schrieb?
PROS.: Er machte Ariel zu einem sensiblen Intellektuellen, der jede Gewalt ablehnt.
CAL.: Und da knüpfte dann der Cubaner Roberto Fernández Retamar an. 1971 zog er an der Figur des Ariel die Debatte über die Aufgaben des Intellektuellen in der Revolution auf.
PROS.: Oder der Partei! Und dich nennt dieser Fernández Retamar „unser Symbol": *(liest:)* „Was ist unsere Geschichte, was ist unsere Kultur anderes als die Geschichte und Kultur Kalibans." „Das fühlen besonders deutlich wir Mestizen als Bewohner gerade dieser Inseln, auf denen Kaliban lebte. Prospero überfiel die Inseln, tötete unsere Vorfahren, versklavte Kaliban und lehrte ihn seine Sprache, um sich mit ihm verständigen zu können." So ein Quatsch!
CAL. *(liest)*: „Du lehrtest mich sprechen, und mein Gewinn daraus: Ich kann fluchen. Die rote Pest raffe Dich hinweg, da du mich deine Sprache lehrtest!"
PROS.: Das ist Shakespeare, von 1611, lange her!
CAL. *(liest)*: „Du hast mich gar nichts gelehrt. Außer, natürlich, deine Sprache zu radebrechen, um deine Befehle zu verstehen: Holzhacken, Geschirrspülen, Fische fangen, Gemüse pflanzen, weil du viel zu bequem bist, das selber zu machen"[7] – Nenne mich nicht Caliban. „Nenne mich X. Das ist besser. Als sagte man: Mensch ohne Namen."[8]
PROS. *(genervt)*: Das ist Aimé Césaire, 1969, das hast du schon zitiert.
CAL. *(liest)*: „Wir haben streng genommen noch nicht einmal einen Namen; wir haben noch immer keinen Namen. Wir sind praktisch noch ungetauft. Sind wir Lateinamerikaner, Iberoamerikaner oder Indoamerikaner? Für die Imperialisten sind wir nur verachtete und verachtenswerte Völker. Zumindest waren wir es. Seit der Schweinebuchtinvasion begannen sie, ein wenig anders zu denken. Rassendiskriminierung: Kreole, Mestize, Neger, einfach Lateinamerikaner zu sein ist für sie etwas Verächtliches."[9]

PROS.: Das ist Fidel Castro, 1971, am 10. Jahrestag des Sieges gegen die Invasion in der Schweinebucht. Was sagst Du dazu, heute?
CAL.: Kreole, Mestize, Neger: Castro behauptet, er spreche über Lateinamerika, und erwähnt die Indiander nicht.
PROS.: Bist du ein Indianer?
CAL.: Dazu müßte ich wissen, wer mein Vater ist.
PROS.: Woher soll ich das wissen?
CAL.: Nur du kannst es wissen.
PROS.: Wieso?
CAL.: Weil nur du wissen kannst, welche Gewalt du meiner Mutter angetan hast, als du unsere Insel erobertest.
PROS.: Was sollen die alten Geschichten...
CAL.: Keiner will sich mehr erinnern. Aber so lange deine Sprache die Sprache der Amnesie ist, ist sie für mich die Sprache des Fluches. *(kleine Pause)*

VII

CAL. *(zum Publikum)*: Wissen Sie, wie Césaire ihn nennt? „Geiler Bock!"
PROS. *(wütend)*: Frechheit, wo ich so auf Anstand halte.
CAL. *(zum Publikum)*: Ja ja, zur Hochzeitsfeier seiner Tochter hatte er Ceres, Iris und Juno geladen, aber Cupido und Venus durften von der Sache nichts erfahren. Das hätte seine staatsmännischen Pläne durchkreuzen können, der eigentliche Grund, warum er die Hochzeit eingefädelt hatte. Seine arkadische Idylle war nur Schein.
PROS. *(zum Publikum)*: Mit seiner animalischen Gier kann er sich reine Liebe überhaupt nicht vorstellen.
CAL.: Reine Liebe: weil er ihnen mit Strafe drohte, streiten sich die armen Kinder nun beim Schach – statt im Bett zu harmonieren.
PROS. *(herablassend)*: Ein wenig Warten hat noch niemandem geschadet.
CAL. *(zum Publikum)*: Ich habe mich schon immer gefragt, wie aus diesem Mailänder Gransignore ein englischer Puritaner wurde. Enttäuschte Liebe vielleicht? Über seine Frau, Mirandas Mutter, spricht er nicht gerne. Oder ist es allein seine Machtgier, die alle „passion" in den Keller oder vor die Tür kehrt. Dann braucht er mich als Erdkloß, weil er ständig kehren mußt, um die Verdrängung aufrechtzuerhalten.
PROS. *(zum Publikum)*: Er ist und bleibt unempfänglich für alle höheren Werte. Seine tierische Genußsucht ist das größte Hindernis für jede zivilisatorische Ordnung. Daß Miranda ihn abscheulich fand und ihn nicht wollte, das spielt für ihn keine Rolle!
CAL.: Caliban das „Inselmonster", der „wilde Mann", der „Urwaldmensch". Die Maskenbildner unserer langen Theatergeschichte hätten mich am liebsten ohne Kopf

auf die Bühne gebracht, ein Wesen mit tigerartigen Beinen, schwarzem borstigen Haar, einem Buckel und Spitzbauch.
PROS. *(belustigt)*: Einer nannte ihn sogar „the missing link" in der darwinschen Evolutionstheorie.
CAL. *(zum Publikum, liest)*: „Die Sprache des Kolonialherren, wenn er vom Kolonisierten spricht, ist eine zoologische Sprache." Sagt Frantz Fanon und weiter: „Der Kolonisierte weiß das alles und lacht, wenn er in den Worten des anderen als Tier auftritt. Denn er weiß, daß er kein Tier ist. Und genau zur selben Zeit, da er seine Menschlichkeit entdeckt, beginnt er seine Waffen zu reinigen, um diese Menschlichkeit triumphieren zu lassen."[10]
PROS. *(geht auf Caliban zu)*: Lieber Caliban, so kommen wir doch nicht weiter, jetzt fängst du wieder mit dieser Gewalt an. Wir müssen doch versuchen, aus der Spirale der Gewalt herauszukommen!
CAL. *(zum Publikum)*: Gewalt hat viele Formen: Armut, Ausbeutung, Zerstörung der Ressourcen unserer Welt. Rassische und ethnische Unterdrückung bestehen fort. Herrschaft macht Körper zu Zeichen: Hautfarbe, Kleidung, Geschlecht. Diese Grammatik der Herrschaft verliert sich nicht. Es ist ein Irrtum zu glauben, daß die Geschichte etwas Vergangenes ist.
PROS.: Wir müssen die Zukunft gemeinsam anpacken. Wozu sonst unser Dialog.
CAL.: Nicht so schnell. *(zum Publikum)* In Césaires Theaterstück diskutieren Ariel und ich genau dieses Problem. Ariel wollte ihn immer ändern und träumte davon, „daß eines Tages" er, Prospero und ich „in brüderlicher Eintracht uns daranmachten, eine neue wunderbare Welt aufzubauen." *(steht neben dem Rednerpult)* Prospero aber hat ihn immer nur für seine Pläne benutzt.
PROS.: Hat er sich jemals beklagt?
CAL. *(geht zurück)*: Du hast ihn immer vertröstet, und er hoffte, irgendwann werde die Freiheit schon kommen. Ich warte nicht.
PROS.: Du warst immer zu ungeduldig.
CAL. *(mißtrauisch zögernd)*: Bisher hattest du noch jedes mal, wenn du mir deine Hand gereicht hast, in der anderen etwas verborgen. *(liest:)* Fanon sagt, die Haut des Kolonisierten ist eine offene Wunde. Der antirassische Rassismus, der Haß, das Ressentiment lassen einen in den Kampf stürzen. Es sind „Blitze im Bewußtsein, die den Körper auf stürmische Wege werfen...Aber diese große Leidenschaft der ersten Stunde bricht auseinander, wenn sie sich von ihrer eigenen Substanz ernähren will...Haß allein kann kein Programm liefern."[11] – Doch das Problem bleibt: Solange die Welt manichäisch ist und du nicht auch meine Sprache lernst, kann ich nur im Widerstand gegen dich ich werden.
PROS.: Das bedeutet doch nur neues Blutvergießen.
CAL.: Nicht unbedingt. Das bedeutet Kampf um meine eigene Kultur und Sprache. Du nennst mich immer Erdkloß und behauptest, ich sei ein Naturwesen. Wie alle

Kolonisatoren bist du blind. Wie hätte meine Mutter Sykorax denn die Insel beherrschen können, wenn sie nicht mithilfe ihres Naturzaubers Macht über „Molch, Käfer, Vampir" und sogar über Ariel gehabt hätte. Das hast du nie verstanden, das war für dich Teufelszeug. Und meine Mutter nanntest du Hexe.
PROS. *(bestimmt)*: Das sind doch alte Geschichten, heute achte ich deine Kultur und bewahre sie in unseren Museen.
CAL.: Da sammelt ihr tote Dinge. Doch wenn stimmt, was Césaire sagt, lebt meine Mutter Sykorax. *(liest:)* „Du glaubst nur deshalb, sie sei tot, weil die Erde für dich etwas Totes ist...Ist ja auch viel bequemer so! Tot, und schon tritt man sie mit Füßen, besudelt sie, plündert sie mit der Geste des Eroberers. Ich achte sie, weil ich weiß, daß sie lebt...Überall finde ich sie wieder: Im Auge des Tümpels...in der Geste der gewundenen Wurzel...in der Nacht, der alles sehenden, blinden, der alles witternden ohne Nüstern."[12]
PROS.: Ja, wenn du das meinst – sehr schön. Auch ich liebe die Poesie der Negritude.
CAL.: Schön. Aber wahrscheinlich ist sie etwas anderes für mich als für dich. Sie ist ein Versuch, das Gefängnis deiner Sprache aufzubrechen, sie nicht nur zum Fluchen zu benutzen. Wir haben sie zersetzt mit der Rhythmik und der Semantik unserer Kultur. Das ist ein Risiko, denn auch so läßt deine Sprache unsere Kultur nicht unberührt. Diese Sprache bleibt ein hybrides Ding, ein Erbe der Gewalt.
PROS.: Die Poesie der Negritude ist doch Kunst, Weltliteratur! Was man von diesem Agit-Prop-Theater nicht sagen kann, das Césaire aus Shakespeares „Sturm" gemacht hat.
CAL.: Immer diese allgemeinen Kategorien, die das Besondere ausschließen. Césaires Stück ist ein Teil der antikolonialistischen Befreiungsbewegung. Und die ist zugleich eine Kulturrevolution. Césaire nennt sein Stück ein Psychodrama. Die Schauspieler proben die Rollen durch: die des Caliban, die des Ariel, und mit weißer Maske die des Prospero. Im steten Rollentausch der Schauspieler wird spürbar und auch den Zuschauern deutlich, daß keiner ohne den anderen existiert, Du nicht ohne mich und ich nicht ohne dich. Erst wenn ich deinen Text spreche und du meinen, kann das manichäische Verhältnis zwischen Kolonisiertem und Kolonialherren eine Vermittlung finden. Die gegenseitige Abhängigkeit, die Herrschaft, ist damit natürlich noch nicht aufgelöst. Aber wir können miteinander reden.

VII

PROS.: Césaires Sturm ist ein anderer Sturm, auch wenn es Ähnlichkeiten mit Shakespeare gibt.

CAL.: Es gibt auch bei Shakespeare mehrere Stürme. Welcher, meinst du, ist dein Sturm?

PROS. *(schnell)*: Das ist doch klar, das ist der Sturm, den ich Ariel habe entfachen lassen, um Antonio zu entmachten und Alonso zu läutern.

CAL.: Dein Theatersturm. Aber auch deine Eroberung der Insel war ein Sturm.

PROS.: Und dein Sturm bestand darin, daß du meiner Tochter Gewalt antuen wolltest? Hätte ich nicht ihre Hilfeschreie gehört...

CAL.: Die meiner Mutter hörte niemand. Und dieser Sturm, den Césaire ankündigt: der Aufstand der Schwarzen. Shakespeare ahnte ihn.

PROS.: Unsinn! Wenn du die Rebellion meinst, die du mit Trinculo, dem alten Säufer, und dem verschlagenen Stephano gegen mich versuchst hast: diese Dienerszenen spiegeln bei Shakespeare doch nur als Farce die Insurrektionen meines adligen Bruders.

CAL.: Die Unterdrückten, die unteren Klassen, haben eine andere Sprache. Shakespeare kannte die Volkskultur, das Rebellische des Karnevals.

PROS.: Ich weiß, das war eine der Wurzeln seines Theaters.

CAL.: Du hast mich vorhin danach gefragt, warum Shakespeare mich dazu erfunden hat. Wo doch die Bermudas unbewohnt waren. Zur Darstellung der Revolte hätten ja die Matrosen genügt. Das deutet er ja schon im Vorspiel an, wenn der Sturm über das Schiff geht und die Seeleute den Adligen Befehle erteilen.

PROS.: Ja, was willst du damit sagen?

CAL.: Daß Shakespeare von der besonderen Problematik der kolonialen Gewalt wußte, daß „Der Sturm" eine Reflexion über Herrschaft und Widerstand auch in den Kolonien ist.

PROS. *(ruhig)*: Das mag sein, aber letztlich hat Shakespeare doch mich bestätigt.

CAL.: Vielleicht. Aber er wußte mehr als du. Er ahnte die Legitimationsprobleme kolonialer Herrschaft.

PROS.: Das mußt du beweisen!

CAL.: Gerne. Du bist ja das ganz Stück über sehr souverän und selbstbewußt, führst Regie, hast alles in der Hand.

PROS.: Klar.

CAL.: Und dann gibt es diese eine Stelle, über der die Shakespeare-Exegeten schon lange brüten.

PROS. *(vorsichtig)*: Welche meinst du?

CAL.: Ich habe erwartet, daß du dich nicht daran erinnerst. Einmal wirst du ganz wütend, gerätst außer dich. Deine brave Tochter erschrickt und sagt, so habe sie dich noch nie gesehen.

PROS.: Ich erinnere mich immer noch nicht.

CAL.: Du machst gerade Illusionstheater und läßt Ceres, Iris und Juno nette Reigen auf der Hochzeitsfeier tanzen.

PROS.: Ja?
CAL.: Und dann fällt dir ein, daß Ariel dir von meinen Aufstandsplänen erzählt hat, springst wütend auf und zerreist mit einem Donner die ganze Idylle, die du deiner Tochter vorgespielt hast.
PROS.: Ich war wütend über deinen Verrat.
CAL.: Auf diese Erklärung sind die Shakespeare-Exegeten auch gekommen, wobei sie, wie du jetzt, immer vergessen, daß das Wort Verrat zu deinem Bruder paßt, aber nicht zu mir. Ich hatte dir nie Treue geschworen.
PROS.: Und was hat das alles mit meiner Wut zu tun?
CAL.: Unbewußt weißt du, daß dir zur Gewalt gegen mich jede Rechtfertigung fehlt. Um das zu verdrängen, brauchst du diese Extraportion an Aggressivität.
PROS.: Ach diese psychoanalytischen Erklärungen, mit ihnen kann man einem doch alles unterstellen! *(genervt)* Was soll das?
CAL.: Na dann muß ich wohl die andere Frage nochmal wiederholen: Warum sagst du gegen Ende unseres Stückes indirekt zu mir „Und dies Geschöpf der Finsternis erkenn ich für meines an"?
PROS. *(genervt)*: Ich weiß immer noch nicht, was du willst.
CAL.: Es gibt zwei Möglichkeiten, die sich gar nicht ausschließen müssen. Die eine Möglichkeit ist, du hast die Geschichte immer geglättet, und ich bin in Wahrheit Mestize.
PROS.: Was meinst du damit?
CAL.: Daß du meine Mutter vergewaltigt hast, als Du auf ihre Insel kamst. Dann wäre ich allerdings dein leiblicher Sohn, was nicht besonders schmeichelhaft ist.
PROS.: Das halte ich für sehr unwahrscheinlich.
CAL.: Oder du hattest für einen Augenblick begriffen – und dann offensichtlich wieder vergessen – daß alle Menschen gleich und doch verschieden sind, daß wir uns in unserer Differenz als gleiche anerkennen müssen.
PROS.: Über die Relativierung der Werte habe ich doch schon gesprochen.
CAL.: Voller Melancholie! Für den Reichtum, der in dieser Erkenntnis stecken könnte, für den Reichtum, den die Welt erhält, wenn sie aus vielen gleichberechtigten Zentren besteht, dafür hast du keinen Sinn. Du bist zu alt. *(zum Publikum:)* Dann wäre er auch nicht mehr Prospero.
PROS.: Und jetzt?
CAL.: Jetzt liest du deinen Epilog!
PROS.: Shakespeares Epilog?
CAL. *(während er die Textvorlage sucht und sie Prospero bringt)*: Ja, deine mehrdeutigen Worte über das Theater und seine Zuschauer. Shakespeares Verbindung von Politik und Kunst paßt dir wohl nicht, was?
PROS. *(liest)*: Nun ist all mein Zauber außer Kraft gesetzt, und mir bleibt nur meine eigene Stärke, die äußerst schwächlich ist. Ja, die Wahrheit ist: Ihr könnt mich hier

gefangenhalten oder mir nach Neapel helfen. Laßt mich nicht, da ich doch mein Herzogtum zurückerhielt und dem Verräter Vergebung gönnte, durch euren Bann auf dieser öden Insel hausen, sondern befreit mich von den Fesseln mit Hilfe eurer tüchtigen Hände, deren Windhauch meine Segel blähen muß, sonst ist mein Plan gescheitert, mein Plan euch zu gefallen.
CAL.: Macht mit Hilfe eurer guten Hände / Unserm Spiel doch nun ein Ende.
(beide deuten eine Verbeugung an)
ENDE

Anmerkungen:

1 Wir zitieren, dem Redefluß des Dialogs angepaßt, frei nach der Übersetzung von August Wilhelm Schlegel: William Shakespeare, Der Sturm, Stuttgart (Reclam) 1976 (I,2)
2 Aimé Césaire, Ein Sturm. Bearbeitung von Shakespeares „Der Sturm" für ein schwarzen Theater, übers. v. Monika Kind, Berlin (Wagenbach) 1970, S. 17
3 Michel de Montaigne, Von den Menschfressern; in: ders., Essais, nach d. Übertragung von Johann Joachim Bode, Frakfurt/M (Insel) 1976, S. 82-101, hier S. 93.
4 Ludwig Tieck, Shakespeares Behandlung des Wunderbaren; in: ders., Werke in Bden, Berlin/Weimar (Aufbau) 1985, Bd. 2, S. 373-406, hier S. 382.
5 José Enrique Rodó, Ariel, Cambridge (Cambridge UP) 1967, S. 22.
6 Ernest Rénan, Caliban. A Philosophical Drama Continuing „The Tempest" of William Shakespeare, New York (Ams Pr) 1971, S. 48 (IV,1)
7 Césaire, S. 16 (vgl, ders., Une tempête d'après „la Tempête" de Shakespeare – Adaption pour un théâtre nègre. Paris (Éd. d. Seuil) 1974, S. 25)
8 Césaire, S. 19
9 zit. n. Roberto Fernández Retamar, Kaliban – Kannibale. Essays zur Kultur Lateinamerikas, übers. v, Martin Franzbach, München (Piper) 1988, S. 42.
10 Frantz Fanon, Die Verdammten dieser Erde, übers. v. Traugott König, Reinbek (Rowohlt) 1969, S. 33.
11 Fanon, S. 107f.
12 Césaire, 16f.

• **NEUERSCHEINUNG** •

Gerhard Armanski

ES BEGANN IN CLERMONT

Der erste Kreuzzug und die Genese der Gewalt in Europa

Geschichte der Gewalt in Europa, Bd. 1, 1995, 160 Seiten, 10 Abb.,br.,
ISBN 978-3-8255-0025-2, 35,– DM

Im Herbst 1995 jährt sich der Aufruf von Clermont, mit dem der erste Kreuzzug begann, zum neunhundertsten Mal. Im zu erwartenden Gedenken an dieses einschneidende Ereignis will das Buch einen besonderen Akzent setzen.
Besonderes Augenmerk gilt den Formen und Folgen einer Gewaltexplosion, die fortan die europäische Geschichte markieren sollte.
Der erste – und einzige »erfolgreiche« – Kreuzzug versammelte prototypisch die sozialen und geistigen Energien der weiteren Bewegung. Das Buch untersucht vor allem die Wandlungen der christlichen Lehre und der kirchlichen Macht, die Figuren des Pilgers und des reisigen Ritters als Bildungselemente der Expansion ins Heilige Land – erster Aufbruch des Abendlands zur Offensive gegen den Islam. Das war nur möglich auf dem Boden eines mentalen und ökonomischen Aufschwungs, der die Blüte des Feudalismus einleitete. Aber auch dessen Gewaltpotential entfaltete sich im Brennpunkt des Kreuzkrieges: als Sturmangriff der gepanzerten Kavallerie und konzentrierten Wirkung der Belagerungsmaschinerie und in ausgesuchter Grausamkeit gegen Muslime und Juden. Der in Gang kommende Strom der Destruktivität dehnte sich über verschiedene historische Prozesse der Repression aus und mündete in die ungeheuren Massenverbrechen dieses Jahrhunderts.
Der Nachweis stützt sich auf Quellenaussagen sowie ausgewählte Sekundärliteratur und deren historisch-hermeneutische Interpretation.

Der Autor, *Prof. Dr. Gerhard Armanski,* Sozial- und Kulturhistoriker an den Universitäten von Frankfurt und Osnabrück, ist nach breiter klassen-, zivilisations-, und kulturanalytischer Lehre und Forschung in den letzen Jahren besonders mit den Grundlagen und Formen der Gewalt in Europa beschäftigt. Als Ausgangspunkt erschien »Maschinen des Terrors. Das Lager (KZ und Gulag) in der Moderne«, Münster 1993. Eine weitere Untersuchung zur Ketzerverfolgung und Inquisition ist in Arbeit.

• **CENTAURUS** •

NEUERSCHEINUNG

Gerhard Armanski

ES BEGANN IN CLERMONT
Der erste Kreuzzug und die Genese der Gewalt in Europa

MIX
Papier aus verantwortungsvollen Quellen
Paper from responsible sources
FSC® C105338

If you have any concerns about our products,
you can contact us on
ProductSafety@springernature.com

In case Publisher is established outside the EU,
the EU authorized representative is:
Springer Nature Customer Service Center GmbH
Europaplatz 3, 69115 Heidelberg, Germany

Printed by Libri Plureos GmbH
in Hamburg, Germany